Der
Neue Bibelatlas

R. Brockhaus Verlag Wuppertal

©New Bible Atlas
Editors
John J. Bimson
John P. Kane
John H. Paterson
Donald J. Wiseman

Universities and College Christian Fellowship, Leicester, England 1985, 1986, 1990, 1992

Der Neue Bibelatlas
Herausgegeben von
Helmut Burkhardt
Fritz Laubach
Gerhard Maier

Übersetzung: Hans-Jürgen Hoeppke (Text) / Redaktion (Karten)

Redaktion: Klaus Günther

1. Auflage 1999 (Paperback)

Satz: Breklumer Druckerei Manfred Siegel KG
Printed in Great Britain by Bath Press, Glasgow
ISBN: 3-417-24683-0 (R. Brockhaus Verlag)

Inhalt

Abkürzungen

Biblische Bücher

Am	Amos
Apg	Apostelgeschichte
1/2Chr	1./2.Chronik
Dan	Daniel
Eph	Epheser
Esr	Esra
Est	Ester
Gal	Galater
Hab	Habakuk
Hag	Haggai
Hebr	Hebräer
Hes	Hesekiel
Hiob	Hiob
Hld	Hoheslied
Hos	Hosea
Jak	Jakobus
Jer	Jeremia
Jes	Jesaja
Joel	Joel
Joh	Johannes
1/2/3Joh	1./2./3.Johannes
Jona	Jona
Jos	Josua
Jud	Judas
Klgl	Klagelieder
1/2Kön	1./2.Könige
Kol	Kolosser
1/2Kor	1./2.Korinther
Lk	Lukas
Mal	Maleachi
Mi	Micha
Mk	Markus
Mt	Matthäus
1/2/3/4/5Mo	1./2./3./4./5.Mose
Nah	Nahum
Neh	Nehemia
Obd	Obadja
Offb	Offenbarung
1/2Petr	1./2.Petrus
Phil	Philipper
Phlm	Philemon
Pred	Prediger
Ps	Psalm(en)
Ri	Richter
Röm	Römer
Rut	Rut
Sach	Sacharja
1/2Sam	1./2.Samuel
Spr	Sprüche
1/2Thess	1./2.Thessalonicher
1/2Tim	1./2.Timotheus
Tit	Titus
Zef	Zefanja

Apokryphe Bücher

1/2Makk	1./2.Makkabäer

Allgemeine Abkürzungen

AT/atl.	Altes Testament/alttestamentlich
NT/ntl.	Neues Testament/neutestamentlich
Kap.	Kapitel
V.	Vers(e)
f/ff	folgender Vers/folgende Verse
Jos.ant.	Josephus, Flavius: Antiquitatum Judaicarum libri XX
Jos.bell.	Josephus, Flavius: De bello Judaico
Plin. N.H.	Plinius d. Ä.: Naturalis historia
N/nördl.	Norden/nördlich
N.N.	Normal null (Meereshöhe)
O/östl.	Osten/östlich
S/südl.	Süden/südlich
W/westl.	Westen/westlich
Jh.	Jahrhundert
Jt.	Jahrtausend
z.Zt.	zur Zeit

Umschrift

Hebräisch:	
Aleph	= ’
Bet	= b
Gimel	= g
Dalet	= d
He	= h
Waw	= w
Zajin	= s
Chet	= ch
Tet	= th
Jod	= j
Kaph	= k
Lamed	= l
Mem	= m
Nun	= n
Samek	= s̀
Ajin	= ʿ
Pe	= p(h)
Sade	= z
Qoph	= q
Resch	= r
Sin	– ś
Schin	= sch
Taw	= t
Patach	= a
Kamatz	= ā
Kamatz Chatuf	= o
Segol	= ä
Sere	= ē
Chirik	= i
Cholem	= ō
Kubutz	= u
Segol mit Jod	= ä
Sere magnum	= ē
Chririk magnum	= ī
Cholem magnum	= ō
Schuräk	= ū
Schwa	= e
Chatef Patach	= a
Chatef Segol	= ä
Chatef Kamatz	= o

Griechisch:	
α	= a
β	= b
γ	= g
ε	= e
ζ	= z
η	= ē
ϑ	= th
ι	= i
ϰ	= k
λ	= l
μ	= m
ν	= n
ξ	= x
ο	= o
π	= p
ϱ	= r
σ,ς	= s
τ	= t
υ	= y
φ	= ph
χ	– ch
ψ	= ps
ω	= ō
ῥ	= rh
ʽ	= h
γξ	= nx
γγ	= ng
αυ	= au
ευ	= eu
ου	= ou [ū]
υι	= yi

Hinweise

Die Konzeption des Neuen Bibelatlas sieht sechs Teile vor.
Teil Eins stellt das Heilige Land in seiner geographischen Beschaffenheit vor, beschreibt die Landschaft, das Klima und die Vegetation.
Die Teile Zwei und Drei sind nach dem Ablauf der Geschichte gegliedert, wie ihn Altes und Neues Testament erkennen lassen.
Teil Vier behandelt die wichtigsten Reiche und Völker, die in der Geschichte des Volkes Israel und der neutestamentlichen Gemeinde eine Rolle spielen.
Teil Fünf beschäftigt sich mit der Entwicklung der Stadt Jerusalem und ihrer Bedeutung.
Teil Sechs schließlich versucht, einen Eindruck vom modernen Staat Israel zu vermitteln.
Zu den Karten, Skizzen und Tabellen:
Die Namen von politischen Territorien, Provinzen, Königreichen erscheinen in Großbuchstaben, z.B. BABYLONIEN.
Die Namen von Völkern, Stämmen oder ethnischen Gruppen sind in Großbuchstaben kursiv gedruckt, z.B. *AMORITER.*
Ortsnamen sind in Groß-/Kleinschreibung wiedergegeben, z.B. Jerusalem.
Berg- oder Gewässernamen erscheinen in Groß-/Kleinschreibung kursiv, z.B. *See Genezareth.*
Dienen geographische Bezeichnungen nur zur Orientierung des Lesers und waren sie zu der Zeit, die die Karte beschreibt, nicht gebräuchlich, dann werden die Namen in Klammern gesetzt, z.B. (Mittelmeer). Wenn allerdings in einer Karte mehrere alte Ortsnamen in der »modernen« Form wiedergegeben werden, wird dieses Prinzip um der Übersichtlichkeit willen durchbrochen.
Ortslagen, die nicht eindeutig lokalisiert werden können, sind mit einem Fragezeichen versehen, z.B. Emmaus?
Die Schreibung biblischer Personen- und Ortsnamen folgt der der Übersetzung Martin Luthers in der revidierten Fassung von 1984 (Luther 84). Bibelstellen werden ebenfalls nach dieser Textfassung zitiert.
Die Datierung außerbiblischer Ereignisse orientiert sich an den chronologischen Angaben des Handbuchs der Archäologie, Vorderasien I, die Daten zu alt- bzw. neutestamentlichen Ereignissen folgen der Zeittafel im Anhang zur Bibel.

Die geographische Lage von Orten, die in der Bibel erwähnt werden, und ihr Bezug zum Mittelmeerraum und Vorderen Orient heute. Die Auswahl der Ortsnamen läßt die »Reichweite« der biblischen Berichte erkennen, sagt jedoch nichts über die Bedeutung der Orte aus.

Kaspisches Meer
rzes Meer
ARARAT/URARTU
1Mo 8,4
TÜRKEI
GALATIEN
Gal
Tarsus
Apg 22,3
Haran
1Mo 12,4-5
SYRIEN
Antiochia
ZYPERN
Apg 4,36
Apg 11,19-30; 13,1-3
Ninive
Jona; 1Mo 10,11f; 2Kön 19,36
Tigris
1Mo 2,14
Euphrat
1Mo 2,14
IRAK
IRAN/PERSIEN
Susa
Neh 1,1
Babylon
1Mo 10,10; Hes; Dan
Ur
1Mo 11,27-12,3
LIBANON
Damaskus
Sidon
Tyrus
Jes 7,8; 2Kön 5,18; Apg 9,19-27
Jordan
ISRAEL
Samaria
Joppe
Jericho
Jerusalem
Jos 6; Mt 20,29-34
Totes Meer/Salzmeer
1Mo 14,3
JORDANIEN
tes Meer
2Mo 14
SINAI
Sinai (Berg)
2Mo 19-20
Sidon Mt 15,21-28
Tyrus 1Kön 7,13-14
Samaria Joh 4; 1Kön 16,24-32
Joppe Jona 1,3; Apg 9
Jerusalem Ps; 2Sam 6; Evv.
Jordan Jos 3; Mt 3
Persischer Golf
SAUDI ARABIEN
Rotes Meer
0 150 300 Meilen
0 200 400 km

Geographische Beschreibung

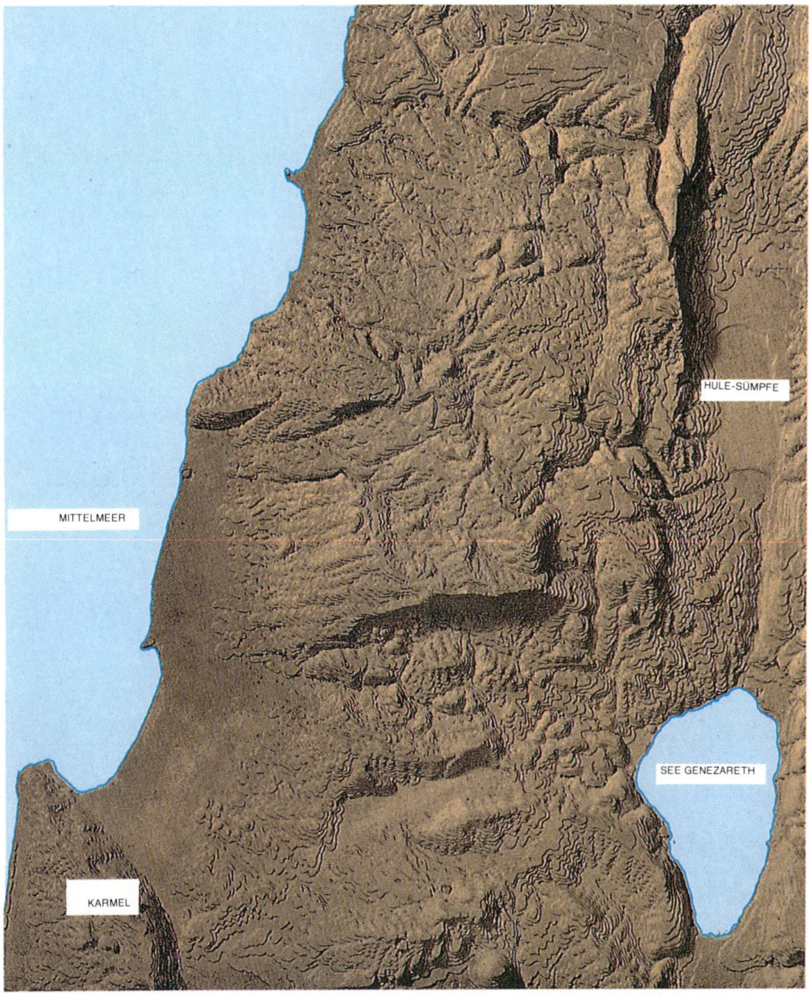

Die geographische Struktur des Landes kann auf verschiedene Art dargestellt werden:

Als Reliefmodell
Die Abb. links zeigt das nördl. Zentralpalästina. Es handelt sich um den Gipsabdruck eines Modells, das von britischen Forschern in den 70er Jahren des 19.Jh.s aufgrund von Landvermessungen erstellt wurde. Das südl. Ende des Reliefmodells zeigt die Ebene von Meggido, auch der See Genezareth und der Berg Karmel sind leicht zu erkennen. Die Methode, ein Relief in der Vertikalen übertrieben darzustellen, läßt die Landschaft eindrücklicher erscheinen als das bei einer Fotografie der Fall wäre.

Als Querschnitt
Die Querschnittslinie der Abb. unten ist in der Höhenkarte (S. 9) eingetragen. Die Besonderheit dieser Region ist der tiefe Senkungsgraben des Jordan und des Toten Meeres. Vgl. hierzu die Abb. auf S. 11 und 21.

Als Höhenkarte (S. 9)
Physikalisch gesehen gehört das Heilige Land zu den Küstenregionen des Mittelmeerraumes. Es steigt von der Küste im W her leicht an bis zu den Bergen Judäas und stürzt dann jäh in den tiefsten geographischen Einschnitt der Erdoberfläche zum Toten Meer hin ab. Vgl. hierzu das Satellitenbild auf den S. 12 und 13.

Links: Reliefmodell, unten: Querschnitt, S. 9: Reliefkarte

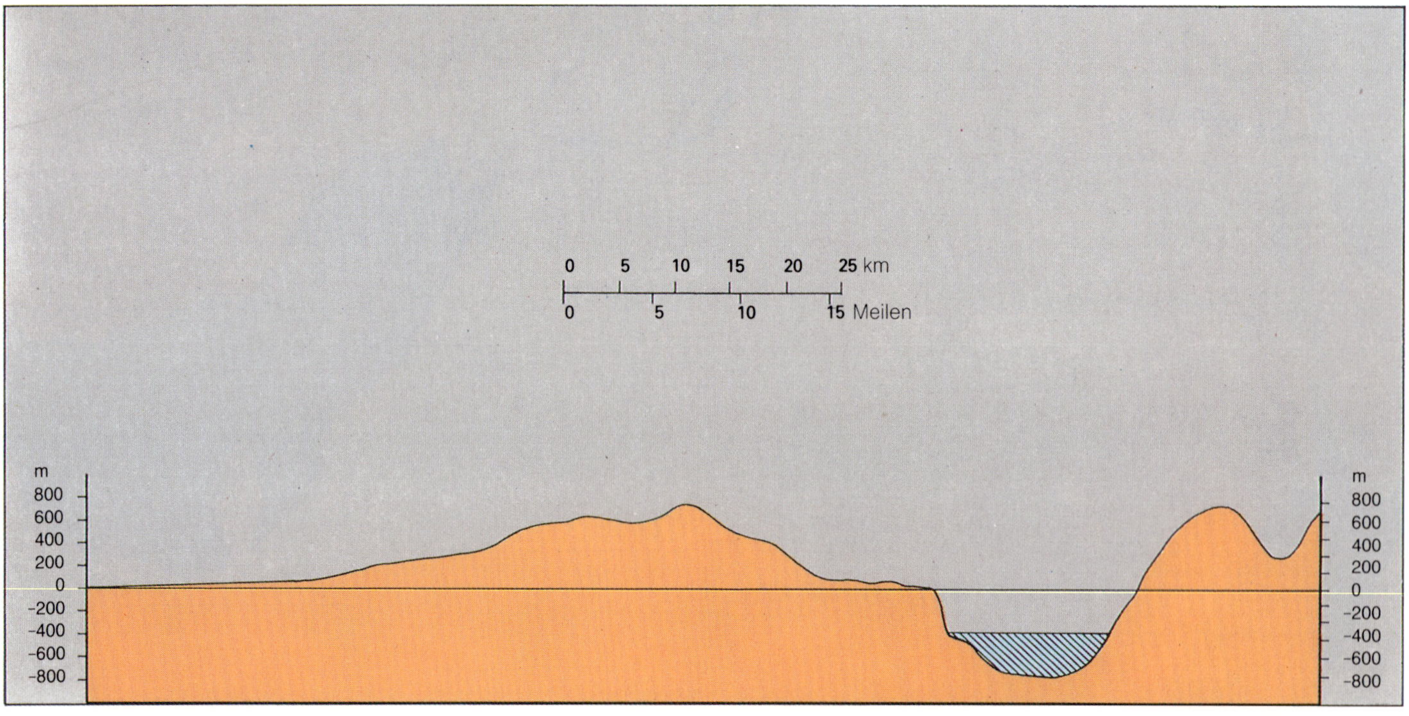

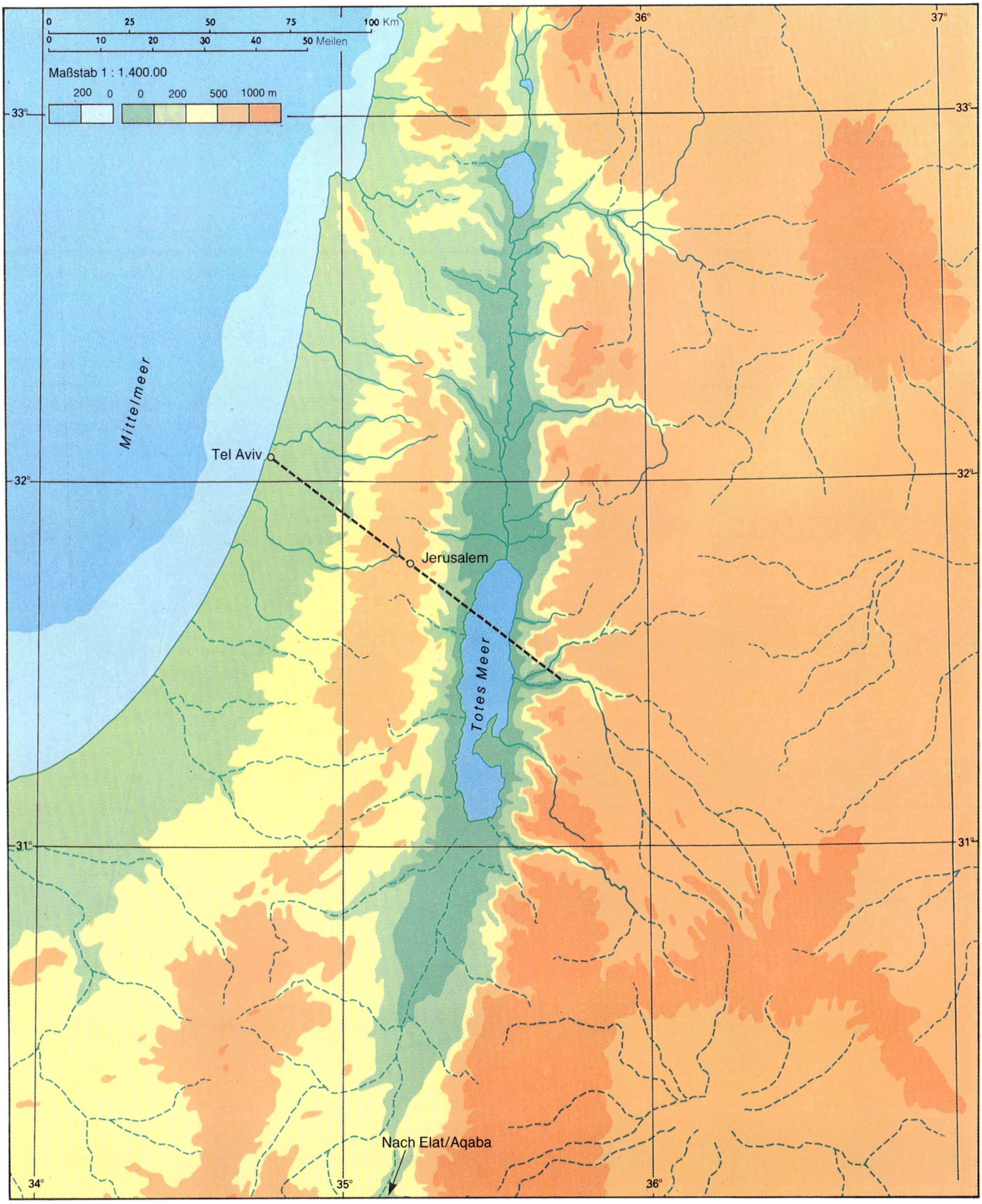

0 25 50 75 100 Km
0 10 20 30 40 50 Meilen
Maßstab 1 : 1.400.00
200 0 0 200 500 1000 m
Mittelmeer
Tel Aviv
Jerusalem
Totes Meer
Nach Elat/Aqaba
33°
32°
31°
34°
35°
36°
37°

Geographische Gestalt

Man unterscheidet fünf Regionen im Heiligen Land: die Küstenebene, das zentrale Bergland, den Senkungsgraben, das transjordanische Plateau und die Wüste.
Die Küstenebene erstreckt sich ungefähr 200km weit (von N nach S) von den Grenzen des Libanon bis nach Gaza und wird nur durch den Berg Karmel unterbrochen. Im N erstreckt sich die Ebene von Asser bis zur Steige von Tyrus, wo die galiläischen Berge fast bis an die Küste reichen. Südöstl. davon liegt die Jesreel-Ebene, die sich bis auf 20km Breite erstreckt. Durch sie führte die Hauptverkehrsverbindung zwischen Ägypten und Damaskus. An dieser Route lagen die strategisch wichtigen Zentren Meggido, Jesreel und Bet-Schean, die durch Kriege in der israelitischen Geschichte bekannt wurden (Ri 5; 6,33; 1Sam 29,1; 31,12). Auch die Offenbarung des Johannes weist auf diese Gegend hin (Offb 16,16). Südl. des Karmel befindet sich die Scharon-Ebene mit den fünf Philisterfestungen Ekron, Aschdod, Aschkelon, Gat und Gaza. Im O schließt sich das Hügelland der Schefela an, das eine natürliche Pufferzone zwischen Israel und Philistäa bildete. In dieser Gegend fanden die Auseinandersetzungen Israels mit den Philistern von der Richterzeit bis zu David statt. Erwähnt werden im AT u.a. Ajalon (1Sam 14,31), Sorek (Ri 16), Socho und Aseka (1Sam 17,1-2).

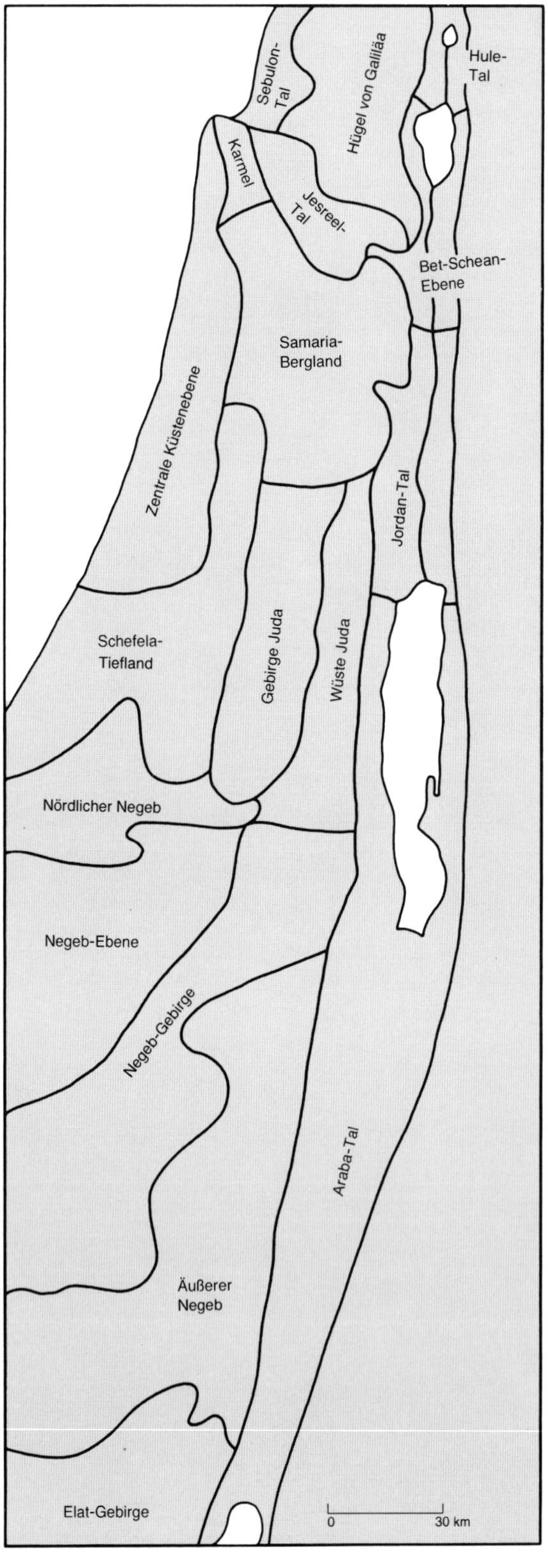

Geographische Regionen

Das zentrale Bergland

Das zentrale Bergland erstreckt sich ca. 300km von Nordgaliläa bis zum Sinai und besteht aus ineinander verschachtelten Bergen und Hochebenen. Das Gelände im S Judas ist wellenförmig, im O finden sich zerklüftete Kreideformationen, die steil in den Senkungsgraben abfallen. Die Hochebene geht im N in das Bergland von Ephraim über. Weiter nach N ragen die Berge Samarias nur noch bis knapp 300m auf. In der fruchtbaren Landschaft Samaria finden sich Hinweise, die auf frühe Kontakte mit fremden Kulturen schließen lassen. Nördl. der Jesreel-Ebene liegt Galiläa, unterteilt in Süd- oder Untergaliläa, das landschaftlich Samaria ähnlich ist, und Nord- oder Obergaliläa, wo die Berge bis über 900m aufragen.

Senkungsgraben, Hochebenen und Wüste

Der Jordan, der am Fuß des Berges Hermon entspringt, durchfließt das Hule-Becken, den See Genezareth und mündet ins Tote Meer. Vom südl. Ende des Toten Meers bis zum Golf von Aqaba erstreckt sich auf eine Länge von ca. 160km die Araba, ein unwirtliches Wüstengebiet. Westl. davon liegt der bergige Zentralnegeb.
Östl. des Jordantals liegen in der Bibel mehrfach erwähnte Regionen: Das Tafelland von Baschan; Gilead in ovaler Ausdehnung von ca. 55 x 40km; die Steppen von Ammon und Moab und, südl. des Seredtals gelegen, Edom mit seinen unbezwingbaren Festungen. Im O und im S schließen sich Wüstengebiete sowie felsiges Tafelland an.

Geologische Struktur

Geologische Struktur

- Alluvium
- Roter Quartär-sandstein
- Basalt
- Eozän-kalkstein
- Senon-feuerstein
- Senonkreide
- Cenoman-kalkstein
- Nubischer Sandstein
- Granit
- Dünensand
- Wichtigste Verwerfungen

Satellitenbild

Satellitenfoto vom S des Heiligen Landes: Maßstab 1:1.000.000. Die linke Bildhälfte zeigt nach N. Deutlich sichtbar ist der Jordanverlauf mit Totem Meer bis zum Golf von Aqaba, wo der heutige Hafen Elat dem biblischen Ezjon-Geber entspricht. Bewässerte Ackerfläche ist rot unterlegt und läßt so die Dimensionen des von den Israelis in den Bergen Judäas installierten Bewässerungssystems auf der linken Bildhälfte erkennen. Deutlich treten dabei auch die Oasen von Jericho sowie das mittlere Jordantal hervor. Jerusalem und Amman, die größten Städte der Region, sind bläulich eingefärbt. Petra befindet sich fast im Zentrum der rechten Bildhälfte oberhalb, d.h. östl. des Grabens. Von der oberen Bildhälfte (S. 13) zur Bildmitte verlaufende weiße Linien markieren ausgetrocknete Wadis, die nur zeitweise Wasser führen, das von den Bergen Edoms in die Wüste herabfließt und dort versickert. Die gestrichelte rote Linie zeigt die Höhe des Meeresspiegels an. Die Konturen des Toten Meeres sind jedem geläufig, der mit Karten des Heiligen Landes umgeht. Seit etwa 1970 haben sie sich verändert. Das Satellitenfoto zeigt diese Veränderung vor allem am Südende des Toten Meeres.
Für diese Veränderung gibt es zwei Erklärungen, die beide

mit der wirtschaftlichen Entwicklung Israels zusammenhängen.
Zunächst einmal hat sich der Wasserspiegel des Toten Meeres verändert. Wie bei jedem Binnensee ist der Wasserstand abhängig von der Balance zwischen ausreichender Wasserzufuhr (beim Toten Meer durch den Jordan sichergestellt) und Verdunstung.
Die Wasserzufuhr durch den Jordan wurde aufgrund verschiedener Bewässerungsprojekte im N Israels erheblich reduziert. Nur wenig entnommenes Wasser wird wieder eingeleitet. Die Folge ist, daß weniger Wasser in das Tote Meer fließt als verdunstet, so daß der Wasserspiegel fällt und die Seeufer sich verändern.
Ein weiterer Grund für die Verkleinerung der Wasserfläche ist die Ausbeutung der Mineralien, die im Toten Meer vorkommen. Am Südende des Toten Meeres, wo die Araba beginnt, wurden flache Wasserbecken – Entsalzungspfannen – angelegt, die durch Kanäle aus dem Toten Meer gespeist werden. Auf diese Weise werden vor allem Kalium und Natrium gewonnen. Für die Kartographie stellt sich die Frage, ob diese Entsalzungspfannen als Teil des Toten Meeres erscheinen sollen oder nicht.

Klima

Es können drei Klimazonen mit je eigener Vegetation unterschieden werden: Eine mediterrane Zone, eine Zone mit Steppenklima und eine Wüstenzone.

Mediterrane Zone
Verglichen mit den härteren Bedingungen des inneren Berglandes (7°C Durchschnittstemperatur im Januar in Jerusalem) herrschen in der mediterranen Zone entlang der Küste bis Gaza milde Winter (im Januardurchschnitt 12°C in Gaza). Allerdings sind die Sommer überall heiß (Gaza 26°C und Jerusalem 23°C Durchschnittstemperatur im Juli). Schnee auf den Bergen des Libanon (Jer 18,14) ist eher eine Ausnahme, obwohl in Hauran Schneefall nicht ungewöhnlich ist. Ansonsten fällt Schnee jedoch selten (2Sam 23,30). Weniger als ein Fünfzehntel des jährlichen Niederschlags fällt in den Monaten von Juni bis Oktober, so daß fast die gesamte Niederschlagsmenge auf die Wintermonate konzentriert ist: 350 - 400mm an der Küste bis ca. 750 mm auf dem Karmel und in den judäischen, galiläischen und transjordanischen Bergen.

Steppe und Wüste
In der Gegend von Beërscheba und weiter südl. davon, in Teilen des Jordantales und der transjordanischen Hochebene herrscht Steppenklima mit nur 200 - 300 mm Niederschlag, obwohl die Temperaturen dort mit denen der judäischen Berge vergleichbar sind. Der tiefe Einschnitt des Jordangrabens erzeugt subtropische Bedingungen mit drückender Sommerhitze. Für Jericho bedeutet das von Juni bis September Tageshöchstwerte von ca. 38°C, häufig aber auch zwischen 43 und 49°C. Dagegen ist der Winter angenehm (18 - 20°C Tagesmaximum im Januar). Im Negeb, dem südl. Teil des Jordantales und in der Gegend östl. und südl. der transjordanischen Steppe herrscht Wüstenklima mit weniger als 200 mm Niederschlag pro Jahr.

Niederschlag
Der Niederschlag in Palästina ist eng mit den kalten Monaten des Jahres verknüpft. Im Arabischen steht für Winter und Regen das gleiche Wort. Von Mitte September bis Mitte Oktober trifft feuchte Seeluft mit heißer, trockener Luft aus dem Landesinneren zusammen, was zu Gewittern und unregelmäßigem Niederschlag führt. Ab Mitte Oktober beginnt dann der effektive Niederschlag, bleibt aber manchmal bis Januar aus. Diese Regenfälle sind der sog. »Frühregen«, den man sehnlich erwartet, weil durch ihn die Temperaturen sinken und sich ein klarer, blauer Himmel zeigt. »Spätregen« fällt im April oder Anfang Mai und bringt die letzten ergiebigen Regenfälle der feuchten Jahreszeit.

Bei nur spärlichem Regen gewinnt der Tau als Feuchtigkeitsquelle an Bedeutung. Er ist wichtig für das Wachstum des Sommergetreides. Deshalb galt Tau im alten Israel als eine Quelle des Segens (1Mo 27,28; 5Mo 33,28). Der Tau ermöglicht Landwirtschaft auch dann noch, wenn Regen ausbleibt, ist wichtig für den Weinbau und erfrischt das trockene Weideland.

Hat sich das Klima verändert?
Immer wieder wird überlegt, ob sich das Klima im Heiligen Land seit den biblischen Zeiten verändert habe. Selbst wenn man mit Schwankungen rechnet, finden sich keine archäolgischen Hinweise auf eine nachhaltige Veränderung. Nahe dem Golf von Aqaba wurden römische Wasserleitungen entdeckt; die Quellen, die in sie eingespeist wurden, fließen auch heute noch. Es wird daher nach anderen Gründen gesucht werden müssen, warum ein Land, in dem Milch und Honig floß und das außergewöhnliche Früchte hervorbrachte (4Mo 13,27), zu Beginn des 20. Jh.s nahezu baumlos, öde und landwirtschaftlich kaum nutzbar war.
Man muß wohl, statt von einem Klimawechsel auszugehen, mit größerer Wahrscheinlichkeit annehmen, daß die Bewohner des Landes einen Prozeß in Gang gesetzt haben, der sich über Jahrhunderte fortsetzte:
1. Weil das Volk Israel nie das ganze ihm von Gott verheißene Land erobert und sich darin niedergelassen hatte, kam es stellenweise zu einer Überbevölkerung. Die dadurch bedingte intensive Bodennutzung hatte Erosion und Verlust an fruchtbarem Boden zur Folge.
2. Weil das Volk Israel sich wiederholt aus Bündnissen mit mächtiger erscheinenden Nachbarn Schutz

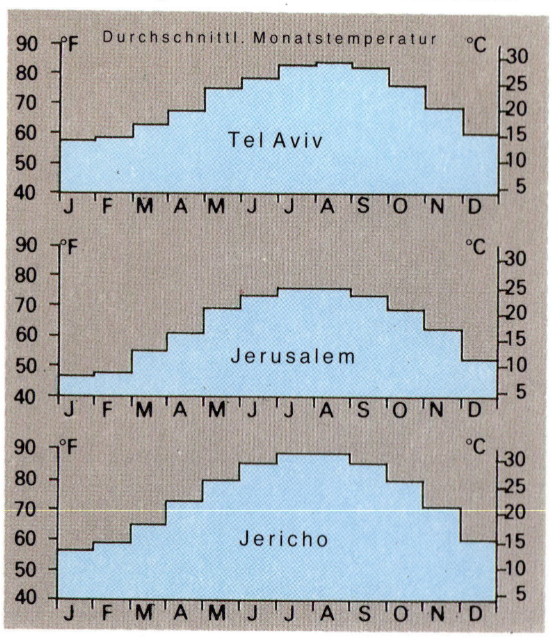

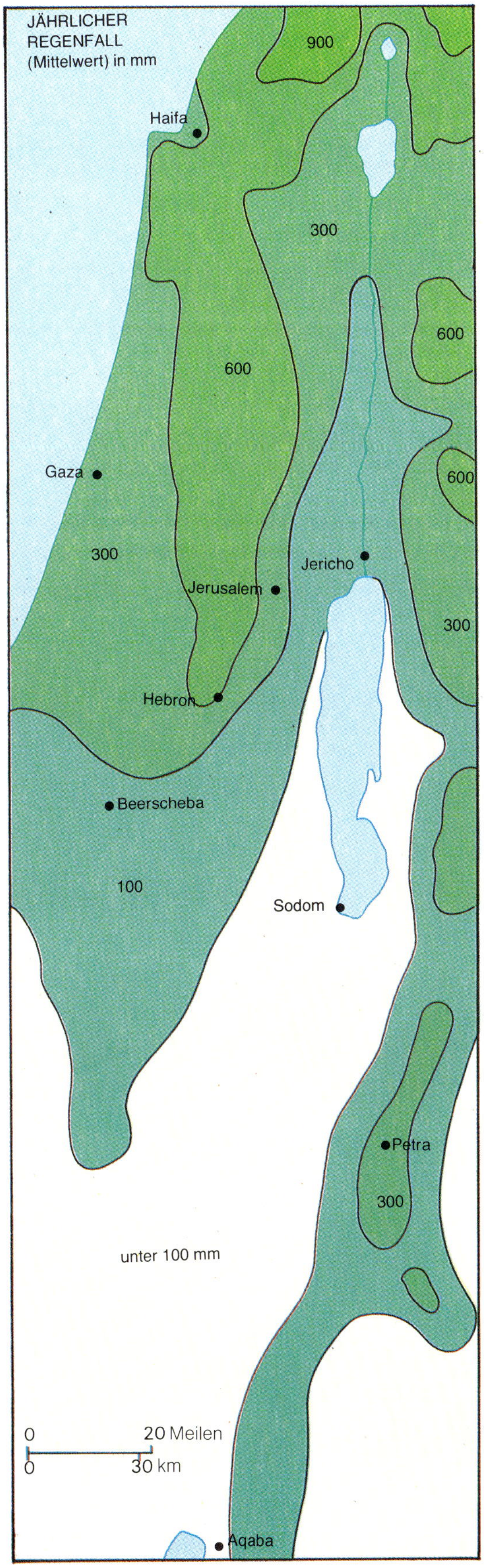

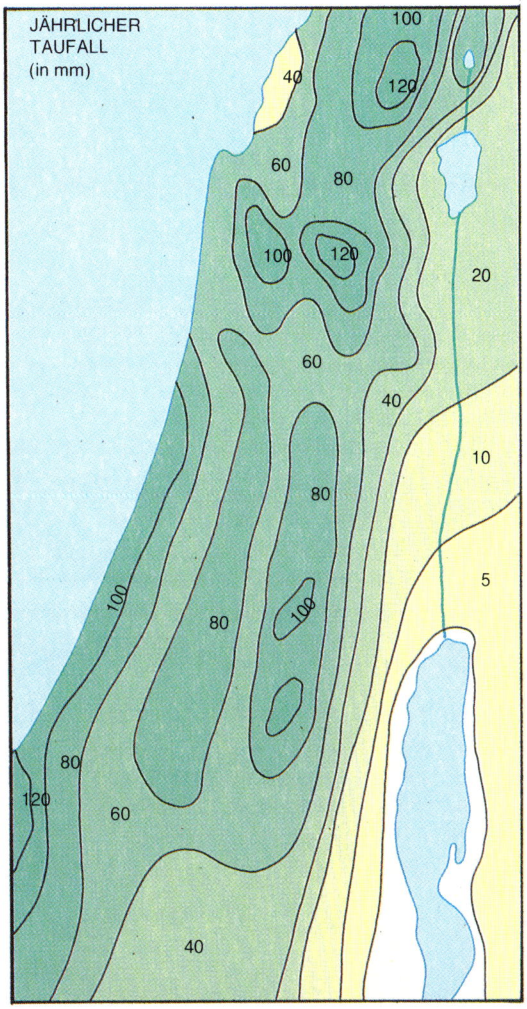

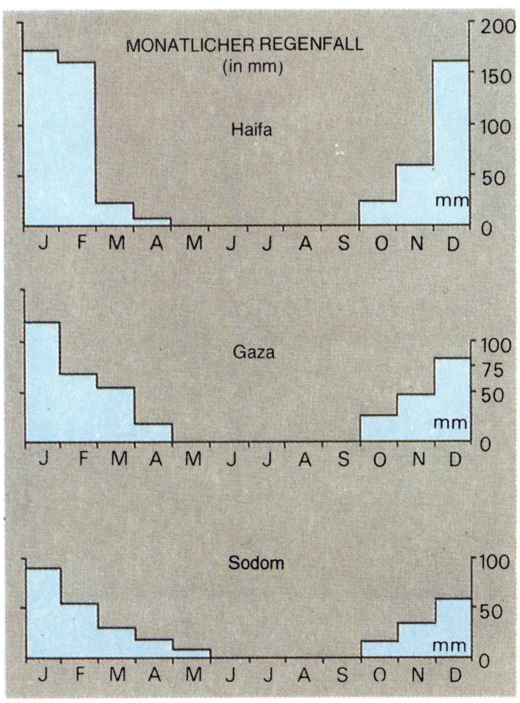

S. 14:
Durchschnittliche Temperaturen in Tel Aviv, Jerusalem und Jericho

Durchschnittliche Regen- und Taumengen

Wichtige Wasserläufe

Der Jordan, einige seiner Zuflüsse und ein paar kleinere Flüsse zum Mittelmeer hin führen ganzjährig Wasser, alle anderen Flüsse Palästinas sind nicht perennierend. Von der Schneeschmelze gespeiste Flüsse erreichen ihren Höchststand im Mai und Juni (Jos 3,15), trocknen aber im Hochsommer aus (1Kön 17,7; Joel 1,20). Vom Herbstregen verursachte plötzliche Hochwasser beschreiben Ri 5,21 und Mt 7,27. Die Idealvorstellung des israelitischen Siedlers bleiben die »Quellen lebendigen Wassers«.

Vegetation

oder politischen Vorteil erhoffte, wurde es oft in kriegerische Auseinandersetzungen verwickelt. Diese Kriege zogen eine Verwüstung des Landes und den Verlust des Baumbestandes nach sich (vgl. 5Mo 20,19; Jer 6,6) und leisteten somit der Wüstenbildung Vorschub. In den Ländern der Bibel ist das ökologische Gleichgewicht sehr labil; verantwortungsloser Umgang mit den natürlichen Ressourcen kann schnell zu nationalen Katastrophen führen. Wegen der enormen Höhenunterschiede (mehr als 1000m über NN bei Hebron bis ca. 390m unter NN am Toten Meer) ist der Pflanzenbestand mit ca. 3000 verschiedene Arten für die Region äußerst vielfältig. Ein großer Teil dieser Pflanzen ist immergrün. Nur wenige Gegenden waren jemals dicht bewaldet, dennoch werden über zwanzig Baumarten in der Bibel erwähnt. Reste größerer Bewaldung sind am Berg Hermon und im Libanon erhalten (Zedern). Auf den Golanhöhen stehen kleine Pinien- und Eichenwälder. Letztere gab es lange Zeit auch in der Scharon-Ebene; der Name bedeutet »Wald«.

Die Prophetie zur Zeit Jesajas sah den Wandel der Waldgegenden - Scharon, Nordgilead und Südgaliläa - in Schafweiden voraus (Jes 65,10). Ein Klimawechsel scheint somit in Palästina nicht stattgefunden zu haben, wohl aber ein vom Menschen verursachter Wechsel in der Vegetation mit seinen Auswirkungen auf das Klima. Rodung des Baumbestands für Bau- und Kriegszwecke, als Energieträger und um mehr Weidewirtschaft treiben zu können, begünstigte die Bodenerosion.

Vor der Gründung des modernen Israel im Jahre 1948 war ein großer Teil des Landes unkultiviert und bestand aus »Batha«: Gestrüpp auf steinigem Boden. Den Übergang zu Steppe und Wüste markierten wenige Strauchgewächse, die auch in besonders heißem Klima überleben können. Nur an den Ufern des Jordan erstreckte sich neben Weideland ein dichter Wald aus Pappeln, Tamarisken und Oleander.

Ab 1948 wurden weite Teile des Landes wieder aufgeforstet. Zu den neu angepflanzten Baumarten gehören Pinien, Zypressen, Eukalyptus und Akazien. Solche Baumbestände wurden vor allem im Gebiet zwischen Gaza und Jerusalem sowie in Nordgaliläa angelegt.

Eine weitere Möglichkeit, die Bodenerosion in den Griff zu bekommen, ist die Terrassierung. In Israel fanden sich Spuren früherer Terrassenwirtschaft; diese Art der Bewirtschaftung nahm man in den 50er Jahren im Rahmen eines Wirtschaftsprogramms wieder auf und entwickelte sie weiter.

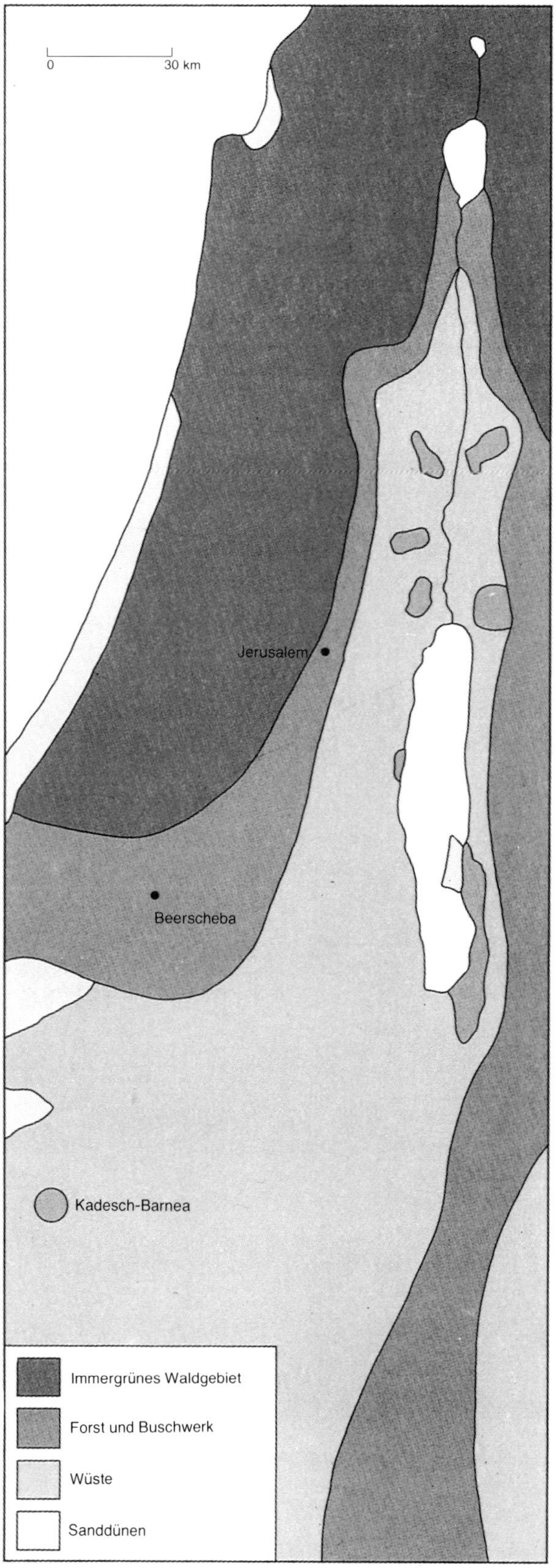

Vegetationszonen des Heiligen Landes.

Der Jordan

Der Jordan: Das Luftbild vermittelt einen Eindruck vom »Dickicht des Jordans« (Jer 2,5), der dichten Ufervegetation (arabisch: ez-Zor). Deutlich erkennbar sind drei geologische Zonen: die breite Oberterrasse (Pleozänschicht), die tiefere Terrasse (Quartärschicht) und der gelegentlich überflutete Uferstreifen, eingefaßt von zerfurchten Mergelbänken.

Der Jordangraben, geologisch gesehen ein Senkungsgraben, ist die tiefste Senke der Landoberfläche der Erde. Nur wenige Kilometer von seinem Ursprung entfernt befindet sich der Fluß bereits ca. 200m unterhalb NN, bei seiner Mündung in das Tote Meer ca. 395m unter NN. Der Name Jordan bedeutet im Hebräischen »der Herabsteigende (-fließende)«. Der Jordan ist der größte ganzjährig wasserführende Fluß Palästinas mit einer Länge von ca. 120km vom (jetzt trockengelegten) Hule-Becken bis zum Toten Meer. Die Flußlänge wird durch zahlreiche Mäander mehr als verdoppelt. Archäologische Funde weisen darauf hin, daß die Jordansenke eines der ältesten Siedlungsgebiete der Welt ist.

Das Hule-Becken
Das Quellgebiet des Jordan liegt am Fuß des Berges Hermon (2814m). Der Fluß durchläuft dann ein etwa 5 auf 15km messendes Becken, das früher der Hule-See war, der zu landwirtschaftlichen Zwecken trockengelegt wurde. Am südl. Ende des Beckens blockieren Lavafelsen das Tal und zwingen den Fluß durch eine Anzahl enger Schluchten, in deren Verlauf er über 200m Gefälle aufweist.

Der See Genezareth
Der Jordan fließt dann in den See Genezareth, der ca. 21km lang und ca. 13km breit ist. Am Südende des Sees tritt der Fluß aus in das sog. »Ghor«, daß sich über gut 100km (in N-S-Richtung) bis zum Toten Meer erstreckt. Der Fluß bahnte sich seinen Weg am Boden des Tales, an manchen Stellen bis zu einer Tiefe von 50m. Unterschieden wird zwischen dem »Ghor«, der breiten Talsohle, und dem sog. »Zor«, der von Dickicht gesäumten Flußrinne (vgl. S.18).

Das Tote Meer
Mehrere ganzjährig fließende Flüsse münden von O her in den Jordan während seines Laufes durch das »Ghor«. In diesem Abschnitt des Tales befanden sich mehrere Befestigungsanlagen, obwohl der Fluß bis zur Römerzeit keine Brücken hatte und es zwischen der Jabbokmündung und dem Toten Meer schwierig ist, den Fluß zu überqueren. Die Stelle, an der die Israeliten auf wunderbare Weise den Jordan überquerten, dürfte etwa 25km nördl. von Jericho gelegen haben, wo das Wasser bei Adam (Tell Ed-Damije), stillstand (Jos 3; 4).

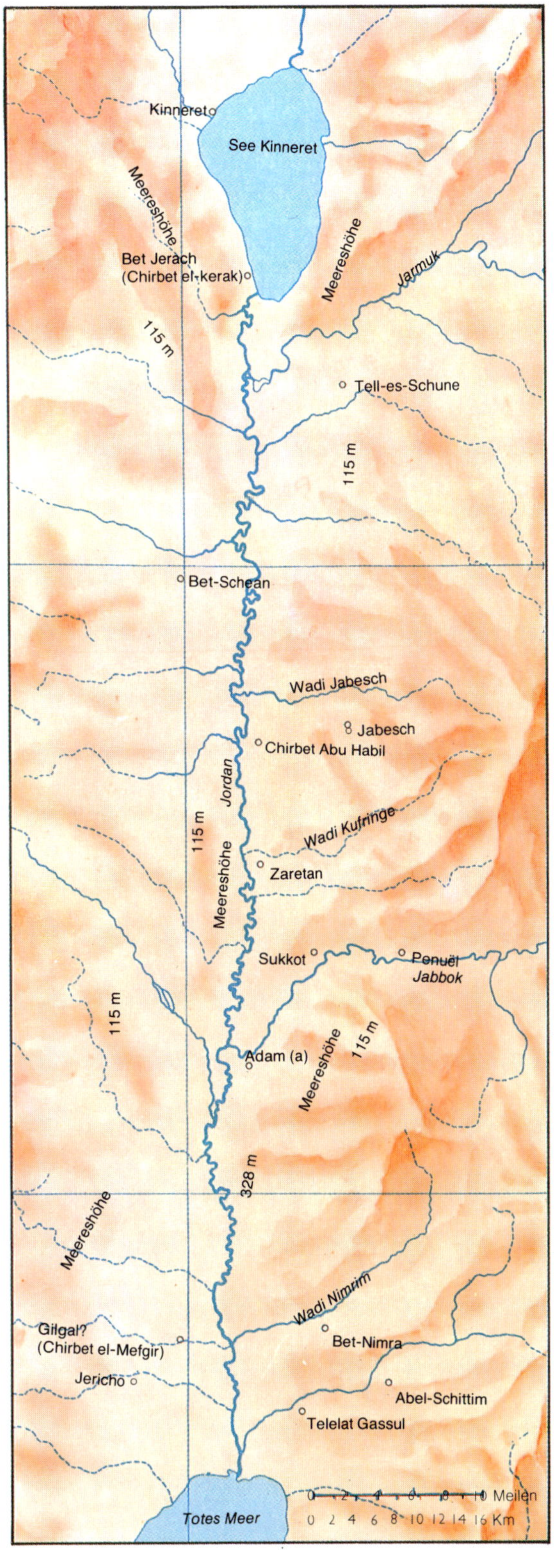

Das Jordantal

Das Tote Meer

Das »Salzmeer« (1Mo 14,3; Jos 3,16); ist der tiefste Punkt des Grabens, der vom Nordende des Jordantales bis zu den ostafrikanischen Seen verläuft. Der Wasserspiegel des Toten Meeres liegt 395m unter NN und ist damit der tiefste Punkt der Erdoberfläche. Der Grund des Toten Meeres liegt ca. 433m unter NN.

Vom der Mündung des Jordans bis zum seichten Südende, wo es in die Salzsümpfe von Sebka übergeht, mißt das Tote Meer 77km. Nördl. der Halbinsel Lisan («Zunge«) beträgt seine Breite zwischen 10 und 14km. Die Lisan-Halbinsel ragt vom Ostufer aus ca. 3km in das Tote Meer hinein. Südl. der Halbinsel ist das Wasser sehr seicht; noch bis Mitte des 19. Jh.s konnte die schmale Furt zwischen der Halbinsel und dem Westufer durchwatet werden. Eine römische Straße verband beide Ufer, die von der am Westufer gelegenen Festung Masada kontrolliert werden konnte. Zwischen dem Westufer und den Judäischen Bergen befindet sich eine schmale Ebene, die nach W hin von niedrigen Terrassen begrenzt wird. Auf einer dieser Terrassen am NW-Ufer befinden sich die Ruinen von Qumran. Zum O hin ist das Tote Meer durch die steilen Felsen Moabs begrenzt. Südl. des Toten Meeres ist der Senkungsgraben sehr trocken und von den Skorpionfelsen bis zum Golf von Aqaba bekannt als Araba. In atl. Zeit wurde diese Bezeichnung auch auf das Tal nördl. des Toten Meeres angewandt. Außer dem Jordan hat das Tote Meer Zuläufe vom West- und Ostufer her. Hochkonzentrierte Mineralablagerungen sorgen für einen außergewöhnlich hohen Salzgehalt des Wassers. Die Mineralien werden mit Hilfe flacher Verdunstungsbecken aus dem Wasser gewonnen.

Das Tote Meer - Blick nach O auf die Berge von Moab

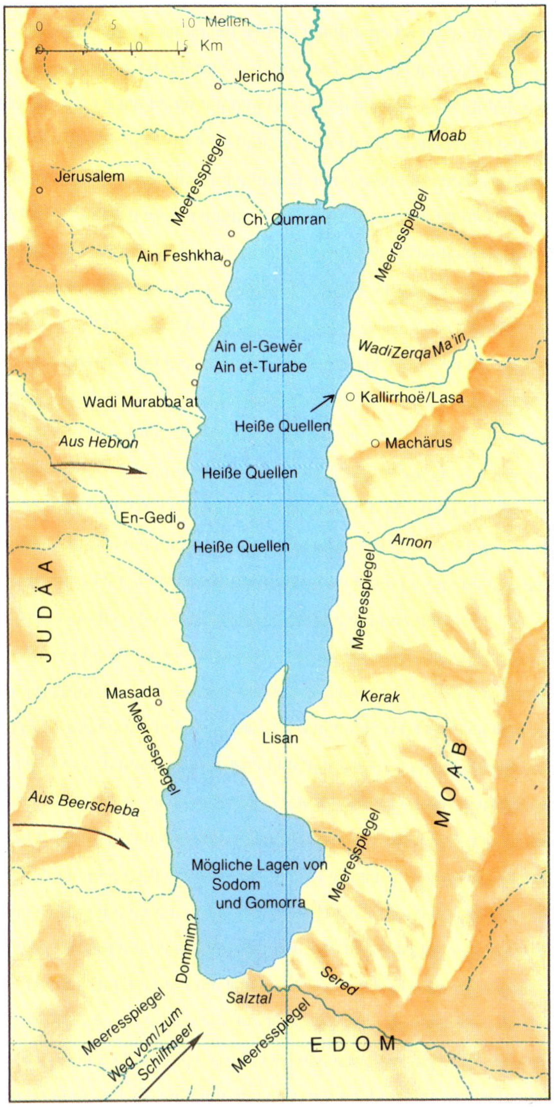

Das Tote Meer

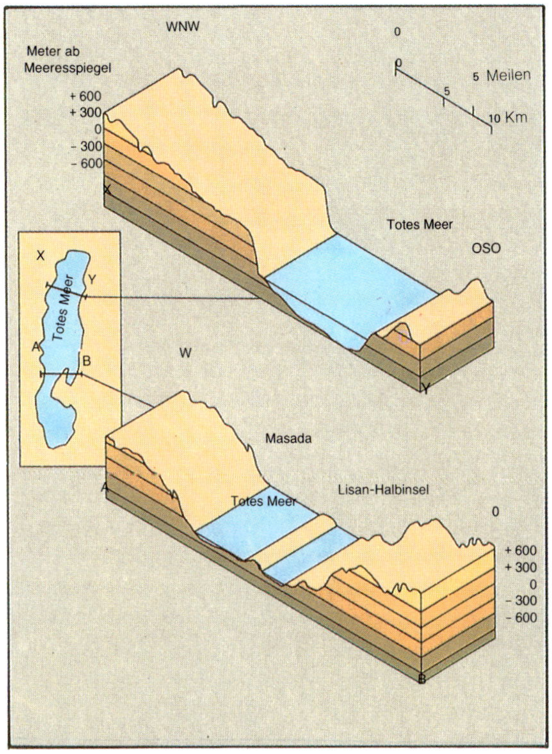

Profilschnitt vom Nordende des Toten Meers sowie vom Südteil (Halbinsel Lisan)

Der eindrucksvolle Senkungsgraben, der von Syrien im N über den Golf von Aqaba zum Roten Meer im S verläuft, erhält seine Konturen durch die Verwerfungen an beiden Seiten. Die urspüngliche Tiefe des Senkungsgrabens wird bis zu 5000m angenommen. Der Graben wurde im Laufe der Zeit infolge der Erosion des umgebenden Geländes aufgefüllt. Die Oberflächen des Senkungsgrabens bestehen großenteils aus jungem, gegenüber Wind- und Wassererosion anfälligem Material. Das Schnittbild zeigt, wie dieses Material auf dem viel älteren arabischen Sandstein gelagert ist.

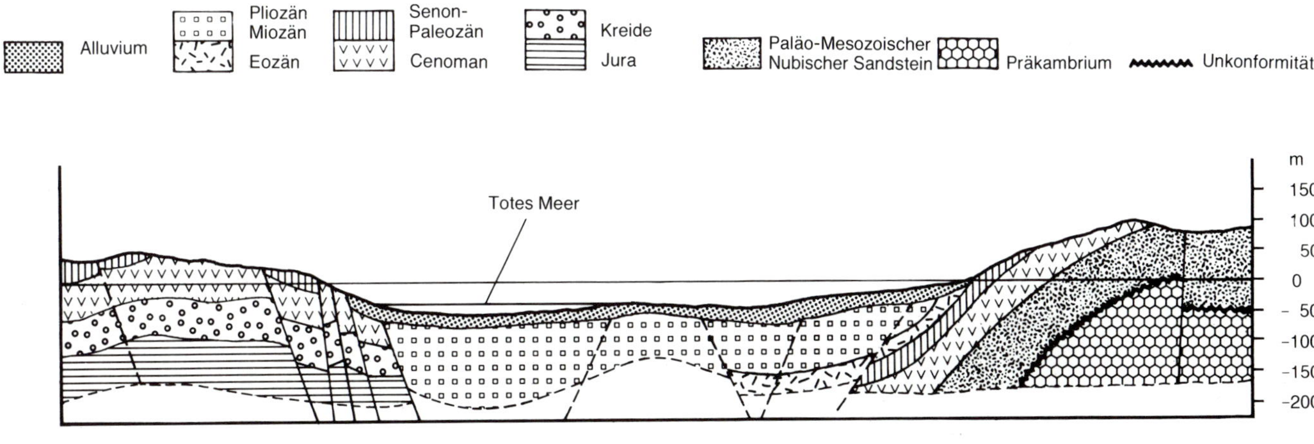

Der Negeb

Der Negeb (hebr. »trocken«) ist zunächst ein Regionalname und bezieht sich auf Südpalästina, wo kaum Niederschlag fällt und Wüstenklima herrscht. Die Region ist ca. 11.650 km² groß. Als Nordgrenze des Negeb kann die Straße von Gaza nach Beërscheba sowie das Gebiet östl. von Beërscheba bis zum Toten Meer angesehen werden. Im S geht der Negeb in die Wüste Sinai über. Als 1948 der Staat Israel gegründet wurde, stellte der Negeb rund zwei Drittel des Staatsgebietes dar. Für Israel ist die Region seither auch Siedlungsgrenze.

Ungefähr die Hälfte der Region erhält einen durchschnittlichen jährlichen Niederschlag von nur 50mm. Neben der vorherrschenden Steinwüste (Hammada) gibt es Sandgegenden; doch selbst da, wo kleine Einschlüsse von Bodenkrume vorhanden sind, weisen sie doch in organischer Hinsicht Mängel auf und sind extrem anfällig für Erosion. Fruchtbarer Lößboden kommt in den weniger trockenen Zonen vor; bei entsprechender Bewässerung ist er sehr fruchtbar.

Der Negeb war von hoher strategischer und ökonomischer Bedeutung. Der »Weg nach Schur« verlief von Judäa durch den Negeb zum Sinai (1Mo 16,7; 20,1; 25,18; 2Mo 15,22), eine Route, die von den Patriarchen (1Mo 24,62; 26,22), aber auch von Hadad, dem Edomiter (1Kön 11,14.17.21f), genutzt wurde. Möglicherweise war dieser Weg der Fluchtweg Jeremias (Jer 43) und später Josefs und Marias (Mt 2,13-15). Der Weg verlief entlang einer dünn besiedelten Zone, in der Brunnen lagen, auf die im AT mehrfach Bezug genommen wird (1Mo 24,15-20; Jos 15,18f; Ri 1,14f).

Der König Usija verstärkte die Verteidigung Jerusalems, indem er Wehrdörfer an der offenen Südflanke des nördl. Negeb anlegen ließ (2 Chr 26,10). Die Geschichte des Vorderen Orients zeigt, daß der Negeb Raum für Siedler bot, die zur Auswanderung aus dem Fruchtbaren Halbmond gezwungen waren. Von strategischer Bedeutung waren auch die Kupferminen im östl. Negeb sowie der damit verbundene Handel, der über die Araba abgewickelt wurde. Wegen dieser bedeutenden Wirtschaftsfaktoren führte Saul Kriege mit den Amalekitern und Edomitern (1Sam 14,47f.) und David mit den Edomitern (1Kön 11,15f). Kupfervorkommen und -verhüttung gaben wohl auch den Ausschlag, daß Salomo den Hafen von Ezjon-Geber ausbauen ließ und, nachdem der versandet war, Asarja (Usija) einen neuen Hafen in Elat anlegen ließ (1Kön 9,26; 22,49; 2Kön 14,22). Die anhaltenden Spannungen zwischen Juda und Edom werden mit dem Ringen um die lukrative Kontrolle über den Kupfererzhandel zu erklären sein (vgl. Hes 25,12f; Obd).

Zwischen dem 4. Jh. v.Chr. und dem Beginn des 2. nachchristl. Jh.s - nachdem die Nabatäer abgezogen waren - entwickelten die Edomiter eine Bewässerungstechnik, neben Brunnenwasser auch den gelegentlich fallenden Regen zu speichern und dem Boden zuzuführen.

Intensive landwirtschaftliche Nutzung des Negeb war im 20. Jh. erst möglich, nachdem Wasser aus dem Norden des Landes herangeführt wurde. Der erste Abschnitt dieser Wasserleitung wurde 1955 fertiggestellt.

Der Negeb: typische Landschaft im trockenen Süden

Die Siedlungen entlang der strategischen Handelswege zwischen Arabien und dem Fruchtbaren Halbmond profitierten vom Handel mit Gewürzen und Weihrauch aus Arabien und anderen exotischen Gütern aus Somalia und Indien.
Der Negeb war auch in früher christl. Zeit von Bedeutung. N. Glueck identifizierte dort ca. 300 christl.-byzant. Niederlassungen aus dem 5. und 6. Jh.
Versuche einer Rekultivierung des Negeb gehen auf die Zeit vor dem Zweiten Weltkrieg zurück. Bis 1948 konnten jedoch keine wesentlichen Fortschritte erzielt werden. Eine »Pionierzone« am nördl. Rand des Negeb bildete schließlich den Ausgangspunkt weiterer Ansätze zur Rekultivierung. Auch die Ausbeutung der Bodenschätze wurde intensiv vorangetrieben, zuerst am Toten Meer, wo es reiche Mineralvorkommen gibt, dann aber auch im Negeb, wo Mineralsalze, Gips- und Erdgasvorkommen lagern.

Der Negeb

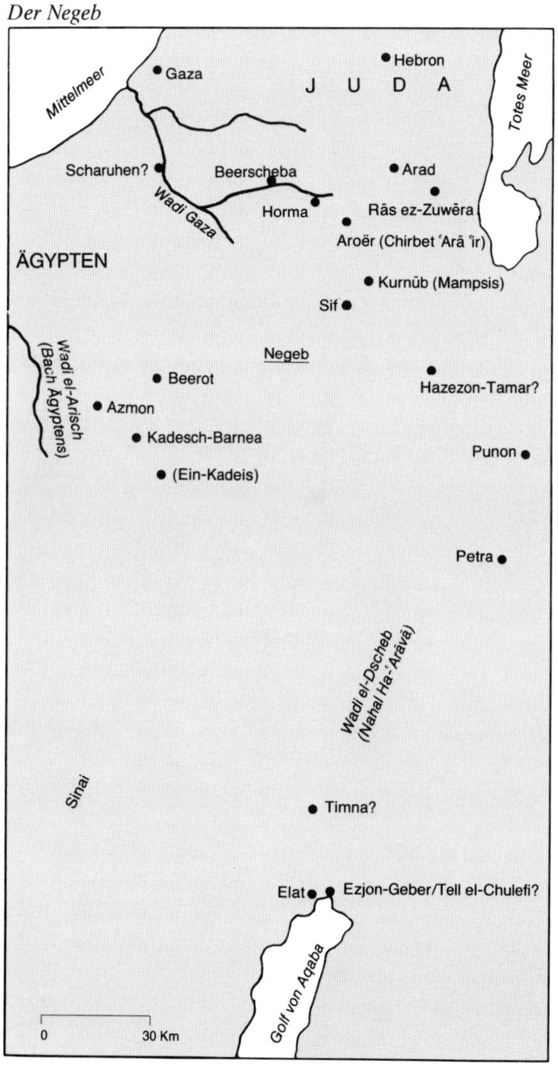

Das Ostjordanland

Östlich des Jordan befinden sich die syrische und die arabische Wüste. Zwischen dem Jordan und der Wüste liegt ein schmaler, ca. 30km breiter fruchtbarer Landstreifen, der parallel zu den wilden, kahlen Felsformationen verläuft, die den Jordan und das Tote Meer überragen. Niederschlag fällt hier in ähnlicher Menge wie auf den Bergen Judäas. Die Menge ist abhängig von zwei Faktoren: 1. Von der Höhe des Landes jenseits des Jordan, wo die höheren Berge den meisten Niederschlag zu verzeichnen haben, und 2. von den Regen bringenden Winden des Mittelmeeres.
Das Land steigt kontinuierlich von N nach S bis zu einer Höhe von 1730m südl. des Toten Meeres an. Die Ebene im N (450-600m) ist offen, hügelig und fruchtbar, so daß die Stämme Ruben und Gad (vgl. 4 Mo 32; Jos 1) gar nicht erst über den Jordan in das verheißene Land ziehen wollten, sondern sich östl. des Jordan niederließen.
Dieser fruchtbare Landstreifen östl. des Jordan war zu biblischen Zeiten dicht besiedelt und wirtschaftlich florierend. Die heutige jordanische Hauptstadt Amman, das frühere Rabbat-Ammon, die »Stadt der Wasser« (2Sam 12,27), war eine der blühenden Städte der Dekapolis (Zehn-Städte-Region). Die Wirtschaft in der Gegend war je nach Bodenbeschaffenheit, Niederschlag und Geländeform unterschiedlich. D. Baly (The Geography of the Bible, 1957) unterscheidet vier Wirtschaftsformen: Getreideanbau (Weizen und Gerste) in Baschan; Forstwirtschaft im Hochland von Gilead, außerdem Weinanbau sowie Herstellung und Vertrieb des berühmten Balsams von Gilead; Schafzucht in Ammon und Moab (2Kön 3,4); in Edom, dessen Berge für Ackerbau und Viehzucht wenig geeignet waren, Handel über die südl. und östl. gelegenen Wüstenzonen hinweg.
Die Siedlungen dieses fruchtbaren Gebietes waren durch die N-S-Route des »Königswegs« verbunden. Dieser Weg wurde jedoch durch die tiefen Einschnitte der östl. Zuflüsse des Jordan unterbrochen, die sich ihren Weg von den Hochebenen in den Senkungsgraben bahnen und dadurch das Gebiet auch gliedern: Das Hochland von Baschan, die bewaldeten Hügel Gileads und die Berge von Moab und Edom. Einige dieser Namen stehen für Königreiche, die im Lauf der Geschichte wiederholt mit Israel in Konflikt gerieten. Ihre befestigten Orte auf den Höhen oberhalb des Senkungsgrabens ließen Ammon, Moab oder Edom vom W her als nahezu uneinnehmbar erscheinen.

Archäologische Perioden

- Islamisch 636 n. Chr.→
- Byzantinisch 324–636 n. Chr.
- Römisch 37 v.–324 n. Chr.
- Hellenistisch 330–37 v. Chr.
- Eisenzeit 1200–330 v. Chr. Auch *Israelitische Periode* genannt
- Bronzezeit 3150–1200 v. Chr. Auch *Kanaanäische Periode* genannt
- Chalkolithisch 4000–3150 v. Chr.
- Steinzeit → 4000 v. Chr.

Archäologische Perioden	Auch bekannt als	Ungef. Zeit
Islamisch		seit 636 n. Chr.
Byzantinisch		324–636 n. Chr.
Römisch III		180–324 n. Chr.
Römisch II		70–180 n. Chr.
Römisch I	Herodianisch	37 v.–70 n. Chr.
Hellenistisch II	Hasmonäisch/Makkabäisch	152–37 v.Chr.
Hellenistisch I		330–152 v. Chr.
Babylonisch/Persisch	Späte Eisenzeit/Persisch (= SE)	587–330 v. Chr.
Eisenzeit III b		720–587 v. Chr.
Eisenzeit III a		800–720 v. Chr.
Eisenzeit II b	Mittlere Eisenzeit (= ME)	900–800 v. Chr.
Eisenzeit II a		1000–900 v. Chr.
Eisenzeit Ib		1150–1000 v. Chr.
Eisenzeit (= EZ) I a	Frühe Eisenzeit/Israelitisch (= FE)	1200–1150 v. Chr.
Späte Bronze II b		1300–1200 v. Chr.
Späte Bronze II a		1400–1300 v. Chr.
Späte Bronze (= SBZ) I	Spät-Kanaanäisch (= SK)	1550–1400 v. Chr.
Mittlere Bronze II c		1600–1550 v. Chr.
Mittlere Bronze II b		1750–1600 v. Chr.
Mittlere Bronze II a	Mittel-Kanaanäisch (=MK)	1950–1750 v. Chr.
Mittlere Bronze (= MBZ) I	Früh-Mittel-Bronzezeit	2200–1950 v. Chr.
Frühe Bronze IV	Frühe Bronzezeit IIIb	2350–2200 v. Chr.
Frühe Bronze III	Früh-Kanaanäisch III	2650–2350 v. Chr.
Frühe Bronze II	Früh-Kanaanäisch II	2850–2650 v. Chr.
Frühe Bronze (= FBZ) I	Früh-Kanaanäisch (= FK)	3150–2850 v. Chr
Chalkolithisch	Ghassul-Kultur	4000–3150 v. Chr.
Neolithisch (keramisch)		5000–4000 v. Chr.
Neolithisch (akeramisch)	Jungsteinzeit	7500–5000 v. Chr.
Mesolithisch	Mittelsteinzeit/Natuf-Stufe	10000–7500 v. Chr.
Paläolithisch	Altsteinzeit	–10000 v. Chr.

Tell/Ruinenhügel

Die Ortslagen vieler biblische Städte werden von Tells (arab. Bezeichnung für Ruinenhügel) markiert. Die Bedeutung solcher Hügel, die nicht nur für Palästina, sondern für den gesamten Nahen Osten ein Charakteristikum sind, wurde erst erkannt, als W.M. Flinders Petrie 1890 mit Ausgrabungen am Tell el-Hesi begann. Dieser Tell ist vermutlich das atl. Eglon. Petrie nahm an, daß es sich um Lachisch handelte. Vor Petrie hatte man Tells als natürliche Formationen angesehen. Sofern künstliche Aufschüttungen sichtbar waren, dachte man einfach an Städtefundamente. Ein Fluß, der am Tell el-Hesi vorbeifloß, hatte einen Teil des Hügels abgeschwemmt, so daß Petrie schon vor den eigentlichen Ausgrabungen erkennen konnte, daß der Ruinenhügel aus mehreren Schichten bestand, und daß ein Tell (im Idealfall) die Schuttschichten antiker Städte in chronologischer Folge verbirgt.

Um den Aufbau eines Tells zu verstehen, muß man seinen Entstehungsprozeß kennen: Baumaterial waren im Vorderen Orient in der Antike - teilweise auch noch heute - sonnengetrocknete Lehmziegel. Für Fundamente oder größere Gebäude wurden zwar Steine benutzt, die meisten Gebäude waren jedoch aus Lehmziegeln gebaut und hielten Feuer, Überschwemmungen, Erdbeben oder Kriegseinwirkungen nicht stand oder brachen einfach zusammen. War eine Stadt zum größten Teil oder völlig verwüstet worden, wurde das Ruinenfeld grob eingeebnet und darauf eine neue Siedlung errichtet. Im Verlauf der Geschichte konnte es vorkommen, daß Städte mehrmals auf diese Weise wieder aufgebaut wurden, so daß

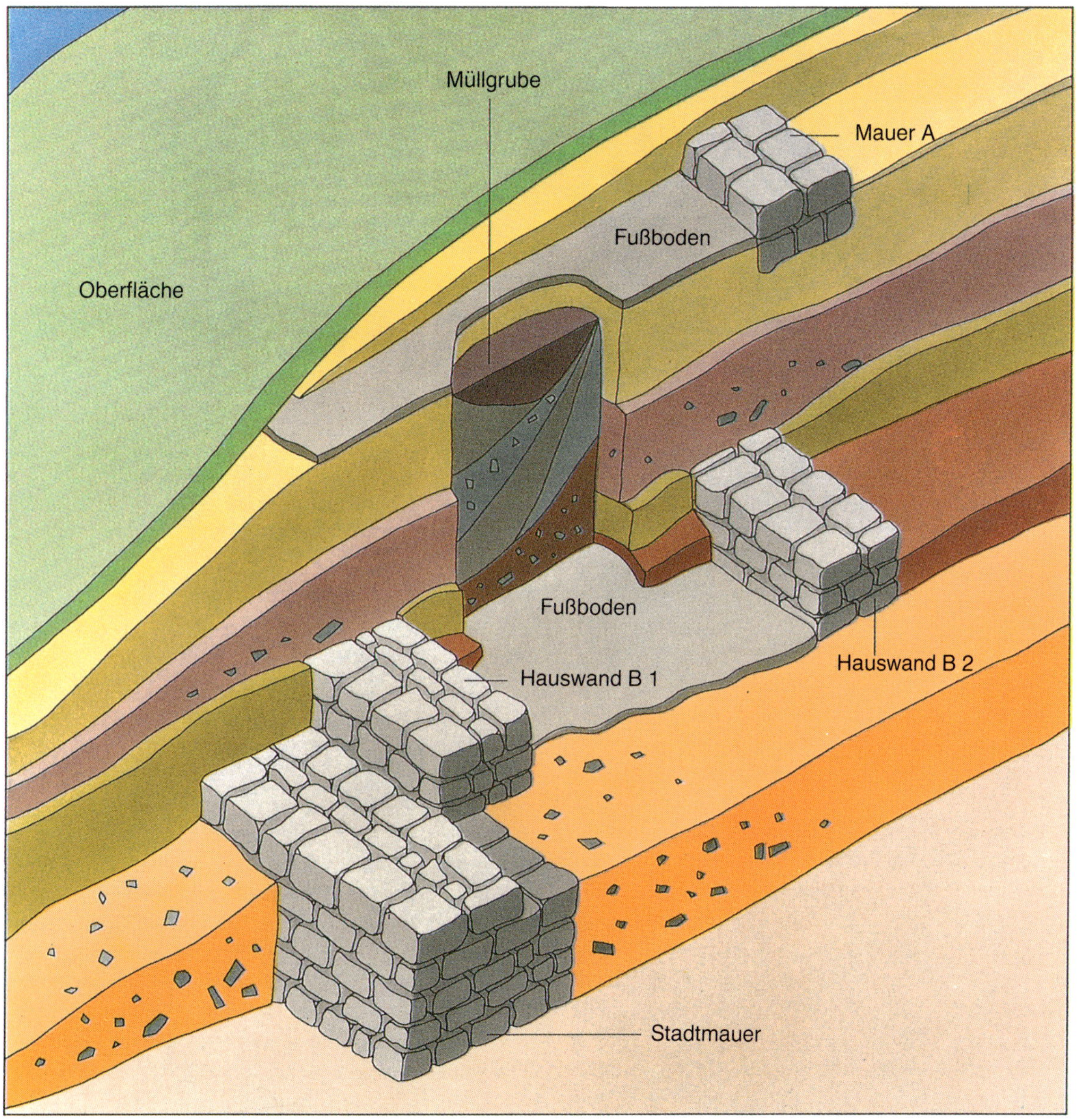

Links: Schnitt durch einen Teil eines Ruinenhügels (Tell). Spuren des zuletzt benutzten Gebäudes finden sich in Form einer Mauer (A) und eines Fußbodens. Die zu A parallel verlaufende Mauer an der Oberfläche des Hügels wurde durch Erosion zerstört. Eine Abfallgrube reicht durch die Schuttschicht eines Hauses aus früherer Zeit (Mauern B1, B2) bis auf dessen Fußboden. Dieses Haus war auf den Resten einer früheren Stadtmauer errichtet worden.

S. 24: Schematische Darstellung der archäologischen Perioden.

Tell/Ruinenhügel

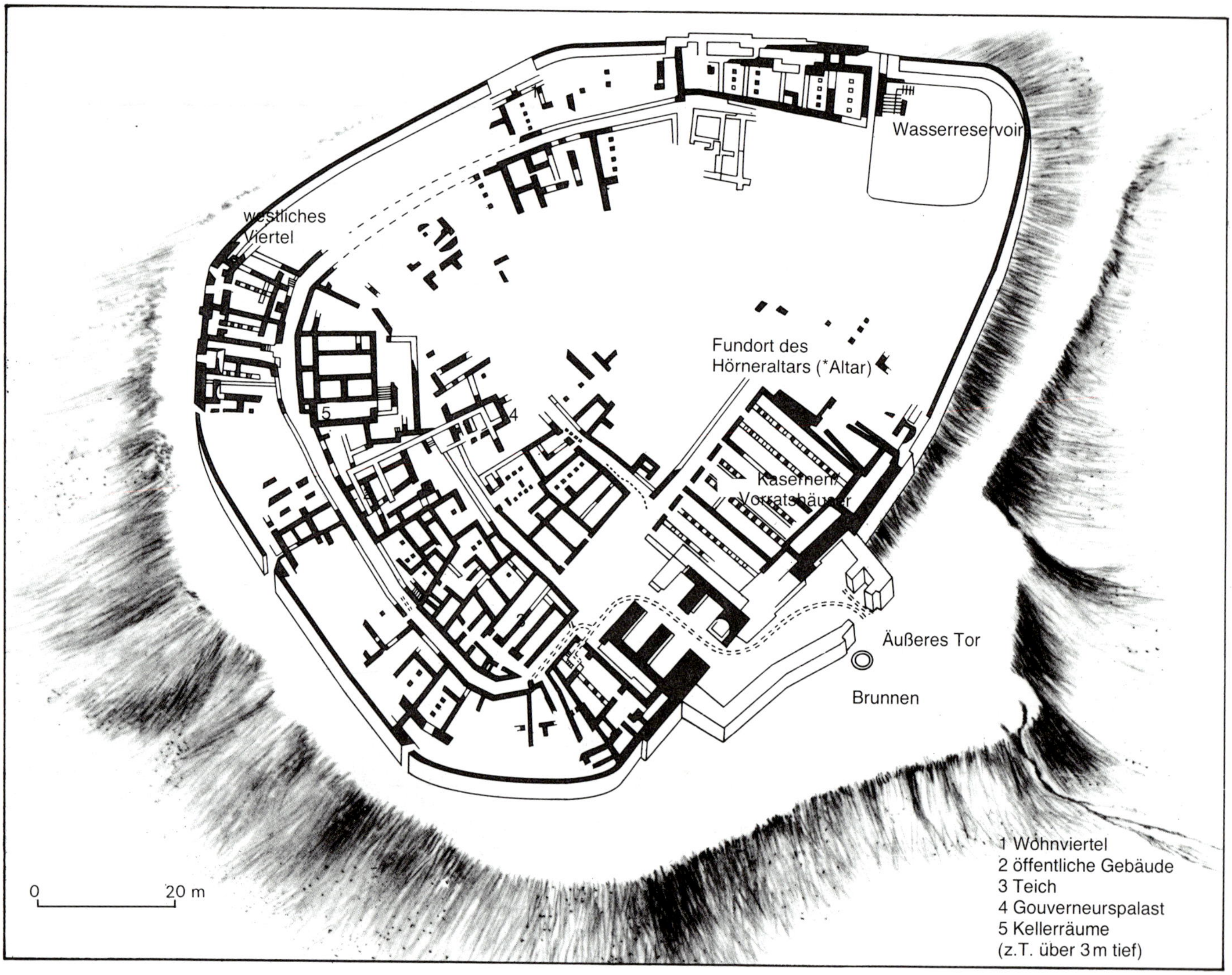

Oben: Grundriß der eisenzeitlichen (israelitischen) Stadt Beërscheba anhand der Schichten V-II von Tell Beërscheba

S. 27 oben: Luftbild der Ausgrabungen am Tell Beërscheba. Verglichen mit dem Ausgrabungscamp war die eisenzeitliche Stadt relativ klein.

Ruinenhügel bis zu 30m Höhe entstanden.
So besteht z.B. Tell el-Qedah (Hazor) aus 21 unterscheidbaren Schichten, die auf eine Besiedlung vom 27. bis zum 2. Jh. v.Chr. schließen lassen.
Jede Schicht (Stratum) enthält nicht nur Überreste von Gebäuden - Flure aus gestampftem Boden, Fundamente unter zusammengestürtzten Mauern aus Lehmziegeln -, sondern auch viele Dinge des täglichen Lebens: Werkzeuge und Schmuck, am häufigsten zerbrochene Keramikgefäße. Vergleicht man solche Gefäße mit den Produkten der Töpferkunst Syriens und Palästinas, lassen sich daraus wertvolle Datierungskriterien für die verschiedenen Schichten herleiten.
Die Ausgrabungsmethoden Petries waren im Vergleich mit den heute angewandten Vorgehensweisen grob. Viele Verfeinerungen wurden seither von Archäologen eingeführt. Zu nennen wären hier G. Reisner, der in Samarien arbeitete, W.F. Albright (Tell Beit-Mirsim) und Kathleen M. Kenyon (Samarien und Jericho). Je genauer Keramikfunde datiert werden können, um so besser lassen sich auch die einzelnen Schichten eines Schutthügels unterscheiden. Das ist nicht einfach, weil die verschiedenen Schichten manchmal in kaum unterscheidbarer Weise miteinander verzahnt sind. Ein Graben für ein Mauerfundament oder eine Müllgrube können z.B. in eine ältere Schicht gegraben worden sein. Tonscherben, die in solche Gruben geraten sind, können erst dann mit Sicherheit bestimmt werden, wenn die einzelnen Herstellungsstile korrekt den verschiedenen Schichten zugeordnet worden sind.

Unten: Die schematische Darstellung zeigt einen Ruinenhügel, dessen Besiedlungsschichten (oder Lücken in der Besiedlung) mit unterschiedlichen archäologischen Grabungstechniken erforscht und interpretiert werden.

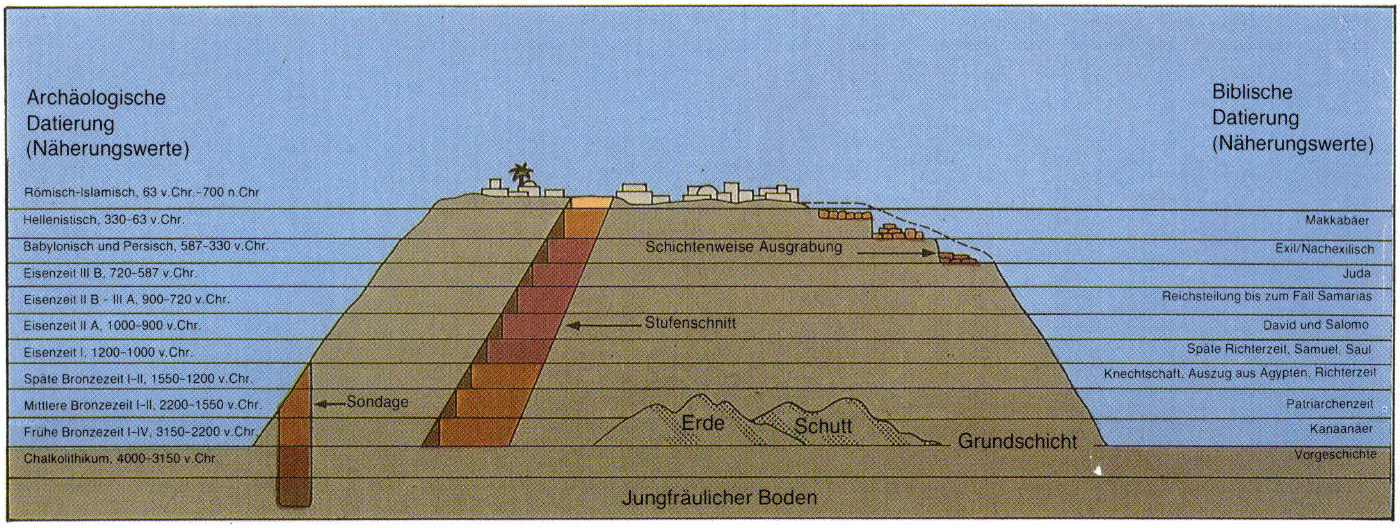

Abraham und der »Königsweg«

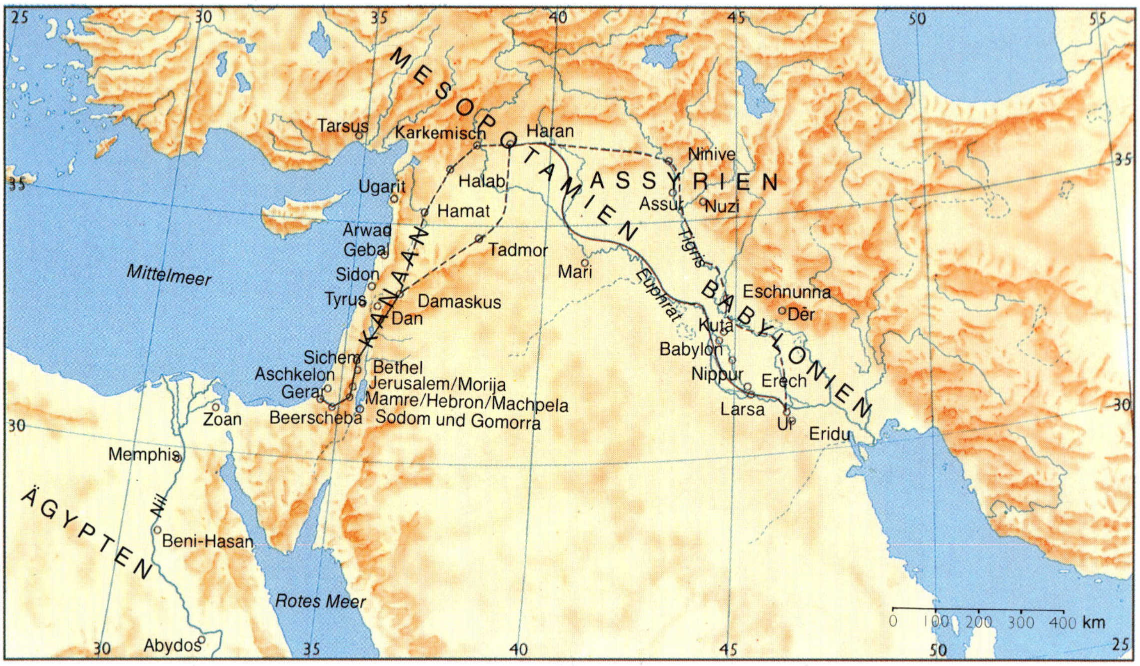

Abrahams Weg von Ur nach Kanaan (1Mo 11,31-12,6). Die südliche (durchgezogene Linie) der beiden in Frage kommenden Routen nach Haran gilt als die wahrscheinlichere. Welcher Weg von Haran nach Damaskus bevorzugt wurde, ist nicht bekannt.

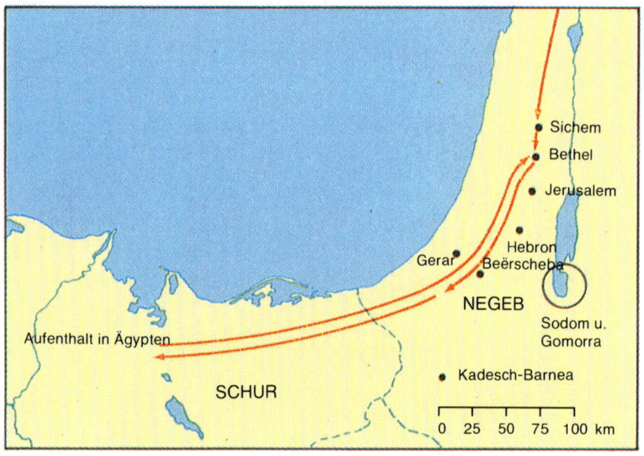

Abrahams Zug nach Ägypten (1Mo 12,6-13,4)

Abraham wurde im S Mesopotamiens geboren. Mit einer großen Familie zog er nordwestl. nach Haran (1Mo 11,27-31). Während ein Teil des Familienverbandes dort siedelte, zog Abraham mit seiner Familie weiter nach Kanaan (1Mo 12,1-5).

Nach einem Aufenthalt in Ägypten, um einer Hungersnot zu entgehen (1Mo 12,10-20), wurde er durch die Entscheidung seines Neffen Lot, in der Nähe Sodoms zu siedeln, in einen Krieg mit Kedor-Laomer und dessen Verbündeten verwickelt (1Mo 14).

Abraham und Isaak hielten sich hauptsächlich im Negeb und in der Gegend von Gerar und Hebron auf (1Mo 18,1; 20,1-17; 21,22-34; 23,2-20; 24,62; 26,1-33).

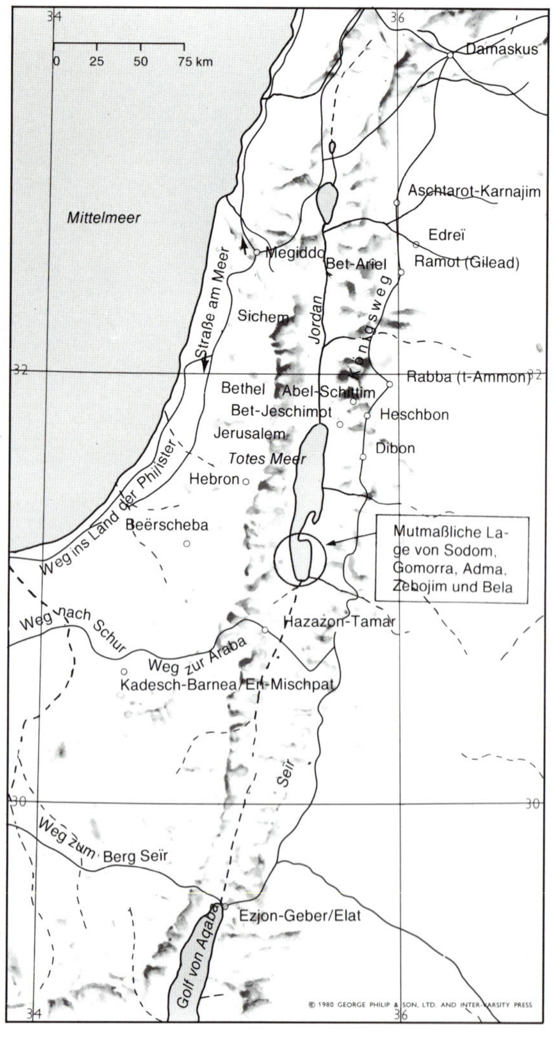

Der »Königsweg«, im AT erstmals 4 Mo 20,17 erwähnt, war seit dem 23. Jh. v.Chr. bekannt.

Die Zeit der Patriarchen

Orte im Zusammenhang mit den Erzvätergeschichten

Während der Zeit, die 1Mo 12–50 beschreibt, lebten die Patriarchen nicht in kultureller Isolation, sondern hatten Verbindung zum NW Mesopotamiens, wo ein anderer Zweig des Familienverbandes sich niedergelassen hatte (vgl. 1Mo 22,20–23; 24,10; 28,1–5), aber auch mit den Philistern von Gerar (1Mo 20,1–18; 26,1–33), den Hetitern von Hebron (1Mo 23), Sichem (1Mo 33,18–20), den Städten am unteren Jordan (1Mo 13,12; 14,17–24) und mit Ägypten (1Mo 12,10–20; 39–50), wo schließlich Jakob mit seinen Söhnen siedelte.

Eine genaue Datierung der Patriarachenzeit ist nicht möglich, allerdings finden sich Anhaltspunkte genug, von der Mittleren Bronzezeit (ca. 2200 -1550 v.Chr.) als grobem zeitlichen Rahmen auszugehen.

Archäologisch wichtige Orte der Mittleren Bronzezeit

Während der Frühen Bronzezeit entwickelten sich viele Siedlungen in Palästina zu befestigten Städten von beachtlicher Größe. Die dritte Periode der Frühen Bronzezeit endete ca. 2350 v.Chr. mit der Zerstörung dieser urbanen Zentren. Die vierte Periode der Frühen Bronzezeit (2350–2200 v.Chr.) bis zum ersten Abschnitt der Mittleren Bronzezeit (2200–1950 v.Chr.) war von halbnomadischer Kultur geprägt. In der ersten Periode der Mittleren Bronzezeit finden sich unbefestigte, nur zeitweise bewohnte Dörfer. Diese kleinen agrarischen Dörfer waren häufig im Negeb westl. der Straße nach Schur anzutreffen. Die Mittlere Bronzezeit (2200–1550 v.Chr.) dürfte die Zeit gewesen sein, in der Abraham und Isaak in diese Region zogen (1Mo 20,1; 24,62; 25,11).

In der Zeit von 1950–1550 v.Chr. begann eine erneute Blüte der Städte im zentralen Bergland: Hebron, Bethel, Sichem und Dotan. Gegen Ende der Mittleren Bronzezeit II hatte die kanaanäische Kultur ihren Zenit bereits erreicht. Es gab eine Anzahl großer, befestigter Städte mit zahlreichen Einwohnern wie z.B. Jericho. Dort wurden in bronzezeitlichen Gräbern gut erhaltene Haushaltsgegenstände gefunden, die einen Eindruck vom täglichen Leben jener Zeit vermitteln. Die Verteidigungsanlagen waren jedoch unzureichend und konnten die Zerstörung vieler größerer Städte am Ende der Bronzezeit nicht verhindern.

Krug aus der Mittleren Bronzezeit aus Hazor (Höhe ca. 18cm)

Links: Archäologisch wichtige Orte aus der Mittleren Bronzezeit (ca. 2200-1550 v.Chr.)

Der Auszug unter Mose

Mögliche Route des Auszugs aus Ägypten sowie des Zugs durch die Wüste. Die unterbrochenen Linien bezeichnen alternative Vorschläge.

Lebten Josef und seine Söhne in Ägypten noch unter einem wohlwollenden Pharao, wurden ihre Nachkommen von einem späteren Pharao versklavt (2Mo 1,8-14). Als Mose geboren wurde, hatte der Pharao verfügt, daß alle neugeborenen hebräischen Knaben umgebracht werden sollten. Mose wurde auf wunderbare Weise gerettet und am ägyptischen Hof erzogen (2Mo 1,15-2,10).

Als Mose mit ansehen mußte, wie ein Ägypter einen hebräischen Mann schlug, brachte Mose den Ägypter um und floh daraufhin nach Midian, wo er mehrere Jahre blieb. Nach Ägypten kehrte Mose erst zurück, als Gott ihn dazu berufen hatte, die Stämme Israels aus der Sklaverei zu führen (2Mo 3,1-4,20).

Nachdem Gott Ägypten durch Plagen geschlagen hatte (2Mo 7-12), konnten die Israeliten das Land am Nil, wo ihre Vorfahren sich 430 Jahre vorher angesiedelt hatten (2Mo 12,40-41) endlich verlassen. Sie zogen von Ramses im heutigen Distrikt von Khata'na-Qantir aus südöstl. nach Sukkot (2Mo 12,37). Ab Sukkot läßt sich der Verlauf der Route nicht klar rekonstruieren. 2Mo 13,17-18 sagt, daß die Israeliten nicht den direkten Küstenweg von Ägypten nach Kanaan wählten. Das könnte bedeuten, daß sie über Sukkot weiter nach SO zogen. Die Angaben (2Mo 14,2.9) über die Rastplätze der Israeliten am Schilfmeer entziehen sich einer genauen Lokalisierung, weil Namen wie Migdol oder Baal-Zefon mehr als

Der Auszug unter Mose

einen Ort am Verlauf der ostägyptischen Grenze bezeichnen können.
Der Ausdruck »Schilfmeer« wurde sowohl auf den Golf von Suez als auch auf den Golf von Aqaba bezogen (vgl. 4Mo 33,10-11; 1Kön 9,26). Es kommen aber auch die sumpfigen Salzseen nördl. des Golfes von Suez in Betracht. Das Durchzugswunder (2Mo 14,1-15,21) geschah möglicherweise an einer der sumpfigen Lagunen jener Region, irgendwo zwischen dem modernen Ismailia und Suez.
Alternativ hat W.F. Albright vorgeschlagen, daß 2Mo 14,2 einen Zug nach N, von Sukkot nach Baal-Zefon, meinen könnte. Dann wäre das »Schilfmeer« das Südende des Menzalesees. Albright nimmt dann einen weiteren Zug nach S an, so daß seine Interpretation 2Mo 13,17 nicht widerspräche.
Die Israeliten zogen dann in die Wüste von Schur (2Mo 15,22) östl. von Ägypten. Die Lagerplätze zwischen der Wüste Schur und dem Berg Sinai (Horeb) sind nicht mit Sicherheit zu lokalisieren (2Mo 15,23-16,1; 17,1; 19,1-2; vgl. 4Mo 33,8-15). Auch die Lokalisierung des Berges Sinai steht nicht eindeutig fest. Obwohl der Berg des Gesetzes traditionell im S der Sinai-Halbinsel angenommen wird, gibt es allein dort drei Berge, die um den Titel wetteifern. Während einige Forscher für den Dschebel-Helal im N der Halbinsel votieren, schlagen andere einen nicht weiter zu lokalisierenden Berg östl. des Golfes von Aqaba vor und berufen sich auf 2Mo 2,15; 3,1 (vgl. 5Mo 33,2; Ri 5,4-5; Hab 3,3).
Nach dem Empfang der Zehn Gebote und dem Bundesschluß am Berg Sinai zog das Volk in mehreren Etappen nach Kadesch (Ain Qudeirat) in der Wüste von Paran, südl. von Kanaan (4Mo 13,26). Die einzelnen Stationen im Verlauf des Zugs lassen sich wiederum oft nicht mit Sicherheit lokalisieren (4Mo 10,33-11,3.34-35; 12,16; vgl. 33,16ff).
Von Kadesch aus sollten die Stämme Israels von S her nach Kanaan vordringen, doch ihr Ungehorsam führte dazu, daß sie vierzig Jahre durch die Wüste ziehen mußten (4Mo 13,17-14,45). Gegen Ende dieser Zeit starb Aaron am Berge Hor (4Mo 20,22-29; 33,37-39). 5Mo 10,6 nennt Moser - in der bergigen Region gelegen, die Berg Hor genannt wurde - als präzise Ortsangabe.
Probleme gibt auch die Route auf, die dann von den Israeliten genommen wurde, um durch das Ostjordanland zu den Ebenen Moabs zu gelangen (4Mo 21,4.10-20; 22,1; 33,41-49; 5Mo 2,1-3,29; Ri 11,15-18). Nach den Siegen über Sihon, den König der Amoriter, und Og, den König von Baschan (4Mo 21,21-35), lagerte Israel unweit Jericho (4Mo 25,1; 33,48f), an der Schwelle zum verheißenen Land. Hier starb Mose und wurde begraben (5Mo 34).

Die Berge Judäas von den Hügeln Moabs aus gesehen

Landnahme unter Josua

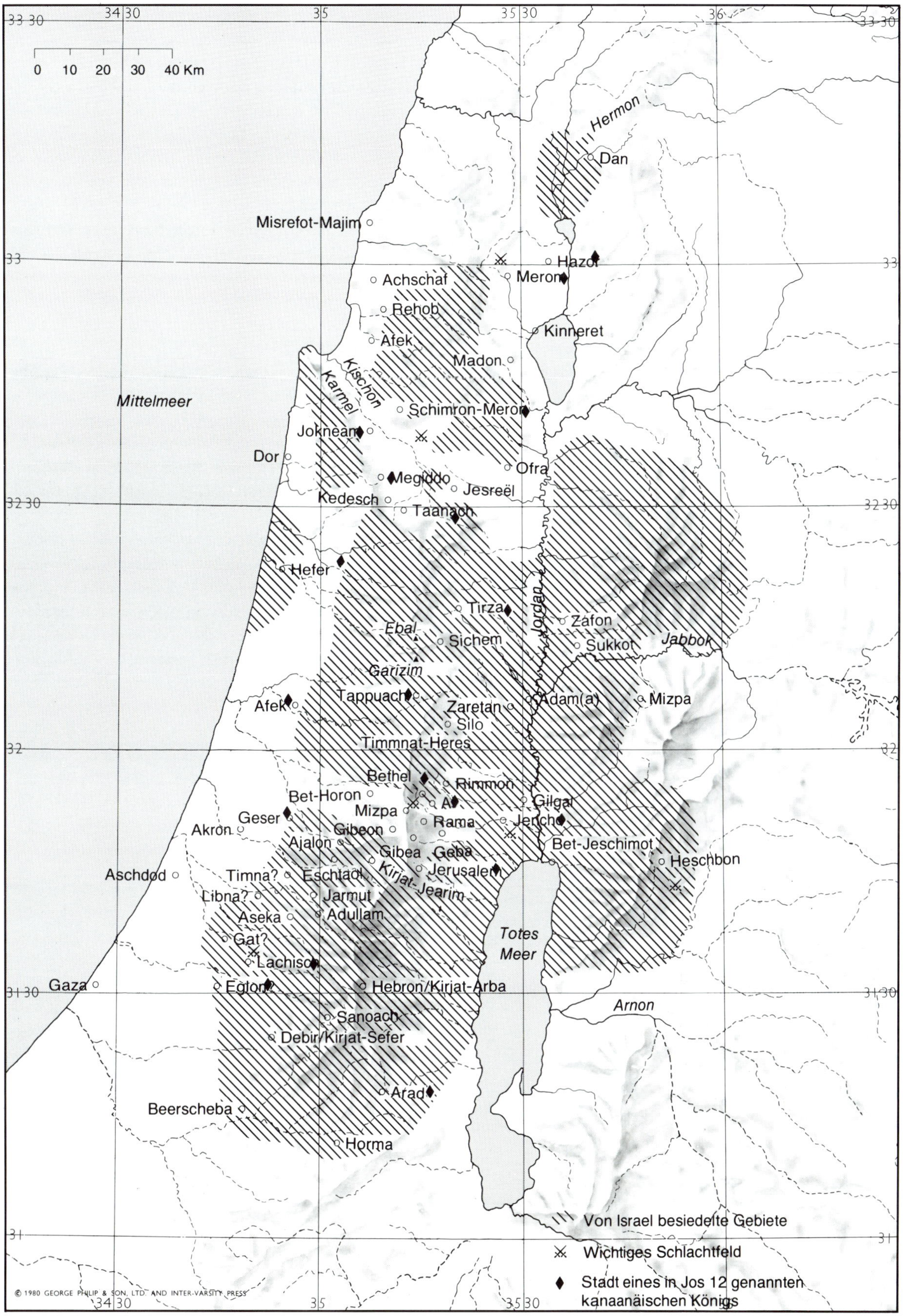

Gebiete, die unter Josua von den Israeliten erobert und besiedelt wurden

Landnahme unter Josua

Nach anfänglichen Gefechten mit den Kanaanitern während Israels Zug in den S Kanaans (4Mo 14,40-45; 21,1-3) startete die israelitische Offensive von Schittim in den Ebenen Moabs. Von hier sandte Josua, der Nachfolger Moses, Kundschafter über den Jordan, die Jericho ausspähen sollten, die erste befestigte Stadt, die von den Israeliten auf ihrem Weg nach W erobert werden sollte (Jos 2). Nachdem das Volk den Jordan überquert hatte, ließ Josua das Lager bei Gilgal aufschlagen. Hier wurde das Bundeszeichen der Beschneidung erneuert und das Passamahl gefeiert (Jos 5). Von Gilgal aus führte Josua alle Kriegszüge in das südl. Kanaan (Jos 9,6; 10,6-9. 15.43).

Das erste Ziel dieser Eroberungszüge war Jericho. Die Stadt lag in der Ebene nahe dem Jordan. Nach einer Woche zeremonieller »Belagerung« stürzten die Mauern Jerichos. Nach der Eroberung wurde die Stadt völlig zerstört (Jos 6,24).

Anschließend führte Josua das Volk in das zentrale Bergland, wo Aï eingenommen und niedergebrannt wurde (Jos 7-8). Unter dem Ruinenhügel von Et-Tell vermutet man das alte Aï, doch stimmen die archäologischen Funde bislang nicht mit dem biblischen Bericht überein. Da Bethel nicht weit von Aï lag, könnte es kurz darauf erobert worden sein (Jos 12,16; Ri 1,22-25).

Nach dem Fall Aïs führte Josua das Volk Richtung N zum Berg Ebal nahe Sichem, wo er, den Anweisungen Moses folgend (5Mo 27), Gott einen Altar baute und den Bundesschluß vom Sinai erneuerte (Jos 8, 30-35).

Um ihre Stadt vor dem Schicksal Jerichos und Aïs zu bewahren, erschlichen sich die Bewohner Gibeons durch eine List einen Friedensvertrag mit den Israeliten (Jos 9). Zusammen mit den vier verbündeten Städten Hebron, Jarmut, Lachisch und Eglon griff der König von Jerusalem das etwa 10 km nördl. seiner Stadt gelegene Gibeon an. Israels Friedensvertrag mit Gibeon verpflichte im Kriegsfalle zur Hilfeleistung, so daß die Israeliten in einen Krieg gegen ein Bündnis von fünf Königen gezogen wurden.

Durch das Wunder des »langen Tages« (Jos 10) wurden die verbündeten Armeen bei Bet-Horon geschlagen, ihre Könige auf der Flucht bei Makkeda (Ortslage unsicher) umgebracht. Die Städte Lachisch, Eglon und Hebron wurden in dem darauffolgenden Eroberungszug von Josua genommen, ebenso Makkeda, Libna und Debir (Jos 10,28-39). Nach diesen Siegen im S kontrollierte Josua das zentrale Bergland im N bis Gibeon und den Negeb im S bis Kadesch-Barnea.

Josuas Truppen sahen sich als nächstes einer Koalition von Königen aus dem N, angeführt von Jabin, dem König von Hazor, gegenüber. Hazor war während der Mittleren und Späten Bronzezeit die größte Stadt Kanaans. Durch einen Überraschungsangriff bei den Wassern von Merom blieben Josuas Truppen abermals siegreich. Hazor wurde niedergebrannt. Den Vasallenstädten blieb dieses Schicksal zwar erspart, doch wurden ihre Könige umgebracht (Jos 11,10-13).

Obgleich die wichtigsten Schlachten geschlagen waren, standen Josua noch weitere Kämpfe bevor (Jos 11,18). Nachdem das Land aufgeteilt und den einzelnen Stämmen zur Besiedlung zugewiesen worden war, waren weite Landstriche noch nicht erobert worden (Jos 13,1-7). Nicht alle Stämme Israels führten die Eroberung des ihnen zugewiesenen Landes bis zum Ende durch. Ri 1,27-36 berichtet, daß Israeliten nach erfolgter Besiedlung neben den verbliebenen Kanaanitern lebten. Das Israel gegebene Land umfaßte auch die Gebiete östl. des Jordan, die bereits unter Mose erobert worden waren (4Mo 21,21-35). Während der Zeit der Landnahme wurde die Stiftshütte im zentral gelegenen Silo aufgerichtet (Jos 18,1).

Tell es-Sultan, das atl. Jericho

Die Siedlungsgebiete der Stämme Israels

Die Siedlungsgebiete der Stämme Israels in Kanaan

Die Richterzeit

Größere Invasionen und Schlachten während der Richterzeit

✕1	Sieg an den Furten des Jordan (Ri 3,28–30)
✕2	Baraks Sieg über die Streitkräfte Jabins mit ihrem Feldherrn Sisera (Ri 4,12–16; 5,19–21)
✕3	Gideons Sieg über die Midianiter beim Hügel More (Ri 7,1.19–25)
✕4	Abimelechs Krieg mit Sichem (Ri 9,44–49)
✕5	Jeftahs Sieg über die Ammoniter in einer Schlacht südl. von Mizpa (Ri 11,33)
1	Moabitische Invasion (Ri 3,12–14)
2	Invasion der Midianiter und Amalekiter im S des Landes (Ri 6,1–6) und in das Tal Jesreel (Ri 6,33)
3	Vorstoß der Ammoniter nach Ephraim, Benjamin und Juda (Ri 10,9)
4	Vorstoß der Philister gegen Juda (Ri 15,9)

Die Zeit der Richter beginnt nach dem Tod Josuas und endet mit dem Auftreten Samuels. Sie wird auf ca. 1250–1050 v.Chr. datiert. Eine frühere Datierung des Exodus und der Landnahme führte zu einem Beginn der Richterzeit um 1400 v.Chr.

Das Richterbuch beginnt mit der Aufzählung mehrerer Versuche der Stämme Israels, das ihnen zugewiesene Land in Besitz zu nehmen; nicht alle verliefen erfolgreich. Der Bericht über die Eroberung Hebrons (Ri 1,10), Debirs (1,11–15) und Zefat-Hormas (1,17) scheint frühere Ereignisse noch einmal aufzugreifen (Jos 10,36–39; vgl. 4Mo 21,3). Es wäre aber auch denkbar, daß diese Städte als kanaanäische Zentren wiedererstanden waren und zurückerobert werden mußten.

Die Versäumnisse, von denen Ri 1 berichtet, bestimmten die spätere Entwicklung allerdings mehr als die Erfolge. Die Tatsache, daß Kanaaniter, insbesondere in den nördl. Regionen, überlebt hatten, führte dazu, daß die Israeliten zunehmend Kontakt mit ihnen hatten (vgl. Ri 1,29–33) und anfingen, die Götter Kanaans anzubeten. Gott bestrafte diese Treulosigkeit, indem er die Stämme Israels den Angriffen verschiedener Feinde aussetzte.

Kuschan-Rischatajim, der König von Aram-Naharajim (= Mesopotamien) dehnte seine Herrschaft über Palästina aus und unterdrückte die Israeliten für Jahre. Der von Gott berufene Richter, der Israel wieder befreite, war Otniël, der auch die Stadt Debir erobert hatte (Ri 3,7-11; vgl. 1,11-13).
Der nächste Unterdrücker Israels war Eglon, der König von Moab, der mit ammonitischen und amalekitischen Verbänden den Jordan überquerte, Jericho, die »Palmenstadt« (3,13), einnahm, und von dort aus Israel unter Druck setzte und Tribut eintrieb. Bei einem Attentat, das Ehud, ein Benjaminiter, auf ihn verübte, kam er ums Leben. Nach dem Attentat besetzte Ehud mit den Israeliten die Furten am Jordan, um den Moabitern den Rückzug abzuschneiden.
Ri 4 und 5 berichten von der 20jährigen Unterdrükkung durch Jabin, »den König von Kanaan, der zu Hazor herrschte«, ein Namensvetter, vielleicht auch ein Nachfahre des Königs, den Josua besiegt hatte. Auf Betreiben der Prophetin Debora sammelte Barak Truppen auf dem Berg Tabor und marschierte von dort zu einer Stelle nahe Taanach am Bach Kischon (Ri 4,13; »die Wasser Megiddos« 5,19). Dort traf er auf die Truppen Jabins, die von Sisera angeführt wurden. Der Bach scheint zu jener Zeit Hochwasser geführt zu haben (5,21), so daß sich das Gelände für die 900 Streitwagen Siseras als zu sumpfig erwies. Baraks Sieg leitete den Fall Jabins ein. Die Liste der Stämme und Bezirke, die Barak unterstützten (5,14-18) läßt annehmen, daß Jabin nur die Nordhälfte des Landes beherrschte; der Stamm Juda wird jedenfalls nicht erwähnt.
Mit wiederholten Raubzügen und Brandstiftung in den Getreidefeldern machten nomadisierende Midianiter den Stämmen im S des Landes das Leben schwer. Das midianitische Kernland lag östl. des Golfes von Aqaba; die Amalekiter bewohnten Teile der Sinaihalbinsel und Südkanaans. Zunächst richteten sich ihre Streifzüge gegen den S (vgl. 6,4), bald aber stießen sie über das Ostjordanland nach N vor und fielen in die fruchtbare Jesreel-Ebene ein. Gideon führte die israelitischen Verbände gegen die Midianiter. Der Ruf zu den Waffen erging an die nördl. Stämme (6,35; 7,23). Nach einem Sieg am Lagerplatz der Midianiter befahl Gideon den Männern Ephraims, den Midianitern den Rückzug über den Jordan abzuschneiden (7,24). Zwei midianitischen Fürsten, die mit einer beträchtlichen Streitmacht entkommen waren, setzte Gideon über den Jordan nach und rieb den Feind schließlich völlig auf (7,24-8,21). Eine weitere Periode der Unterdrückung kam durch die Ammoniter, die die östl. Gebiete unterwarfen. Ri 10,7 deutet darauf hin, daß jene Zeit mit der Unterjochung durch die Philister, die im Kapitel 13 beschrieben wird, zusammenfiel.

Die Unterdrückung durch die Ammoniter betraf in erster Linie die Israeliten, die östl. des Jordan in Gilead siedelten. Doch es gab auch Angriffe auf Juda, Ephraim und Benjamin (10,8-9). Der Befreier war diesmal Jeftah, ein Gileaditer, der von den Ältesten zum Befehlshaber Gileads und Mizpas gemacht wurde (11,5-6). Er trieb die Ammoniter bis nach Aroër. Dies war jedoch nicht das Ende der Auseinandersetzungen um Gilead, denn die Männer Ephraims, erbost darüber, daß sie nicht am Kampf hatten teilnehmen können, überquerten den Jordan und griffen ihrerseits Gilead an. Wieder behielten die Truppen Jeftahs die Oberhand; 42.000 Mann starben in einem sinnlosen Krieg (12,6).
Die Unterdrückung durch die Philister, auf die Ri 10,7 hinweist, steht im Zusammenhang mit dem Leben Simsons. Simson gehörte zum Stamme Dan, der bereits unter dem Druck der Moriter zu leiden hatte (1,34). Die Wanderung eines Teiles dieses Stammes Richtung N (Ri 18) dürfte bereits vor der Zeit Simsons erfolgt sein.
Seit ca. 1200 v.Chr. siedelten die Philister in der Küstenebene und kontrollierten bald die westl. Teile des israelitischen Gebietes. Der Stamm Juda, dessen Gebiet im Einflußbereich der Philister lag, nahm die fremde Oberherrschaft anscheinend hin (15,11), und Simson selbst betrachtete die Philister nicht als Feinde, bis eine unglückliche Auseinandersetzung mit ihnen zum Ausbruch der Feindseligkeiten führte (Ri 14-16). Simsons Taten waren von Motiven persönlicher Rache geleitet, die nationale Befreiung konnte er nicht herbeiführen. Diese Aufgabe blieb für Samuel, Saul und David vorbehalten.

Die Ruinen von Hazor – im Hintergrund die fruchtbaren Ebenen Nordgaliläas

Archäologisch wichtige Orte der Späten Bronzezeit

Den Übergang von der Mittleren zur Späten Bronzezeit markiert in Palästina die Zerstörung einer Reihe größerer Städte. Einige davon wurden zwischen 1400 und 1200 v.Chr. nicht wieder aufgebaut. Es kam noch zu einer letzten Blüte der kanaanäischen Kultur, bevor sie mit Beginn der Frühen Eisenzeit endgültig unterging.

Einige dieser am Ende der Bronzezeit zerstörten Städte fielen den israelitischen Eroberungen zum Opfer: Lachisch (Tell ed-Duwer), Eglon (Tell el-Hesi), Debir (Tell Beit Mirsim) und Hazor. Diese Zerstörungen als den archäologischen Beweis für die Landnahme Israels um 1230/40 v.Chr. (Exodus um 1270/60 v.Chr.). Die kulturell relativ arme Epoche der Frühen Eisenzeit wurde daher als die »israelitische Epoche« bezeichnet.

An anderen Orten wie z.B. Jericho, Aï (Et-Tell) oder Arad (Tell Malchata oder Tell Arad), die von den Israeliten erobert und zerstört wurden, läßt sich eine Besiedlung gegen Ende der Späten Bronzezeit archäologisch bisher nicht nachweisen. Allerdings können mögliche Spuren einer Besiedlung zu der fraglichen Zeit auch der Erosion zum Opfer gefallen oder einfach noch nicht entdeckt worden sein. Dennoch müssen die erwähnten Zerstörungen im Kontext anderer Ereignisse gesehen werden, die im gleichen Zeitraum geschehen sind. Die Jahrzehnte um 1200 v.Chr. waren Zeiten weitgehenden Wandels und innerer Unruhe, die die Städte betrafen, die von den Israeliten nicht erobert wurden. Beispielsweise wurden Joppe und Afek um 1230/40 v.Chr. zerstört, Tell der-Alla im Ostjordanland um 1200 v.Chr. und Tell Shera (Ziklag?) um 1175 v.Chr. Aufgrund neuerer Hinweise scheint Lachisch ebenfalls um 1175 v.Chr. und nicht schon 1230/20 v.Chr. zerstört worden zu sein. Ägyptische Angriffe und der Zustrom von »Seevölkern« (einschließlich der Philister) um diese Zeit könnten für die Zerstörungen der Späten Bronzezeit verantwortlich sein, ohne daß man das Auftreten der Israeliten mit jenen Zerstörungen in Zusammenhang bringen müßte. Solange es keine eindeutigen Belege für eine Beteiligung der Israeliten an dieser Welle von Zerstörungen am Ausgang der Späten Bronzezeit gibt, bleibt die Annahme, daß sie durch die Landnahme unter Josua verursacht worden seien, eine Hypothese.

Eine andere Sichtweise ist durchaus möglich. Sie beruht auf der Frühdatierung des Exodus und der Landnahme. Ri 11,26 und 1Kön 6,1 geben Anhaltspunkte für eine Datierung des Exodus auf die Mitte des 15. Jh.s v.Chr. und der Landnahme ungefähr gegen Ende des 15. Jh.s. v.Chr. Die gegenwärtige

Archäologisch wichtige Orte aus der Späten Bronzezeit (1550-1200 v.Chr.)

Datierung der verschiedenen Phasen der Späten Bronzezeit kennt keine Zerstörungswelle in der Zeit kurz vor 1400 v.Chr., die auf eine israelitische Invasion hindeuten könnte. Würde man die Zerstörungen, die das Ende der Mittleren Bronzezeit markieren, von ca. 1550 v.Chr. auf jene spätere Zeit zurückdatieren, was die Späte Bronzezeit verkürzen würde, hätte man einen archäologischen Beweis gewinnen für die Besetzung und Zerstörung aller nicht verteidigungsfähigen Städte, die in den Berichten über die Landnahme aufgeführt werden. Eine Ausnahme wäre für Aï zu machen, wenn man es mit Et-Tell identifiziert. In Et-Tell findet sich weder ein Hinweis auf eine Zerstörung in der Mittleren noch in der Späten Bronzezeit. Man muß zwar auch hier damit rechnen, daß entsprechende Hinweise zerstört oder nicht mehr vorhanden sind, womöglich wäre auch Aï anderswo zu lokalisieren.

Daher muß die Kultur der Bronzezeit nicht allein als kanaanäisch, sondern auch bis zu einem gewissen Grad als israelitisch angesehen werden. Angesichts der Tatsache, daß viele Israeliten sich unter den Kanaanitern niederließen und deren religiöse Praktiken übernahmen (vgl. Ri 1,27–33), ist es möglich, daß ein Teil der kanaanäischen Kultur von den Israeliten übernommen wurde.

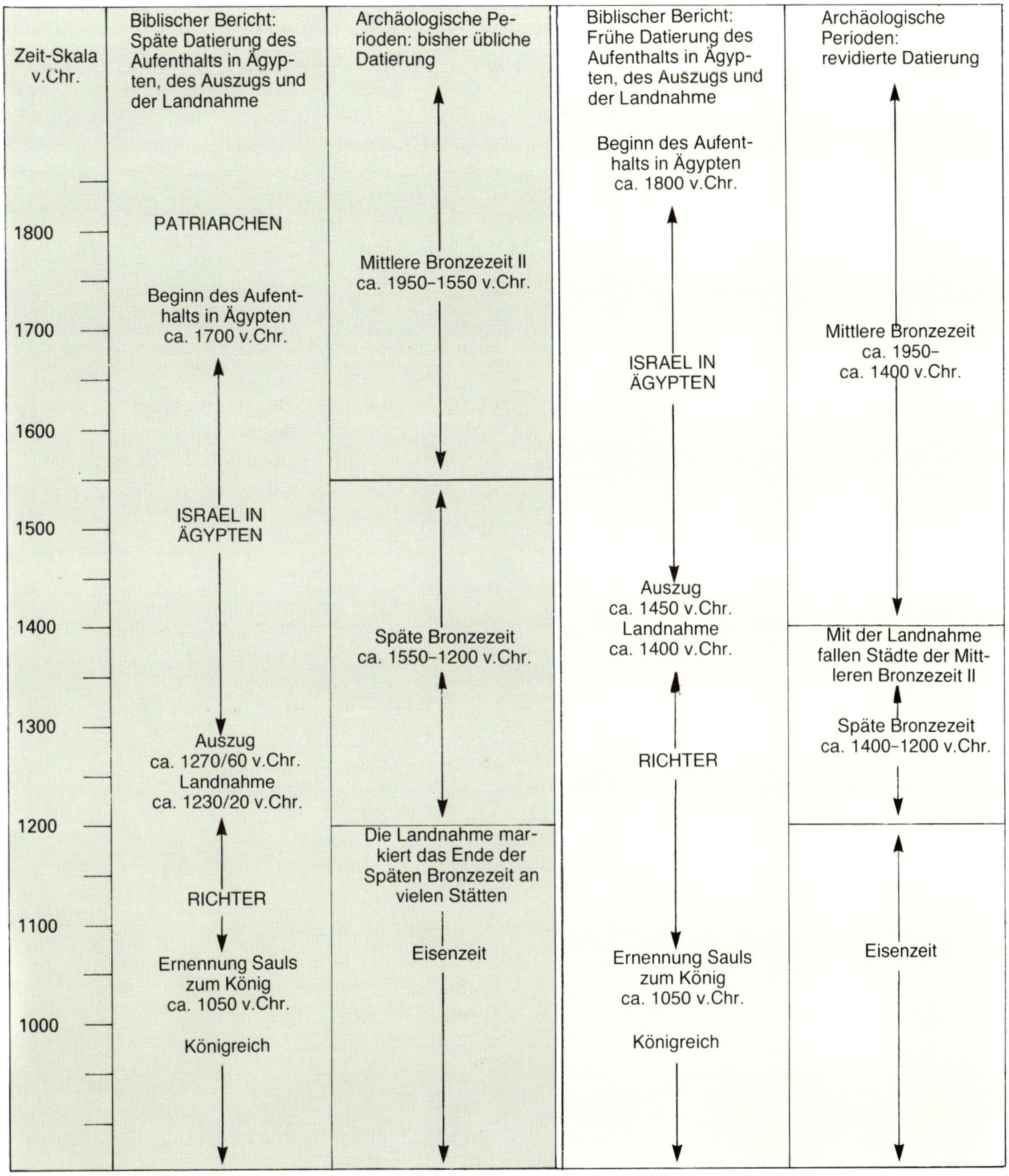

Unterschiedliche Ansätze zur Datierung biblischer Ereignisse und archäologischer Perioden im 2. Jt. v.Chr.

Der Anfang der hebräischen Monarchie

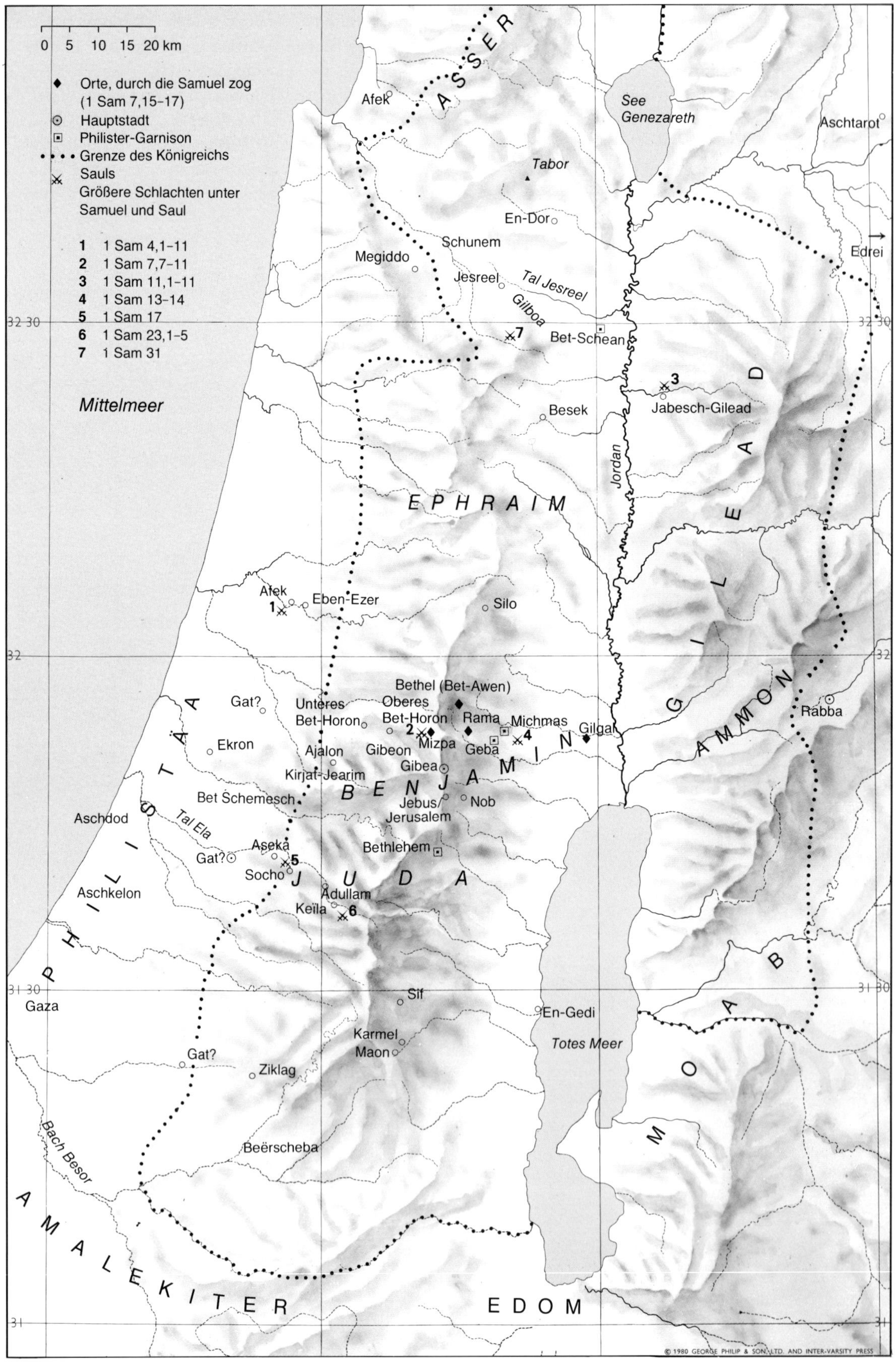

Obwohl Samuel die Philister geschlagen hatte (1Sam 7), waren sie weiterhin eine Bedrohung für Israel. Als die Ammoniter das Volk Israel zu überfallen drohten, wollte Israel einen König haben (1Sam 8; vgl. 12,12). Saul wurde König und besiegte die Ammoniter, Philister und Amalekiter (1Sam 11-15). Nach Sauls Tod bei Gilboa erlangten die Philister jedoch wieder ihre Vormachtstellung (1Sam 31).

Die Kriege unter der Herrschaft Davids

David als militärischer Führer
David hatte bereits unter Saul durch Siege über die Philister seine Qualitäten als Heerführer bewiesen (1Sam 18,12-16.24-27.30; 23,1-5). Vor dem Neid Sauls mußte David auf Philistergebiet fliehen und diente Achisch, dem König von Gat, als Söldner. Seine Streifzüge waren allerdings gegen Feinde Israels, insbesondere gegen die Amalekiter gerichtet (1Sam 27,8; 30,1-20).

Die Eroberung Jerusalems
Nachdem Saul im Kampf gegen die Philister gefallen war, wurde das Königreich von einem Bürgerkrieg erschüttert. David wurde in Hebron König von Juda, während Sauls Sohn Isch-Boschet von Mahanajim in Gilead aus die nördl. Stämme regierte (2Sam 2,1-10). Zwischen beiden herrschte Krieg, bis Isch-Boschet einem Attentat zum Opfer fiel (2Sam 4). Nach Isch-Boschets Tod erkannten die Ältesten der nördl. Stämme David als König an. Sobald David das gesamte frühere Reich Sauls unter seine Kontrolle gebracht hatte, eroberte er Jerusalem von den Jebusitern und schuf so eine neue, strategisch günstig gelegene Hauptstadt (2Sam 5,6-11). David ließ die Bundeslade nach Jerusalem holen und erhob die Stadt somit auch zum religiösen Zentrum Israels (2Sam 6,1-19).

Das unabhängige Königreich
Als König von Juda war David noch ein Vasallenfürst der Philister gewesen. Doch seine neue Würde als König von Israel führte zur Erklärung der Unabhängigkeit des ganzen Königreiches, was ihn sofort in einen Krieg mit den Philistern verwickelte. David schlug sie zunächst im Tal von Refaïm (2Sam 5,11-25) und unterwarf sie später völlig (2Sam 8,1).

Eroberungen
Im O machte David die Moabiter tributpflichtig und eroberte Edom, wo er Garnisonen einrichtete (2Sam 8,13-14, vgl. 1Kön 11,15-16). Im N brachte er die aramäischen Königreiche Zoba und Damaskus unter seine Kontrolle (2Sam 8,3-8). Zoba und seine Vasallenstaaten erhoben sich später zusammen mit Ammon gegen David. Diese Rebellion wurde jedoch bei Helam im Ostjordanland niedergeschlagen (2Sam 10,6-19), die Hauptstadt der Ammoniter, Rabba, wurde eingenommen (2Sam 12,26-31).

Bündnispolitik
Schon früh war David Hiram, dem phönizischen Stadtkönig von Tyrus, freundschaftlich verbunden (2Sam 5,11). Nachdem Hadad-Eser, der König von Zoba, von David geschlagen worden war, ging Toi, der König von Hamat, der ein Feind Hadad-Esers gewesen war, mit David ein Bündnis ein (2Sam 8,9-10).

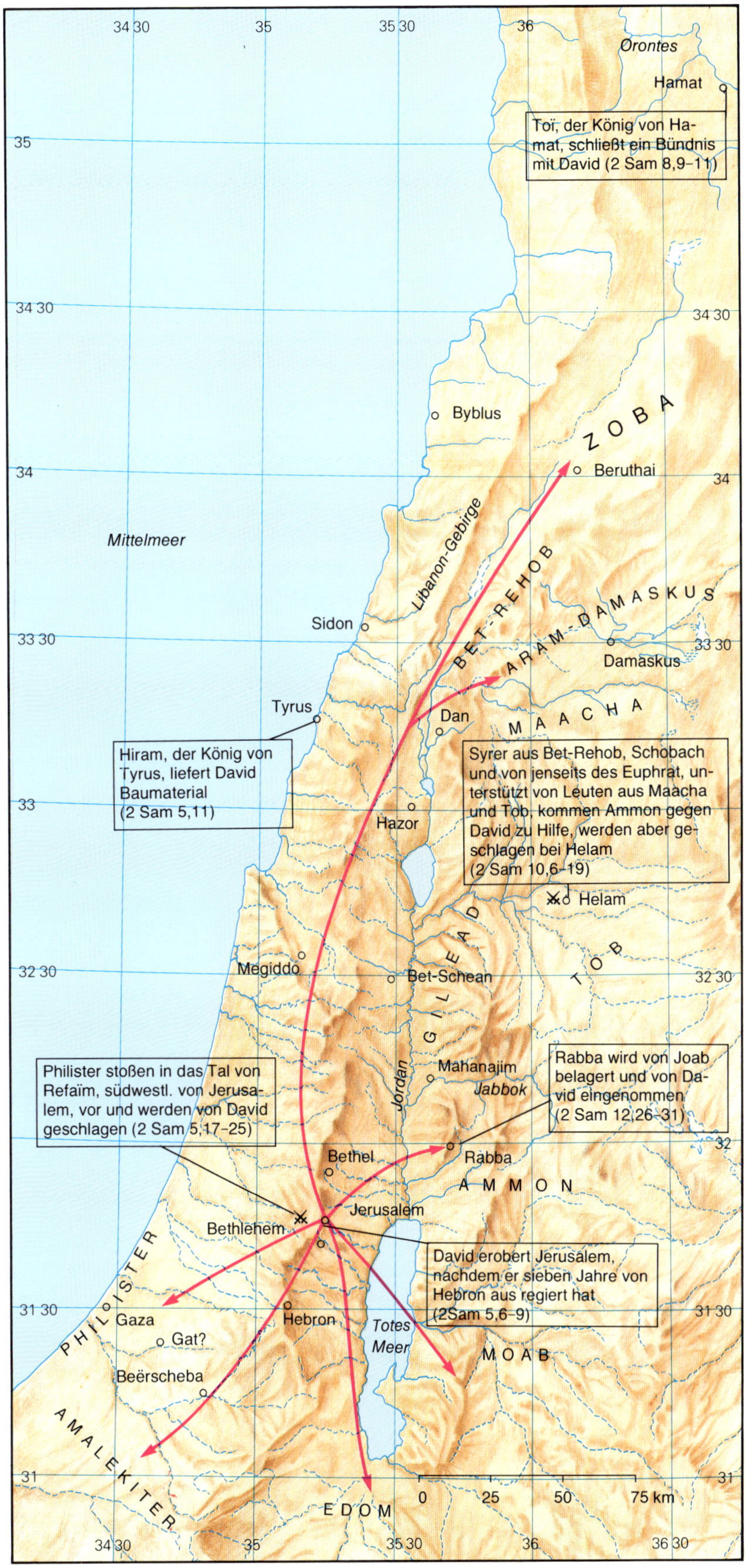

Kriege zur Zeit Davids

Davids Reich

Das Königreich Davids

Dank seiner militärischen und diplomatischen Erfolge machte David aus einem kleinen, von seinen Nachbarn ständig bedrohten Königreich ein Großreich, das sich vom Golf von Aqaba und der Grenze zu Ägypten im S bis zum oberen Euphrat im N erstreckte. Sein Königreich hatte Zugang zu wichtigen Handelswegen, wirtschaftliche und militärische Sicherheit waren gewährleistet: So hinterließ David seinem Sohn Salomo das Reich (vgl. 1Kön 5).

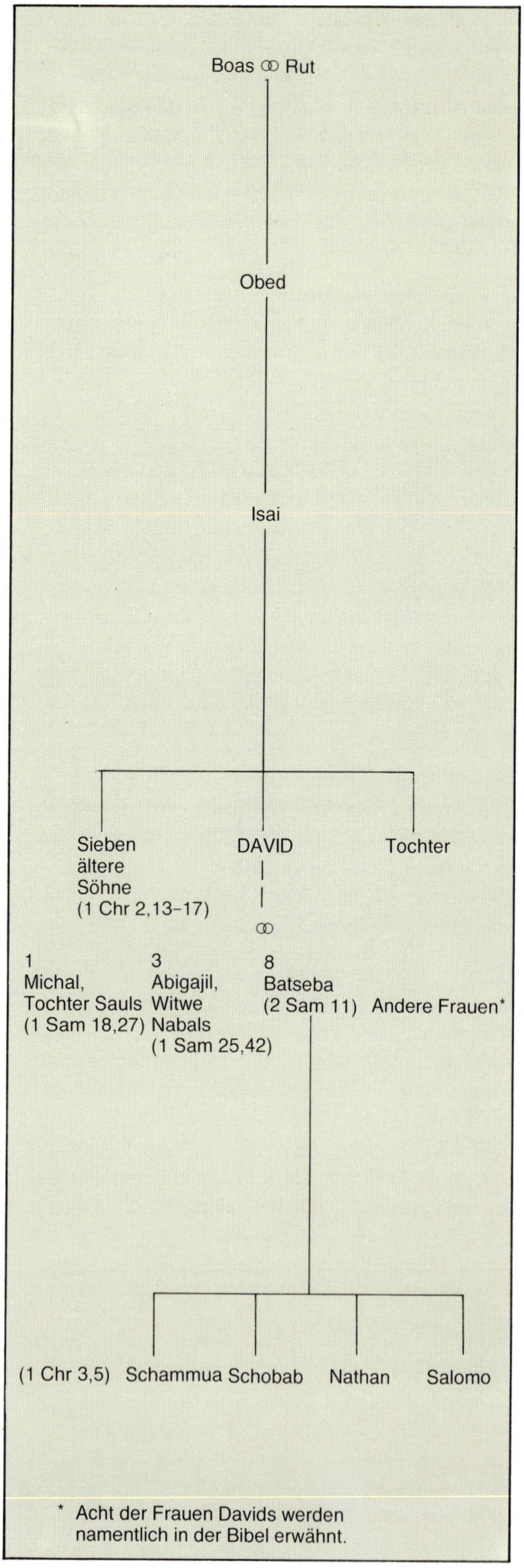

Stammbaum Davids (vereinfacht)

Die Regierungsbezirke in Salomos Königreich

Salomo hatte eine gute Wahl getroffen, als er sich zu Beginn seiner Regierungszeit Weisheit von Gott erbat (1Kön 3,4–14), denn vor ihm lag eine beängstigende Aufgabe. Die nach wie vor an den Stämmen orientierte Struktur des Reiches, die seit der Richterzeit existierte, mußte verändert werden, wenn das Reich Bestand haben sollte. Das Reich, das David geschaffen hatte, erforderte eine zentrale Regierung, die Salomo durch eine Regierungsreform einzurichten versuchte.

Um die königliche Finanzverwaltung effektiv zu organisieren, teilte Salomo Israel in zwölf Steuerbezirke ein, die in etwa den traditionellen Stammesgrenzen entsprachen (1Kön 4,7–19). Es ist nicht klar, ob Juda in diesem System einen dreizehnten Bezirk darstellte (vgl. 1Kön 4,19) oder selbst in weitere zwölf Bezirke aufgeteilt wurde, was man aus Jos 15,20–62 schließen könnte. Eindeutig steht jedoch fest, daß die zwölf Steuerbezirke Israels im Gegensatz zu Juda für den Unterhalt des königlichen Hofes zu sorgen hatten. Jeder Bezirk mußte Nahrung für einen Monat des Jahres liefern (1Kön 4,7.27–28). Daß diese Verpflichtung als starke Belastung empfunden wurde, lassen die enormen Bedürfnisse des Hofes für nur einen Tag (1Kön 4,22–23) ahnen. Wenn Juda von dieser Verpflichtung ausgenommen war, könnte das ein Grund für die Verbitterung gewesen sein, die Israel zum Aufstand trieb.

Salomos Regierungsbezirke nach 1Kön 4,7-19

Handelswege und -beziehungen in Salomos Reich

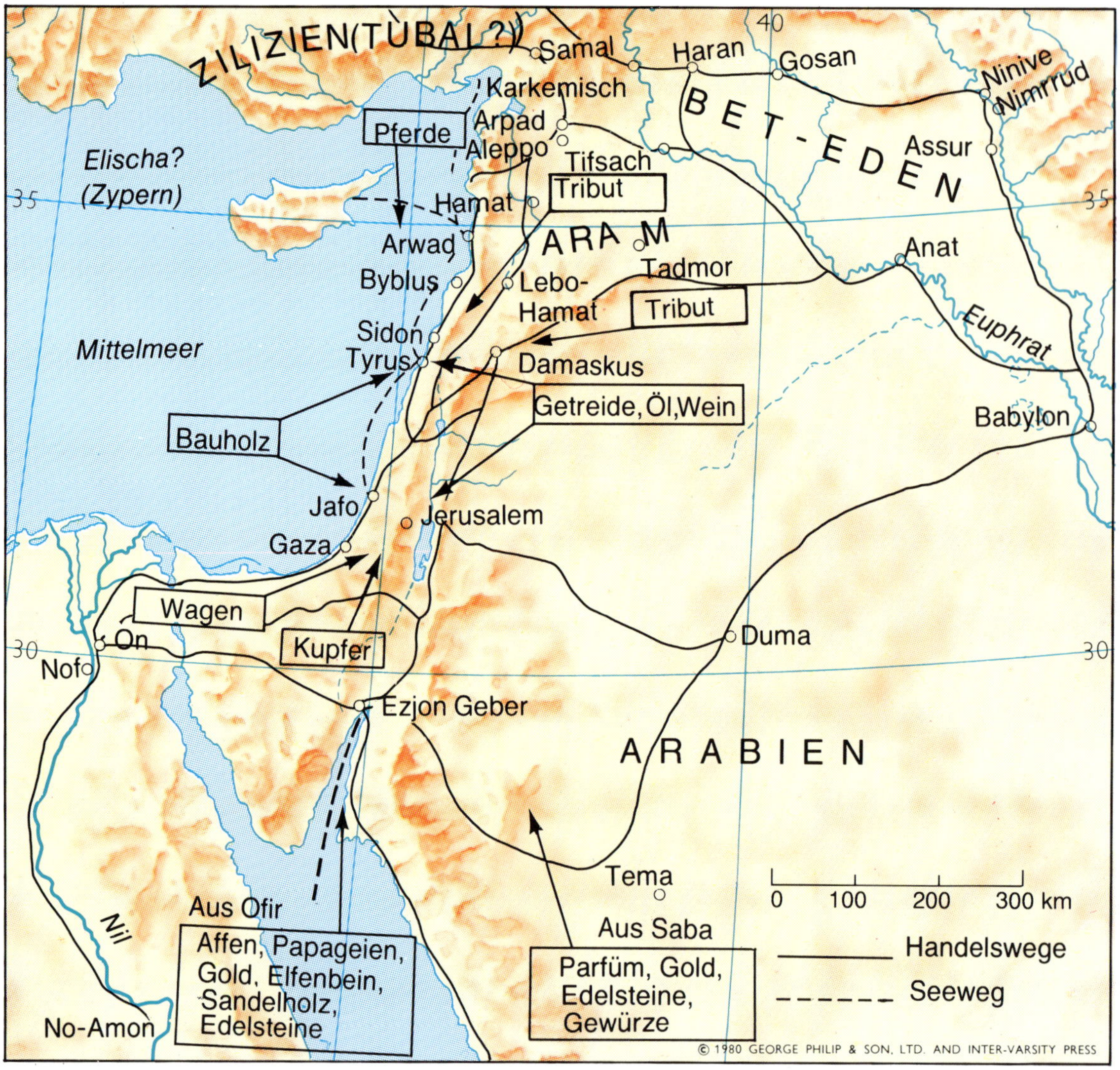

Handelswege in salomonischer Zeit, wichtige Importgüter und deren Herkunftsländer

Bei seiner Thronbesteigung fand Salomo internationale Kontakte, wirtschaftliche Blüte und Frieden vor. Das von David begründete Reich bildete eine Brücke zwischen Ägypten und Asien, da die wichtigen Handelsrouten in N-S-Richtung über Israel führten. Salomo erlangte eine Monopolstellung im Handel mit Pferden und Streitwagen zwischen Hetitern, Aramäern und Ägyptern (1Kön 10,28-29). Auch konnte er Abgaben von denjenigen arabischen Staaten fordern, deren Handel mit Gold, Edelsteinen und Gewürzen von seiner Kooperationsbereitschaft abhängig war (1Kön 10,15; vgl. auch die Geschenke der Königin von Saba, 10,10).

Hiram von Tyrus belieferte Salomo mit libanesischen Zedern und schickte ihm qualifizierte phönizische Handwerker (1Kön 5,1-10; 7,13-14), wofür er als Gegenleistung Getreide und Öl erhielt (1Kön 5,11). Er unterstützte Salomo auch beim Seehandel. Von Ezjon-Geber aus fuhr Salomos Flotte nach Ofir (in Arabien oder im nordöstl. Afrika gelegen) und brachte Hartholz, Edelsteine und große Mengen Gold mit (1Kön 9,26-28; 10,11). Salomos »Tarsisschiffe« könnten zu derselben Flotte gehört haben, oder aber als selbständige Flotte von einem Mittelmeerhafen aus operiert haben. Sie brachten in dreijährigem Turnus Gold, Silber, Elfenbein und exotische Tiere (1Kön 10,22).

Obwohl in mancher Hinsicht ein »goldenes Zeitalter«, bedeutete Salomos Herrschaft für seine Untertanen Unterdrückung. Der Reichtum war auf Jerusalem und einen verschwenderischen Hof beschränkt. Ehrgeizige Bauprojekte (1Kön 9,15-19) erforderten mehr Arbeitskräfte als das Volk zu stellen imstande war, so daß der Grundsatz, Israeliten nicht zum Frondienst heranzuziehen (1Kön 9,22), aufgegeben wurde, (vgl. 1Kön 11,28; 12,4). Die Lebensbedingungen vieler Israeliten waren jedenfalls so hart, daß es nach dem Tode Salomos zur Loslösung Israels von Juda kam (1Kön 12).

Die Reiche Israel und Juda

Wirtschaftliche und soziale Spannungen führten nach dem Tod Salomos zur Teilung des Reichs (1Kön 12) in die beiden Königreiche Israel (im N), regiert von Jerobeam I. (926-907 v.Chr.), und Juda (im S), regiert von Salomos Sohn Rehabeam (926-910 v.Chr.). Die Nordgrenze Israels und die Ostgrenzen beider Reiche sind für diese Zeit nicht genau bekannt.

Schischaks Palästinafeldzug

Nach den Inschriften am Tempel von Theben läßt sich der Verlauf des Feldzugs annähernd rekonstruieren, den Pharao Schischak/Scheschonk I. von Ägypten im Jahr 925 v.Chr. gegen Palästina unternahm.

Im fünften Jahr der Regierung Rehabeams (ca. 926 v.Chr.) mußte das Südreich, das durch die Loslösung Israels und einen Krieg mit Jerobeam (vgl. 1Kön 14,30) ohnehin geschwächt war, einen entscheidenden Schlag hinnehmen. Schischak, der König von Ägypten, fiel in Juda ein, eroberte befestigte Städte und ließ die Schätze des salomonischen Tempels und des königlichen Palastes wegschaffen (1Kön 14,25f; 2Chr 12,1-9).

Die Inschrift am Tempel von Theben

Die knappen biblischen Hinweise auf diese Vorgänge können ergänzt werden durch die Inschrift am Tempel von Theben, die der Taten Schischaks/Scheschonks I. (ca. 945-924 v.Chr.), des Begründers der 22. Dynastie (Bubastiden), gedenkt. Die Inschrift zählt die Städte auf, die Schischak in Palästina erobert hat. Die Inschrift ist zwar beschädigt und kann nicht vollständig entziffert werden, aber sie bietet trotzdem genügend Informationen über Ziel und Verlauf des Feldzuges.

Der Angriff auf Juda

Von Gaza aus schickte Schischak einen Kampfverband in den Negeb und nach Südjuda, während der überwiegende Teil des Heeres nordöstl. auf die Schefela vorrückte und mit dem Angriff auf die befestigten Städte Judas begann. 2Chr 12,5-9 berichtet, daß Rehabeam und die »Prinzen von Juda«, die sich wegen der Krise in Jerusalem aufhielten, vom Propheten Schemaja aufgefordert wurden, sich den Ägyptern zu unterwerfen. Obwohl der Pharao auch auf Jerusalem vorrückte, wollte er die Stadt nicht belagern, sondern »nur« die dort vorhandenen Schätze erbeuten. Überraschenderweise kommt Jerusalem nicht auf der Ortsliste Schischaks vor.

Der Angriff auf Israel

Obwohl die biblischen Berichte nur von einer Invasion Schischaks in Juda berichten, ist erwiesen, daß die ägyptische Armee auch nach Israel eingefallen ist. Das geht aus der Inschrift am Tempel von Theben, aber auch aus einer in Megiddo gefundenen Inschrift hervor. Hier zeichnet sich ein Wandel der ursprünglich freundschaftlichen Beziehung zwischen Schischak und Jerobeam ab, der auf seiner Flucht vor Salomo am Hof des Pharao Asyl gefunden hatte (1Kön 11,40).

Während Schischak mit dem Hauptteil der Armee auf Megiddo vorrückte, sandte er gleichzeitig einen Kampfverband in das Ostjordanland, weil sich möglicherweise Jerobeam nach Pnuël abgesetzt hatte (vgl. 1Kön 12,25). Nach weiteren Operationen vor Meggido, wo man eine Gedenkinschrift fand, kehrte die Armee Schischaks über die Küstenstraße nach Ägypten zurück.

Der Moabitische Stein

Der Moabitische Stein (Mescha-Stele) wurde bei Dhiban, dem biblischen Dibon, 1868 entdeckt. Ein Scheich zeigte ihn dem deutschen Missionar F. Klein. Die Stele ist ca. 110cm hoch, 60cm breit und 6cm dick, an der oberen Schmalseite abgerundet und mit 34 Zeilen beschrieben. Während der deutsche Konsul verhandelte, um den Stein für die Berliner Museen zu erstehen, versuchte C.S. Clermont-Ganneau, den Stein für den Louvre in Paris zu erwerben. In der Absicht, mit diesem offenbar sehr begehrten Objekt einen höheren Profit zu erzielen, sprengten die damaligen Besitzer den Stein, indem sie ihn erhitzten und anschließend mit kaltem Wasser übergossen. Clermont-Ganneau, der einen Abdruck der Inschrift angefertigt hatte, spürte schließlich zwanzig Bruchstücke auf und rekonstruierte die Stele im Louvre. Etwa zwei Drittel der Inschrift sind somit erhalten und konnten entziffert werden.
Die ersten sieben Zeilen lauten:

> Ich bin Mescha, der Sohn des Kemosch-[. . .], König von Moab, der Dibionite. Mein Vater war König über Moab dreißig Jahre, und ich wurde König nach meinem Vater. Und ich errichtete dieses Höhenheiligtum für Kamosch in Qeriho als Panier der Rettung (?), denn er errettete mich von allen meinen Drängern (?) und ließ mich meine Lust sehen an allen meinen Feinden. Omri war König über Israel und hatte Moab lange Zeit gedemütigt, denn Kamosch war erzürnt über sein Land. Und sein Sohn folgte ihm, und auch er sprach: »Ich werde Moab demütigen.« Noch in meinen Tagen sprach er so, aber ich habe meine Lust an ihm und seinem Hause. Und »Israel ist dahin, dahin für immer!« (TGI, S. 52)

Der Text der Stele - sprachlich mit dem Hebräischen eng verwandt - ergänzt die biblischen Informationen über die Herrschaft der Könige Omri und Ahab. Der erfolgreiche Aufstand Meschas, des Königs von Moab, gegen Israel (vgl. 2Kön 1,1; 3,4-27) wird entsprechend gewürdigt.

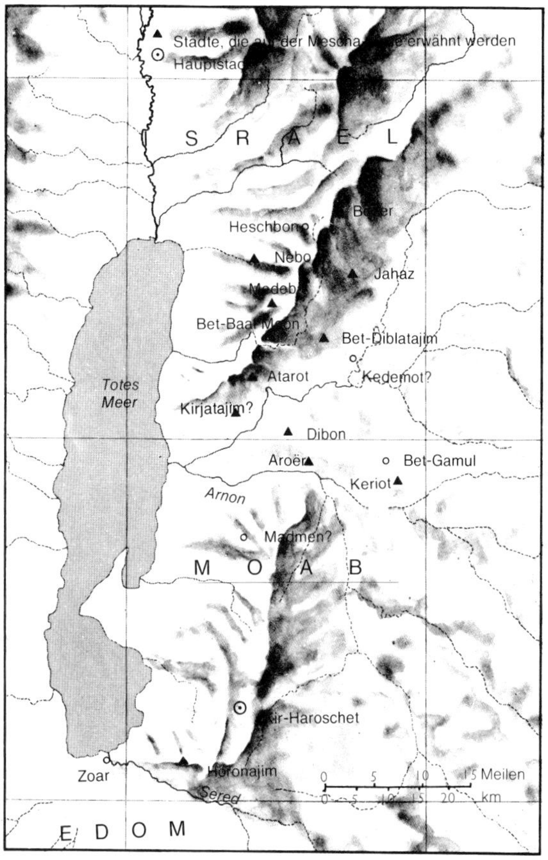

Orte in Moab, die in der Inschrift der Mescha-Stele vorkommen

Die Inschrift scheint dem biblischen Bericht zu widersprechen, wenn sie behauptet, daß Mescha sich während der Regierungszeit Ahabs von der Vorherrschaft Israels befreite, und nicht erst nach dessen Tod, wie 2Kön 1,1 berichtet. Denkbar wäre, daß Ahab während der Kämpfe mit den Aramäern die Kontrolle über Moab verlor und Mescha Moab von da an als unabhängig bezeichnete. Für den biblischen

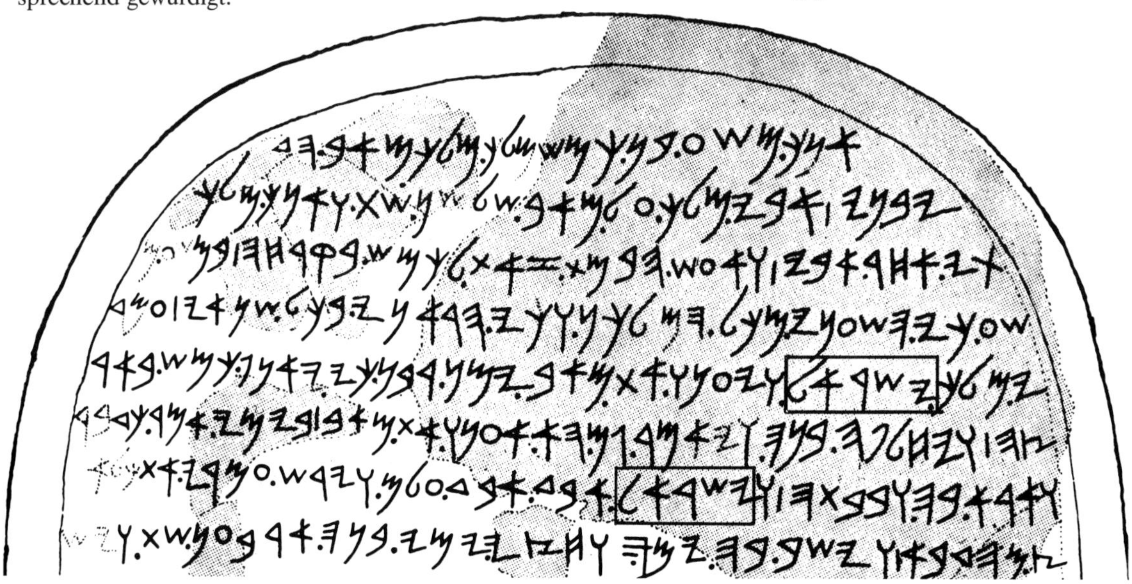

Die ersten acht Zeilen der Inschrift. Der Name »Israel« ist jeweils eingerahmt.

Der Moabitische Stein

Chronisten gilt Moab erst dann als unabhängig, als der Versuch Jorams, des Sohnes Ahabs, die Kontrolle über Moab zurückzugewinnen, fehlgeschlagen war. Die moabitische Version ist vor allem auch deswegen aufschlußreich, weil sie die erneute Unterwerfung Moabs durch Omri konstatiert. Moab war nämlich schon einmal von David unterworfen worden (2Sam 8,2), aber nach der Reichsteilung ging die Kontrolle über Moab verloren.

Die Inschrift berichtet weiter, wie Atarot, Jahaz und Nebo erobert wurden und deren Einwohner der Göttin Aschtar-Kemosch »geopfert« wurden, indem man die Städte zerstörte. Dieses Vorgehen war dem »Bann«, also der Überantwortung von Menschen und Dingen an Gott durch völlige Vernichtung, durchaus ähnlich (vgl. Jos 6,19). Mescha berichtet weiter, wie er die Städte Baal-Meon, Kirjatajim, Aroër, Bet-Bamot, Bezer, Medeba, Bet-Diblatajim und Bet-Baal-Meon (wieder) aufbauen ließ. Auch die königliche Zitadelle von Dibon ließ er erbauen. Aus Dankbarkeit für seinen Sieg errichtete Mescha hier ein Höhenheiligtum für seinen Gott Kemosch, ließ Vorratslager anlegen und einen Kanal zur Wasserversorgung durch israelitische Sklaven graben. Die auf dem Stein erwähnten Ereignisse müssen zwischen 860 und 840 v.Chr. geschehen sein. Vermutlich wurde der Stein kurz darauf bei Dibon aufgestellt.

Rekonstruktion des Moabitischen Steines (Mescha-Stele)

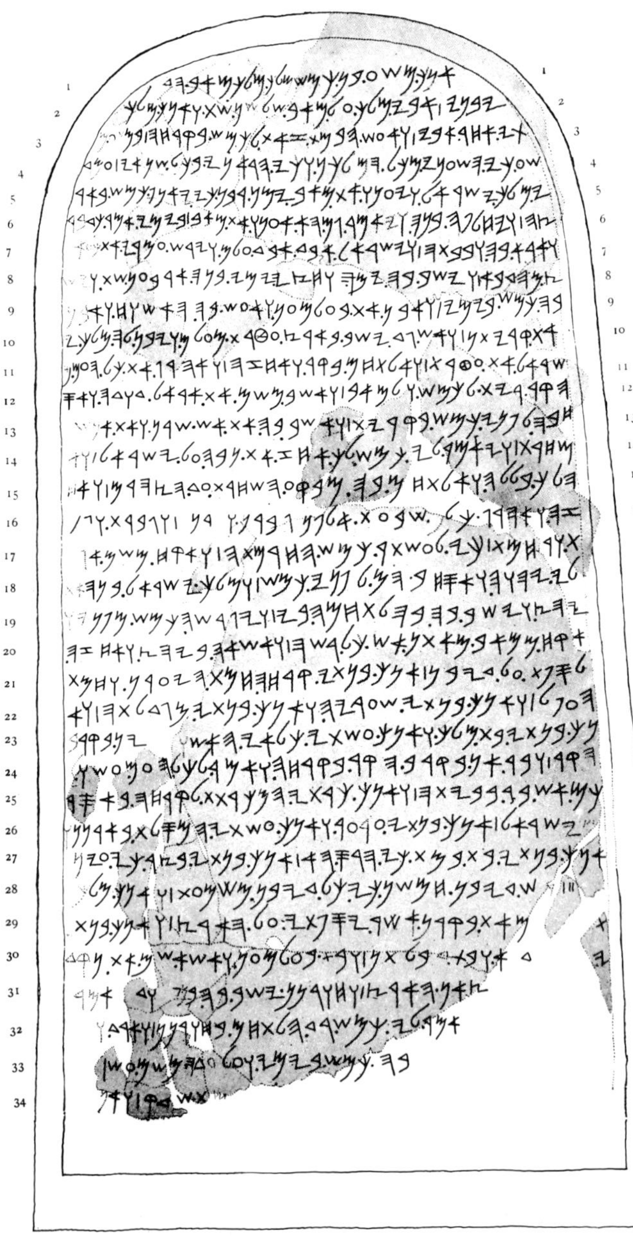

Elia und Elisa

Wichtige Ereignisse zur Zeit der Propheten Elia und Elisa (ca. 870-790 v.Chr.: Regierungen Ahabs, Ahasjas, Jorams, Jehus, Joahas' und Joaschs in Israel, Joschafats, Jorams, Ahasjas, Ataljas, Joaschs und Amazjas in Juda). Während dieser Zeit gerieten Juda und Israel wiederholt in Auseinandersetzungen mit den Aramäern. Israel verlor die Kontrolle über Moab, während Juda Edom und die Stadt Libna an der Grenze zu Philistäa verlor.

Jerobeam II. und Asarja / Usija

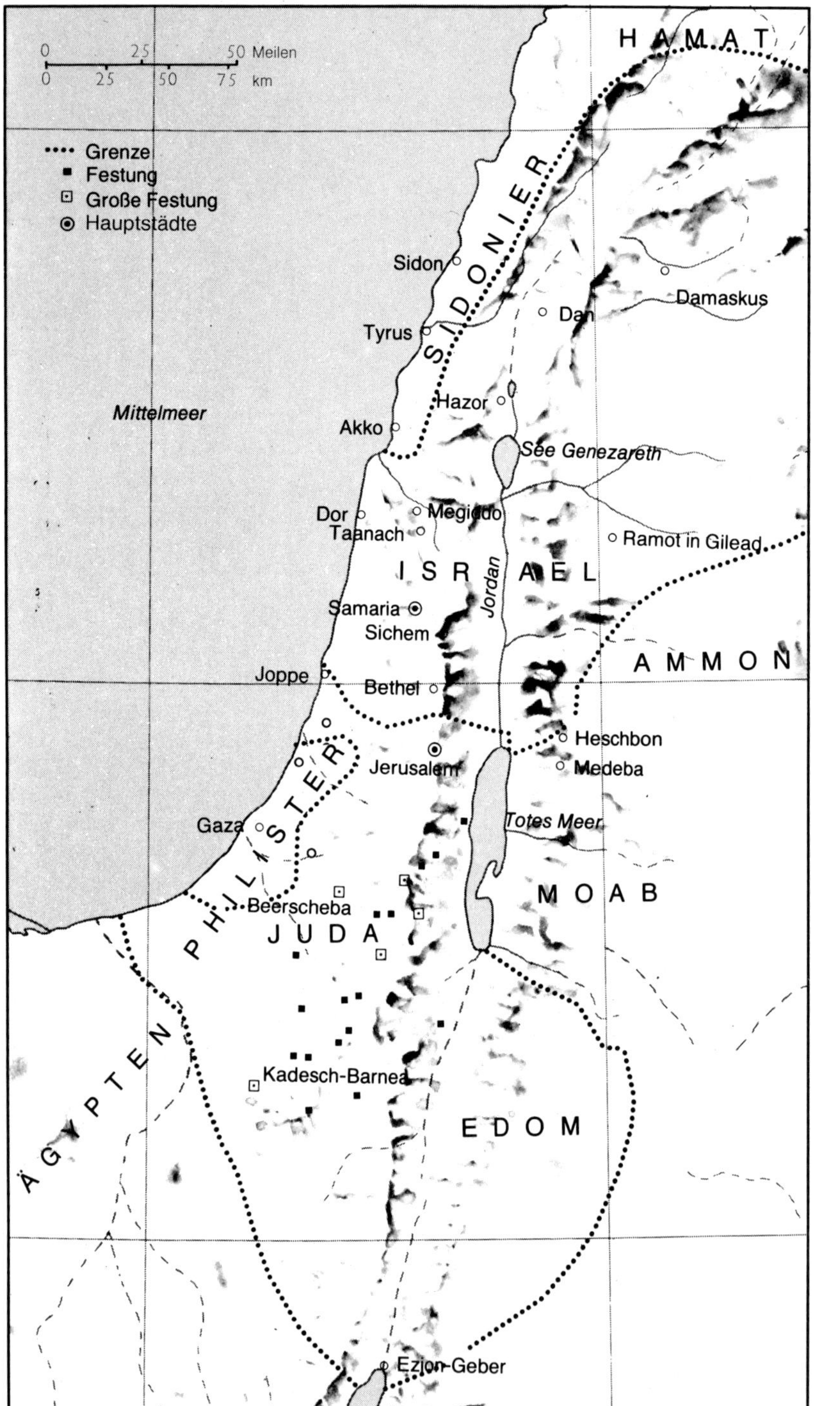

Israel und Juda z. Zt. Jerobeams II. und Asarjas/Usijas

Jerobeam II.
Gegen Ende des 9. Jh.s v.Chr. war Israel politisch wenig erfolgreich. Nach dem Verlust Moabs (ca. 850 v.Chr.) gingen die verbliebenen ostjordanischen Gebiete verloren. Hasaël, der König von Damaskus, entriß dem König Jehu (ca. 845–818 v.Chr.) Gilead und Baschan (2Kön 32-33). Nachfolgende Feldzüge Hasaëls und seines Sohnes Ben-Hadad bedrohten Israel sogar in seiner Unabhängigkeit (2Kön 13,1-7). Eine Änderung der Situation trat erst unter Joasch (ca. 802–787 v.Chr.) und dessen Sohn und Mitregenten Jerobeam II. (ca. 787–747 v.Chr.) ein.
Nach den Siegen seines Vaters über Ben-Hadad (2Kön 13,25) brachte Jerobeam das aramäische Königreich Damaskus (2Kön 14,28) sowie die verlorenen ostjordanischen Gebiete bis zum Toten Meer wieder unter Israels Vorherrschaft (2Kön 14,25).

Asarja/Usija
Fast zeitgleich mit Jerobeam II. regierte Asarja/Usija als König von Juda. Seine nahezu 50jährige Herrschaft (ca. 787–736 v.Chr.) begann mit der Mitregentschaft mit seinem Vater Amazja und endete mit der Mitregentschaft seines Sohnes Jotam.
In der Mitte des 9. Jh.s hatten Edom und Libna die judäische Vorherrschaft abgeschüttelt (2Kön 8,20-22). Amazja eroberte Edom zurück (2Chr 25,11.14) und stellte für Juda die Verbindung zum Hafen von Elat wieder her, den Asarja, nachdem er Alleinherrscher geworden war, neu ausbauen ließ (2Kön 14,22). Asarja führte auch Feldzüge gegen die Philister, eroberte Gat, Jabne und Aschdod und ließ Garnisonsstädte auf Philistergebiet anlegen (2Chr 26,6). Seine Zielvorstellung dürfte der direkte Zugang zur Mittelmeerküste gewesen sein. Libna, das im Grenzgebiet zu den Philistern lag (die genaue Ortslage ist unbekannt), wurde zu dieser Zeit wahrscheinlich zurückgewonnen.

Die Ausdehnung ihrer Macht
Die Araber Südjudas und die Mëuniter, wohl ein edomitischer Stamm, wurden unterworfen, Ammon wurde tributpflichtig (2Chr 26,7-8). Asarja unterhielt eine große, gut gerüstete Armee (2Chr 26,11-15), ließ die Befestigung Jerusalems erneuern (V. 9) und im Negeb weitere Befestigungsanlagen anbauen. Auch die Landwirtschaft trieb er energisch voran (2Chr 26,10),.
Dennoch waren die von Jerobeam II. und Asarja geschaffene Stabilität und wirtschaftliche Blüte nur von kurzer Dauer. Juda wurde 733 v.Chr. zu einem assyrischen Vasall, und 722 wurde Samaria durch assyrische Truppen verwüstet, wie es Amos und Hosea prophezeit hatten (Hos 13,14-16; Am 6, 4-7.13f).

Sanheribs Feldzug

Hiskia

Hiskia (725–697 v.Chr.) übernahm von Ahas ein Reich, das von Assur abhängig war. In der Absicht, das assyrische Joch abzuschütteln, ließ er die Befestigungen Jerusalems verstärken und den Siloahtunnel anlegen, um die Wasserversorgung für den Belagerungsfall sicherzustellen (2Kön 20,20; 2Chr 32,1–8; Jes 22,9–11). Unterstützt wurde Hiskia von Ägypten (2Kön 18,21; vgl. Jes 30) und von Merodach-Baladan, dem König von Babel, der ebenfalls geben Assur rebellierte (2Kön 20,12–19).
701 v.Chr. rückte Sanherib, der König von Assyrien (704–681 v.Chr.), gegen seinen aufständischen Vasallen vor (2Kön 18,13). Assyrische Quellen berichten, daß er südwärts durch Phönizien zog, wobei sich ihm zahlreiche Städte unterwarfen. Weiter südl. nahm Sanherib die Städte Jafo, Asor, Bene-Berak und Bet-Dagon, die sich mit dem ebenfalls rebellierenden König von Aschkelon, der ins Exil geschickt wurde, verbündet hatten.
Bei Elteke kämpfte Sanherib mit den vereinigten ägyptischen und äthiopischen Streitkräften und schlug sie. Die Stadt Ekron, die die Ägypter und Äthiopier gerufen hatte, wurde eingenommen; die Rebellen wurden hingerichtet. Auch Timna wurde erobert. Sanherib stand an der Westgrenze Judas.

Jesajas Sicht

Jes 10,28–32 spricht davon, daß die Assyrer von N her auf Jerusalem vorrücken. Möglicherweise handelt es sich dabei um Truppen, die einen anderen Weg als die Hauptarmee genommen hatten (Zangenbewegung).

Sanheribs Forderungen

Sanherib berichtet, im Zuge seiner Invasion 46 befestigte Städte mitsamt umliegenden Dörfern eingenommen zu haben (vgl. 2Kön 18,13). Die Eroberung Lachischs (2Chr 32,9) ist auf mehreren Reliefs am Palast Sanheribs in Ninive dargestellt. Während der Belagerung Lachischs kapitulierte Hiskia und bot Tribut an (2Kön 18,14–16).
Von der Belagerung Jerusalems berichten die Annalen Sanheribs in kräftigen Worten; die Rettung der Stadt durch einen »Engel des Herrn« sowie das für die Armee Sanheribs katastrophale Ende des Feldzuges (2Kön 19,35–36) lassen die Annalen nur insofern ahnen, als sie nicht mit einem Sieg Sanheribs enden, sondern mit einer Aufstellung der in Ninive eingetroffenen Tribute.

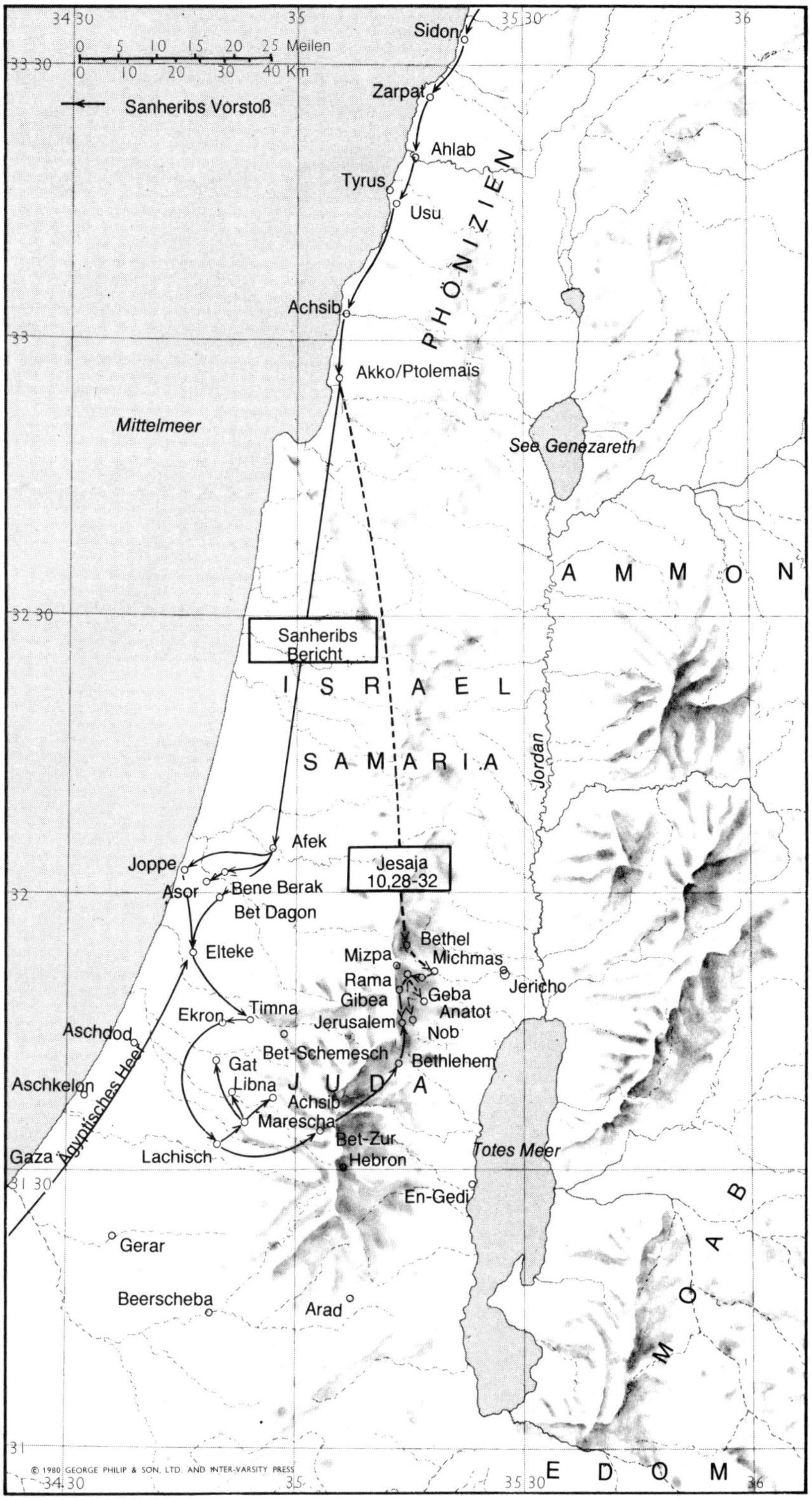

Der Feldzug Sanheribs gegen Juda im Jahre 701 v.Chr.

Josia

Das Königreich Josias (ca. 639-609 v. Chr.). Nachdem ab ca. 630 v. Chr. Assyrien an Macht verlor, konnte Josia Juda der assyrischen Kontrolle entziehen. Die Tatsache, daß er seine radikale Kultreform auch auf Gebieten Israels durchführte (2Chr 34,6-7), deutet darauf hin, daß er die vordem assyrischen Provinzen Samarien, Meggido und Gilead in sein Königreich eingliedern konnte. Als Pharao Necho II. von Ägypten die Assyrer nicht mehr gegen die Babylonier unterstützte, widersetzte Josia sich ihm, wurde aber in der Schlacht bei Megiddo (2Kön 23,29f) getötet. Das vergrößerte Königreich Juda wurde vorübergehend ein ägyptischer Vasallenstaat, bevor es 605 v. Chr. unter die Kontrolle Babylons geriet.

Archäologisch wichtige Orte Stätten der Eisenzeit

Südpalästina: Archäologisch wichtige Orte aus der Eisenzeit (ca. 1200-720 v.Chr.)

Unabhängig von den Ursachen, auf die man die Zerstörungen am Ausgang der Späten Bronzezeit zurückzuführen versucht, steht fest, daß es um 1200 v.Chr. in Palästina zu einem deutlichen Wandel der Kultur kam. Wenn Archäologen die Kultur der Frühen Eisenzeit als »israelitisch« bezeichnen, stützt sich diese Bezeichnung auf die Annahme, daß um diese Zeit die hebräischen Stämme in das Land kamen. Die vergleichsweise arme Kultur der Frühen Eisenzeit läßt jedoch in mancher Hinsicht Kontinuität zur Späten Bronzezeit erkennen und weist nicht grundsätzlich auf Neueinwanderer in Palästina hin. Eine Ausnahme bildet die philistäische Keramik, die um jene Zeit in der Küstenebene auftaucht und ägäische wie auch zypriotische Einflüsse widerspiegelt. Die von W.F.Albright als für die Israeliten dieser Zeit typisch angesehenen Keramikgefäße können nicht ohne weiteres mit ihnen in Zusammenhang gebracht werden, da man ähnliche Gefäße auch im vorisraelitischen Meggido und bei Sahab, im Gebiet der Ammoniter, gefunden hat.

Der Niedergang der Kultur ist nicht das einzige Charakteristikum der Frühen Eisenzeit. Eisen, das in begrenztem Ausmaß auch schon während der Bronzezeit verarbeitet worden war, löste Bronze bei der Herstellung von Werkzeugen und Waffen nun vollends ab. Auch wurden Zisternen jetzt ausgemauert und wasserdicht verputzt. Die leistungsfähigeren Werkzeuge aus Eisen bedeuteten Fortschritte in der Bodenbearbeitung, die effektivere Wasserversorgung ermöglichte Siedlungen in größerer Distanz zu Quellen oder Brunnen. So könnte man sich die Entwicklung in Gebieten erklären, die in der Späten Bronzezeit nur dünn besiedelt waren, z.B. im zentralen Hügelland, in Untergaliläa und im Negeb. Zu nennen wären hier wichtige atl. Städte wie Rama, Silo, Geba und Mizpa.

Archäologisch wichtige Orte der Eisenzeit

Nordpalästina: Archäologisch wichtige Orte aus der Eisenzeit (ca. 1200-720 v.Chr.)

Die Dörfer der Frühen Eisenzeit waren meist klein und nicht befestigt, während in der Mittleren Eisenzeit planvoll angelegte und befestigte Städte entstanden. Zwar gibt es keine eindeutig »davidischen« Überreste, doch sind Schichten in Meggido, Hazor und Geser mit hoher Wahrscheinlichkeit als salomonisch zu identifizieren, zumal 1Kön 9,15 vom Wiederaufbau dieser drei Städte durch Salomo berichtet. Zwei Paläste in Meggido sind die frühesten Zeugen für einen »königlichen« Stil der israelitischen Architektur, der sich durch die ganze Monarchie gehalten hat: monumentale Gebäude aus Quadern, geschmückt mit protoäolischen Steinkapitellen. Möglicherweise hat Salomo eine Reihe kleinerer Befestigungen im Negeb zwischen Arad und Kadesch-Barnea anlegen lassen. Beide Orte wurden in der Eisenzeit zu größeren Festungen ausgebaut.
Die Orte der Eisenzeit, vor allem in Juda während der Späten Eisenzeit (ca. 800-587 v.Chr.), waren ziemlich dicht besiedelt. Durch Stadtplanung wie z.B. in Beërscheba versuchte man, den vorhandenen Platz möglichst effektiv zu nutzen. Im Mittelpunkt des Interesses scheinen zu jener Zeit Ackerbau und Verteidigung gestanden zu haben. Bewässerungsprojekte führten zur Kultivierung des Negeb; königliche Kornspeicher wurden in Beërscheba, Lachisch, Hazor und Meggido entdeckt. Hazor, Gibeon und Jerusalem verfügten über ausgeklügelte Systeme zur Wasserversorgung. In der judäischen Wüste wurden Festungen gebaut (vgl. 2Chr 26,10; 27,4).
Das Ende dieser Periode markiert die Zerstörung der meisten judäischen Siedlungen durch die Babylonier (597 und 589-87 v.Chr.). Einige der zerstörten Orte wurden kurz nach der Katastrophe wieder besiedelt, die meisten blieben als Ruinen liegen bis zur Rückkehr aus dem babylonischen Exil, andere wurden ganz aufgegeben. Somit bestätigt die Archäologie, daß Juda während des Exils nur dünn besiedelt war (vgl. 2Kön 25,12; Jer 39-40).

Nehemia

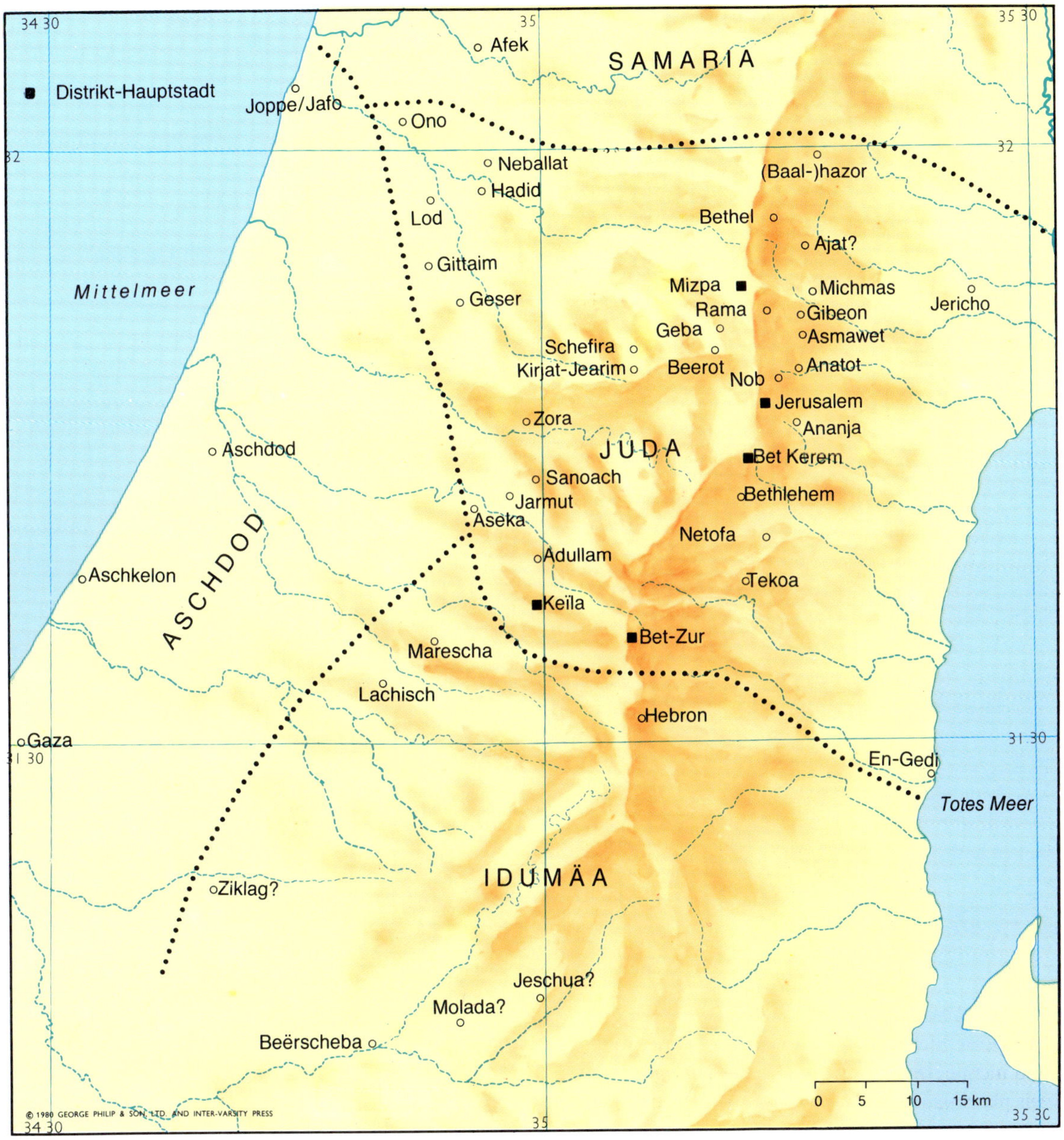

Juda z.Zt. Nehemias

Die größeren Siedlungen, die nach der Rückkehr aus dem Exil in Juda vorhanden waren, zählen Esr 2,1–35 und Neh 7,6–38 auf; die Bezirksvorsteher nennt Neh 3. Das Gebiet, in dem man bei Ausgrabungen Siegel für Vorratsgefäße mit dem Schriftzug »Yehud« (Juda) entdeckt hat, gibt einen Eindruck von der Größe Judas während jener Zeit. Es reicht von Mizpa im N bis nach En-Gedi im S, von Jericho im O bis Geser im W. Gegenüber der Ausdehnung vor dem Exil war Juda nun viel kleiner. So gehörte z.B. das südl. Hügelland jetzt zu Idumäa.

Informationen über Judas Nachbarn zu jener Zeit lassen sich aus den Aussagen über die Gegner eines Wiederaufbaus der Jerusalemer Stadtmauer ableiten. Erwähnt werden z.B. Sanballat, der Horoniter, Tobija, der Ammoniter, Geschem, der Araber, die Aschdoditer (Neh 2,19; 4,1–8; 6,1). Aus einem Papyrus der jüd. Kolonie in Elephantine in Ägypten geht hervor, daß jener Sanballat im Jahre 407 v.Chr. Statthalter Samariens war. Er könnte dieses Amt schon zur Zeit Nehemias bekleidet haben. Tobija war Statthalter der Provinz Ammon und somit Judas östl. Nachbar. Er hatte einflußreiche familiäre Verbindungen in Jerusalem (Neh 6,18). Aschdod hatte im W eine gemeinsame Grenze mit Juda. Der Name Geschems des Arabers taucht auf einer Schüssel aus dem östl. Delta Ägyptens auf, wo er als König von Kedar in Arabien bezeichnet wird. Zu seinem Herrschaftsbereich könnten Edom und Idumäa gehört haben.
Im Jahre 539 v.Chr. fiel Babylon an Kyrus, den Kö-

Nehemia

nig von Persien, der den Juden im Jahr darauf die Erlaubnis zur Rückkehr aus dem Exil gab und sie mit dem Wiederaufbau des Tempels beauftragte (Esr 1,1-4). Er gab ihnen die Geräte zurück, die Nebukadnezar nach Babylon hatte bringen und dort im Schrein seiner Götter verwahren lassen (Esr 1,7-11; 6,5; vgl. 2Kön 25,13ff.).

Nach Esr 2,64 kehrten insgesamt 42.360 Juden zurück. Diese Zahl dürfte sich auf den Zeitraum von 538-522 v.Chr. beziehen. Man wird damit rechnen können, daß unmittelbar nach der Verkündung des Dekrets eine enthusiastische Rückkehrwelle einsetzte. Es gab aber auch Juden, die sich in Babylon niedergelassen hatten und nicht zurückkehren wollten. So behielt die Region einen hohen jüdischen Bevölkerungsanteil und blieb bis zum Mittelalter ein wichtiges Zentrum der jüdischen Diaspora.

Die Rückkehr aus dem Exil

Das persische Großreich war in Satrapien unterteilt, die jeweils von einem hohen persischen Regierungsbeamten, einem Satrapen, geleitet wurden. Palästina gehörte zur Satrapie »Jenseits des Euphrat« (vgl. Esr 4,11). Die Satrapien waren wiederum in Provinzen unterteilt, die von einem Gouverneur regiert wurden. Zur Zeit der Rückkehr aus dem Exil wurde die Verantwortung für den Wiederaufbau des Tempels Scheschbazar übertragen, den Kyrus zum Statthalter ernannt hatte (Esr 1,8; 5,14-16).

Der Wiederaufbau des Tempels

Nach anfänglichem Enthusiasmus (Esr 3,10-13) geriet der Wiederaufbau des Tempels bald ins Stocken. Angehörige fremder Völker, die sich selbst zwar als Juden betrachteten (Esr 4,2), die aber von den Königen Assyriens im 8. und 7. Jh. v.Chr. in Samaria angesiedelt worden waren (2Kön 17,24; Esr 4,2.10), brachten durch ihren Widerstand den Wiederaufbau bald ganz zum Erliegen (Esr 4,4.24). Die Rückkehrer konzentrierten sich auf die Sicherung ihres inzwischen erreichten Besitzstandes, wofür sie von den Propheten Haggai und Sacharja, deren Wirken um 520 v.Chr. begann, getadelt wurden (Hag 1,4). Das prophetische Wort bewirkte, daß die Bauarbeiten am Tempel nach jahrelangem Stillstand (Esr 4,24-5,2) wieder aufgenommen und im Jahre 516 v.Chr. vollendet wurden (Esr 6,15).

Die Opposition war jedoch nach Abschluß der Bauarbeiten nicht verstummt: Widerstand gegen den Tempel gab es zur Zeit Ahasveros'/Xerxes' I.(486-465 v.Chr.) (Esr 4,6) und Artaxerxes' I. (464-423 v.Chr.). Die Ereignisse, die Esr 7-10 berichtet, lassen sich ebenso wie die des Buches Neh der Regierungszeit Artaxerxes' I. zuordnen (vgl. Esr 4,7-23).

Esra wurde von Artaxerxes im Jahre 458 v.Chr. nach Jerusalem geschickt, um das jüdische Gesetz durchzusetzen. Zu diesem Zweck wurde er mit der Vollmacht ausgestattet, Beamte in Juda einzusetzen (Esr 7,11-26). Mit Esra brach eine weitere Gruppe Exulanten zur Rückkehr nach Juda auf (Esr 7,7; 8,1-20). Im Vertrauen auf Gottes Schutz lehnten sie militärischen Begleitschutz auf dem gefährlichen Weg (vielleicht über Tadmor und Damaskus) ab (Esr 8,21-23).

445 v.Chr. erreichte Nehemia von Susa aus Jerusalem, nachdem er zum Gouverneur von Juda ernannt worden war (Neh 5,14). Trotz des beträchtlichen Widerstandes von Seiten Sanballats, des Gouverneurs von Samarien, und anderer organisierte und vollendete er den Wiederaufbau der Stadtmauern Jerusalems in nur 52 Tagen (Neh 4; 6,1-15) und trieb die Entwicklung der schwach bevölkerten Stadt voran (vgl. Neh 7,4; 11,1-2).

Über die Vorgänge in Juda während des letzten Jh.s persischer Herrschaft ist wenig bekannt. 332 v.Chr. eroberte Alexander der Große Palästina. Nach Alexanders Tod wurde sein Reich unter seinen Generalen aufgeteilt; um Palästina stritten sich Ägypten und Syrien. 198 v.Chr. wurde Palästina ein Teil des syrischen Seleukidenreiches.

Der verschwenderische Lebenswandel einer reichen Oberschicht und die Versuche des Antiochus IV. Epiphanes, sein Reich zu hellenisieren, was auch die Anbetung griechischer Gottheiten bedeutete, provozierten den Makkabäeraufstand.

Die Karte sowie der Ausschnitt zeigen Südsyrien/Coelesyrien z. Zt. des jüdischen Aufstandes gegen das seleukidische Reich im Jahre 167 v.Chr. (vgl. S.98: »Hellenistische Königreiche« und S.58: »Hasmonäerfürsten«).
Regionalnamen und Grenzen sowie die größeren hellenisierten Städte sind, soweit aus verschiedenen Quellen bekannt, verzeichnet, darüberhinaus auch die in den Makkabäerbüchern genannten Orte, außer Baskama, dessen Lage unbekannt ist (1Makk 13,23). Judäa dehnte sich zu jener Zeit weiter aus (1Makk 11,34.57), daher sind zwei Nordgrenzen eingetragen.

Der Makkabäeraufstand gegen die Seleukidenherrschaft

Die hasmonäischen Fürsten

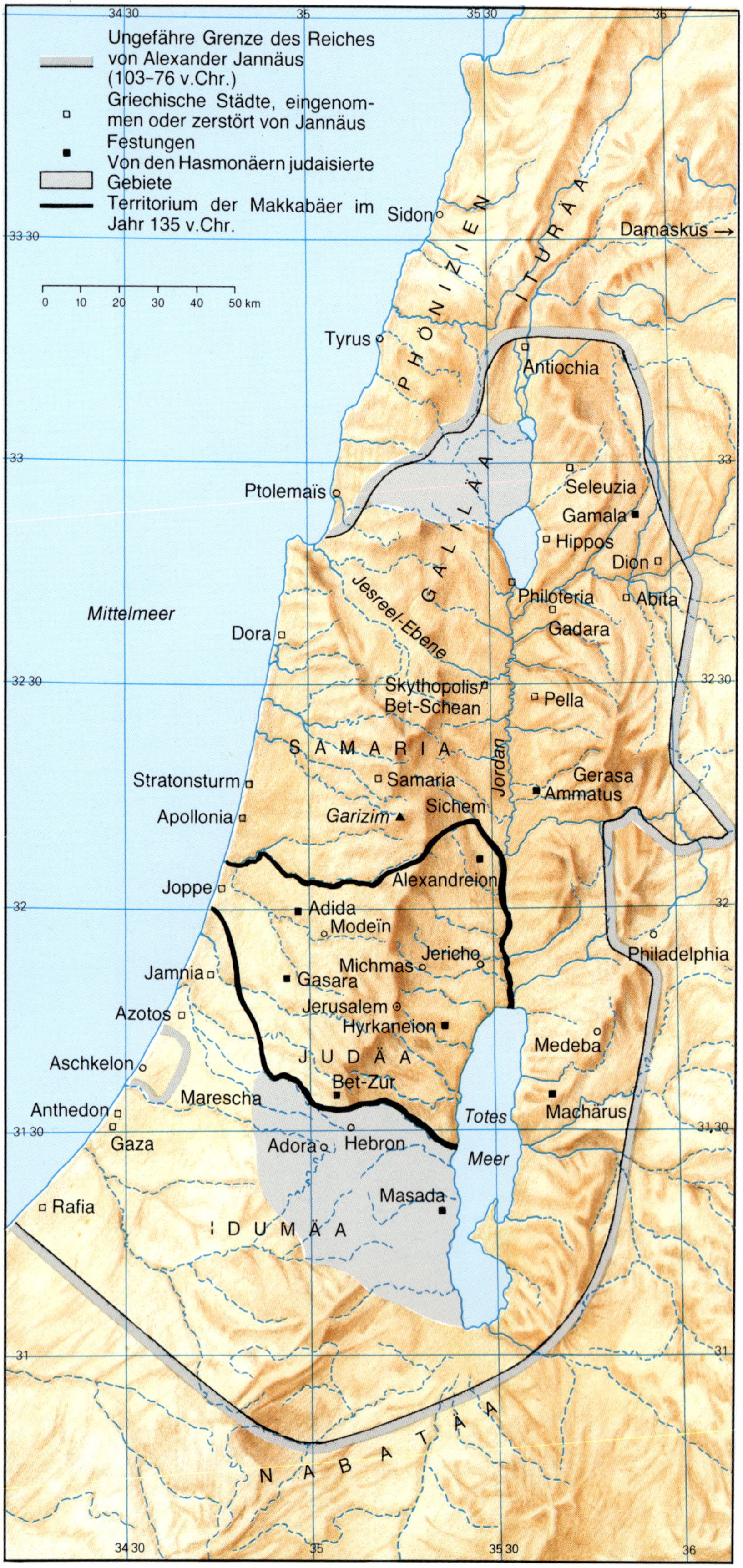

Das Heilige Land z.Zt. der Hasmonäerfürsten (142-37 v.Chr.)

Der Seleukidenkönig Antiochus IV. Epiphanes wurde im Blick auf Judäa von hellenisierten Juden aus den hohenpriesterlichen Familien Jerusalems beraten. 167 v.Chr. versuchten königliche Beamte, den traditionellen jüdischen Kultus zu beseitigen. In Modeïn widersetzten sich die Frommen und so brach der von Judas Makkabäus und dessen Brüdern angeführte Aufstand los. Simon, der letzte Makkabäer, wurde Oberhaupt eines freien jüdischen Staates, als die Macht der Seleukiden ins Wanken geriet. Vier Generationen »Hasmonäer«, Männer aus priesterlichen Familien, die von Asamonäus/Haschmon abstammten, regierten die »Gemeinschaft der Juden«. Aristobul nahm 104 v.Chr. als erster den Königstitel an. Simon, Hyrkan, Aristobul und Alexander vergrößerten das jüdische Gebiet durch Eroberungen bis zum Jahre 76 v.Chr. Die Stadtstaaten Samaria, Gaza, Pella und Gadara zerstörten sie völlig, errichteten jüdische Garnisonen oder siedelten jüdische Bevölkerung an (z.B. Joppe, Geser; 1Makk 14,34). Die Bewohner Idumäas und Galiläas wurden zur Beschneidung und Befolgung der jüdischen Gesetze gezwungen (Jos. ant. 13.257-8; 13.318). Unter Alexander (103-76 v.Chr.) erreichte der jüdische Staat seine größte Ausdehnung. Doch die Freiheit, die sich auf die Schwäche der Seleukiden gründete, geriet zunehmend in Gefahr durch das Wachsen des römischen Imperiums und des Partherreiches. 63 v.Chr. verkleinerte der römische Feldherr Pompejus das jüdische Gebiet auf Judäa (mit Idumäa), Samarien, Galiläa und Peräa (von Juden besiedeltes Gebiet östl. des Jordan). Die letzten Hasmonäer stritten um die Macht, bis die Römer die eingefallenen Parther aus dem Lande vertrieben und Herodes im Jahre 37 v.Chr. zum König machten, der 40 v.Chr. vom römischen Senat zum König der Juden proklamiert worden war.

Hasmonäerfürsten 142-37 n.Chr.

143/2-135/4	Simon Makkabäus
135-104	Johannes I. Hyrkan
104-103	Aristobul I.
103-76	Alexander Jannäus
76-67	Salome Alexandra
67-63	Aristobul II.
63	Pompejus stellt Palästina unter röm. Herrschaft
63-40	Hyrkan II.
40-37	Antigonus
(37-	Herodes der Große)

Qumran

1947 und in den darauffolgenden Jahren wurden zahlreiche Handschriften und fragmente in elf Höhlen im Wadi Qumran und in seiner Umgebung nicht weit vom nordwestl. Ufer des Toten Meeres gefunden. Die Entdeckung der Schriftrollen und die Bestimmung ihres Alters beschleunigten die Ausgrabungen (1951–55) der Ruinen von Chirbet Qumran, in denen man einen Gebäudekomplex erkannte, der zwischen ca. 140 bis 40 v.Chr. und von 4 bis 68 n.Chr. bewohnt war. Diese Daten, die sich hauptsächlich auf Münzfunde stützen, stimmen in etwa mit dem Alter der Schriftrollen überein. Die in den Höhlen entdeckten Tonkrüge, die Schriftrollen enthalten hatten, finden sich auch in den Ruinen der Wohnanlage. Diese Übereinstimmung läßt den Schluß zu, daß die Gebäude der Gemeinschaft gehörten, der auch die Schriftrollen gehörten. Ein Friedhof mit über 1000 Grabstellen, der sich zwischen den Ruinen und dem Toten Meer befindet, konnte als der Friedhof der Gemeinschaft identifiziert werden.

Es besteht weithin Übereinstimmung, daß Chirbet Qumran eine Essenersiedlung war. Plinius d.Ä. lokalisiert im ersten nachchristlichen Jh. die Siedlung nördl. von En-Gedi (N.H. 5,17). Unser heutiges Bild von der Gemeinschaft von Qumran stützt sich auf eine Anzahl zuverlässiger Quellen: Ausgrabungen, Texte der Schriftrollen aus den nahegelegenen Höhlen sowie die Informationen durch Plinius, Philo und Josephus.

Die Gemeinschaft von Qumran verfaßte einen rätselhaften Bericht ihrer eigenen Ursprünge in der sog. Damaskusschrift. Eine mögliche Erklärung wäre, daß die Gemeinschaft aus frommen Juden hervorging, die den Hellenisierungsversuchen unter Antiochus IV. Epiphanes (175–164 v.Chr.) widerstanden und seiner Verfolgung entgehen konnten. Eine andere Version nimmt an, daß die Gemeinschaft von Juden gegründet wurde, die im babylonischen Exil geblieben waren und sich durch die Siege des Judas Makkabäus im Jahre 164 v.Chr. zur Rückkehr veranlaßt sahen. Die Damaskusschrift deutet an, daß die Gruppe nach der »Zeit des Zorns« (vermutlich Verfolgungen unter Antiochus IV. Epiphanes) zwanzig Jahre lang ohne Leitung war – wie »blinde Männer, die den Weg ertasten«. Dann erwählte Gott »unter ihnen einen Lehrer der Gerechtigkeit, um sie den Weg nach seinem Herzen zu führen«. Rechnet man zwanzig Jahre von den Verfolgungen unter Antiochus weiter, so kommt man auf 145 v.Chr., was ungefähr mit dem Gründungsdatum der Gemeinschaft von Qumran übereinstimmt.

Unter der Führung jenes »Lehrers der Gerechtigkeit« dürfte die Gruppe Jerusalem verlassen und sich in der Wüste niedergelassen haben. Die Identität des »Lehrers der Gerechtigkeit« ist unbekannt. Es ist

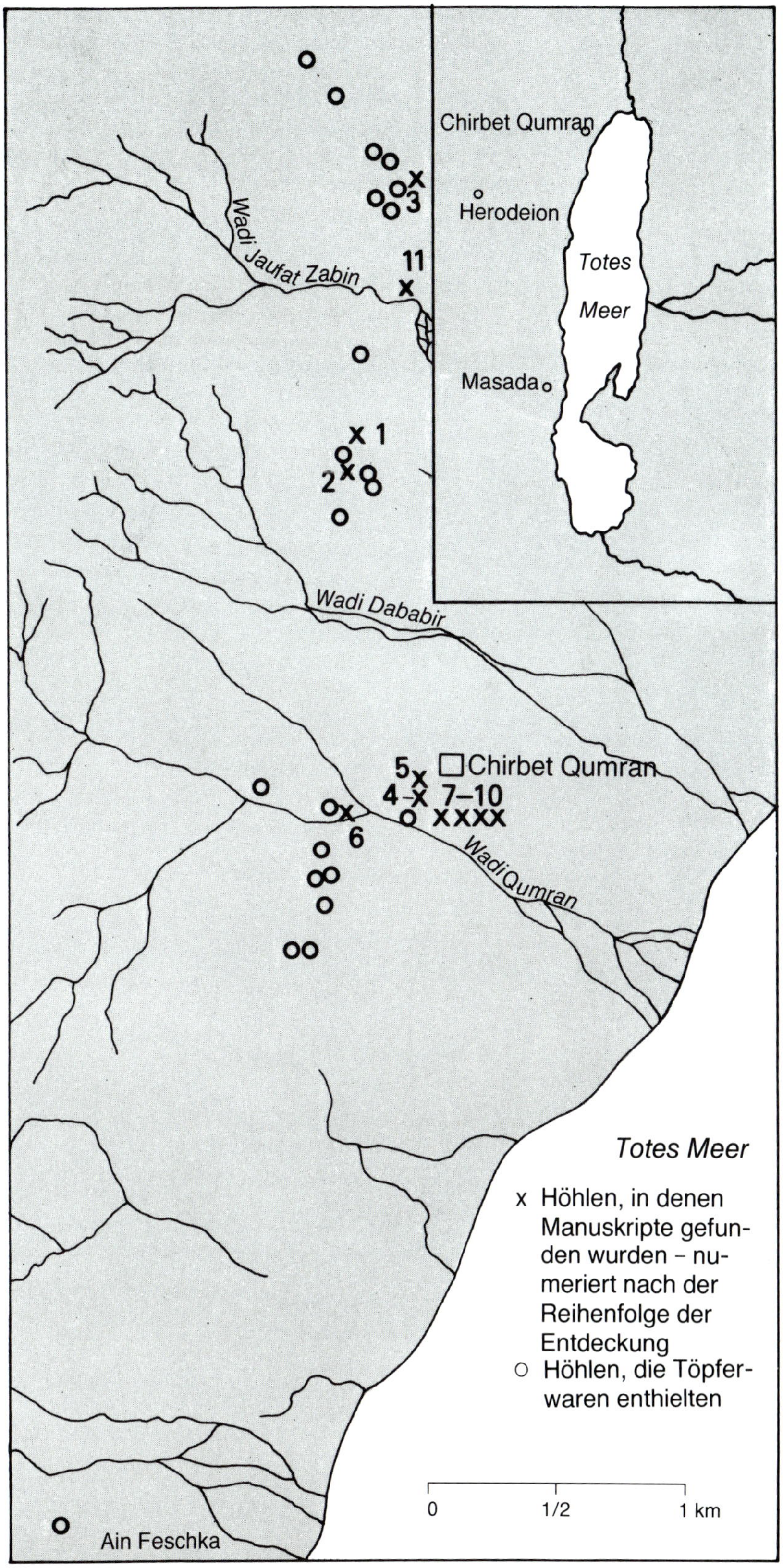

Das Gebiet von Qumran mit den Höhlen, in denen Keramik und Handschriften gefunden wurden

Qumran

leichter, seinen Gegner zu identifizieren, der in den Schriftrollen als »sündhafter Priester« bezeichnet wird. Aus weiteren Hinweisen läßt sich entnehmen, daß es sich um einen Hohenpriester gehandelt haben muß, der großen politischen Einfluß ausübte und eines gewaltsamen Todes starb. Diese Fakten treffen auf Jonathan, einen Hasmonäer zu, der Judas Makkabäus nachfolgte und 152 v.Chr. Hoherpriester wurde. Nach J. Murphy-O'Connor könnte jener »Lehrer der Gerechtigkeit« der von Jonathan aus dem Amt gedrängte legitime Hohepriester gewesen sein. Spuren aus der Zeit von 140-110 v.Chr. deuten auf eine sehr kleine Siedlung hin, Funde aus späterer Zeit lassen auf eine bedeutend größere Gemeinschaft schließen. Die Anlage wurde offensichtlich um 40 v.Chr. aufgegeben (infolge einer Parther-Invasion?) und um 4 v.Chr. erneut besiedelt.

Die schon früher vorhandenen Gebäude und Einrichtungen wurden wieder benutzt: Versammlungsräume, Schreibsaal, Küchen, Wäscherei, Töpferei,

Rechts: Luftbild der Siedlung von Qumran von N her (vgl. unten mit der von O her gesehenen Rekonstruktion)

Rekonstruktion der Qumransiedlung vor einem Foto, das die unmittelbare Umgebung zeigt. Links, am Abhang eines Kalksporns, von den Gebäuden durch einen tiefen Graben getrennt, befindet sich Höhle 4, in der ein großer Teil der Schriftrollen gefunden wurde.

Qumran

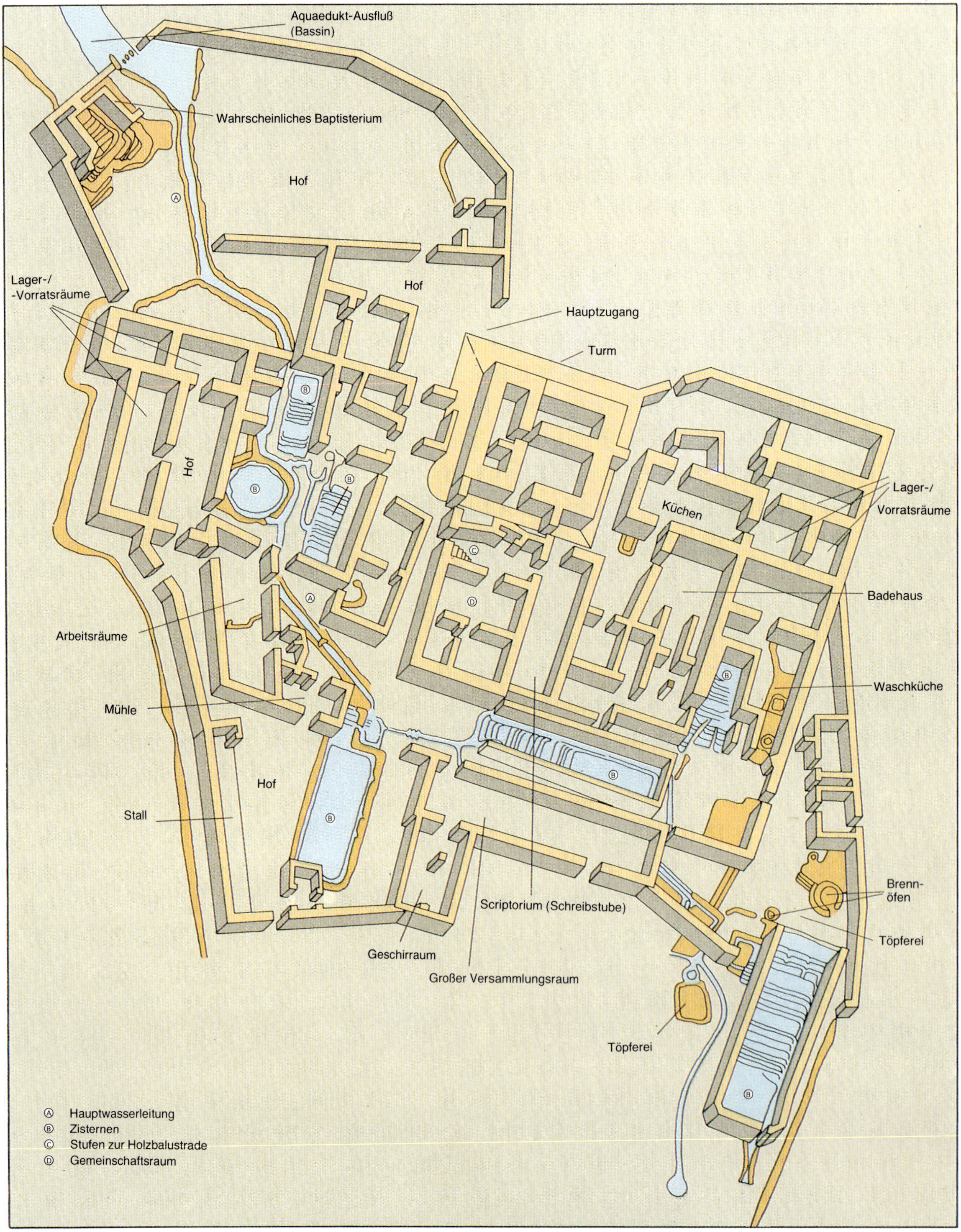

Aquaedukt-Ausfluß
(Bassin)
Wahrscheinliches Baptisterium
Hof
Hof
Lager-/
-Vorratsräume
Hauptzugang
Turm
Hof
Küchen
Lager-/
Vorratsräume
Badehaus
Arbeitsräume
Waschküche
Mühle
Hof
Stall
Brenn-
öfen
Scriptorium (Schreibstube)
Töpferei
Geschirraum
Großer Versammlungsraum
Töpferei
Ⓐ Hauptwasserleitung
Ⓑ Zisternen
Ⓒ Stufen zur Holzbalustrade
Ⓓ Gemeinschaftsraum

Werkstätten, Schmelzöfen und Getreidemühlen. Die Wohnanlage verfügte über ein ausgeklügeltes Kanalsystem zur Wasserversorgung. Das Wasser kam über eine Leitung aus Zisternen, die in den Bergen angelegt waren. 68 n.Chr., während des Jüdischen Krieges, wurde die Siedlung zerstört, wofür römische Truppen verantwortlich gemacht werden, die zu jener Zeit Jericho besetzt hatten. Die Schriftrollen werden wohl angesichts der drohenden Zerstörung in den Höhlen versteckt worden sein.

Die Schriftrollen lassen sich von ihrem Inhalt her in drei Gruppen einteilen. Über 100 Rollen sind Bücher des AT auf Hebräisch, wobei alle atl. Bücher bis auf Ester vorhanden sind. Diese biblischen Handschriften sind ca. 1000 Jahre älter als alle anderen Abschriften, die vor 1947 zugänglich waren. Ihre Entdeckung war für die Erforschung der Textgeschichte des AT von besonderem Interesse. Eine zweite Gruppe bilden die Apokryphen und Pseudepigraphen. Als dritte Gruppe finden sich Texte, die von der Gemeinschaft selbst hervorgebracht wurden und Aufschluß geben über die Glaubensvorstellungen und Praktiken der Sekte von Qumran.

Sie zeigen eine außergewöhnlich strikt disziplinierte Gemeinschaft, die das Gesetz noch ernsthafter auszulegen bemüht war als extreme Vertreter der Pharisäer. Die Sekte hielt sich für das wahre Israel und war überzeugt, eine wichtige Rolle bei der Überwindung des Bösen am Ende der Zeiten zu spielen, das als unmittelbar bevorstehend erwartet wurde. Man erwartete einen davidischen Messias, aber auch einen priesterlichen, der Vorrang gegenüber dem davidischen hatte. Die atl. prophetischen Schriften wurden auf gegenwärtige und unmittelbar bevorstehende Ereignisse bezogen.

Über die Geschichte derjenigen, die der Zerstörung 68 n.Chr. entgehen konnten, ist nichts bekannt. Einige werden sich der Frühen Kirche angeschlossen haben, andere haben sich wohl den Zeloten von Massada angeschlossen, wo eine Schriftrolle aus Qumran gefunden wurde.

Das älteste komplette Manuskript eines kompletten atl. Buches, das man auf ca. 100 v.Chr. datiert, wurde 1947 in Qumran (Höhle 1) gefunden. Es handelt sich um die Jesajarolle (1QIs[a]). Sie ist 27cm breit und 7,26m lang. Das Bild zeigt den Abschnitt Jes 38,8-40,28.

S. 62: Grundriß der Siedlung in Qumran (Phasen Ib-II, ca. 110 v. - 68 n.Chr.)

Der hebräische Kalender

Der hebräische Kalender

Das hebräische Jahr bestand aus zwölf Mondmonaten, die begannen, wenn die Sichel des Neumonds zum ersten Mal bei Sonnenuntergang sichtbar wurde. Ein neues Jahr begann im Frühjahr (März/April) und orientierte sich an den Zyklen von Saat und Ernte. Von Zeit zu Zeit wurde ein dreizehnter Monat eingeschoben, damit der Beginn oder die »Rückkehr« des Jahres zur Zeit des Frühlingsäquinoktiums erhalten blieb. Es ist nicht erwiesen, daß zur Zeit des letzten judäischen Königreiches ein administrativer Neujahrsbeginn in den Herbst (Tischri = Sep./Okt.) zur Zeit des Herbstäquinoktiums gelegt wurde (vgl. 2Mo 23,16). Einige Monatsnamen sind auch von Phönizien her bekannt und reflektieren saisonbedingte Wechsel wie Abib (= März/April; »Reifen des Korns«, 2Mo 13,4). Diese Namen stehen im inneren Kreis der Graphik. Die Feste orientierten sich an den landwirtschaftlichen Zyklen, folgten aber auch historischen Ereignissen (äußerer Kreis). Vielerorts beschrieb der Kalender die jeweilige Saison (»Zeit des Säens, Sommerfrucht« usw.). In nachexilischer Zeit hat man die babylonischen Monatsnamen übernommen.

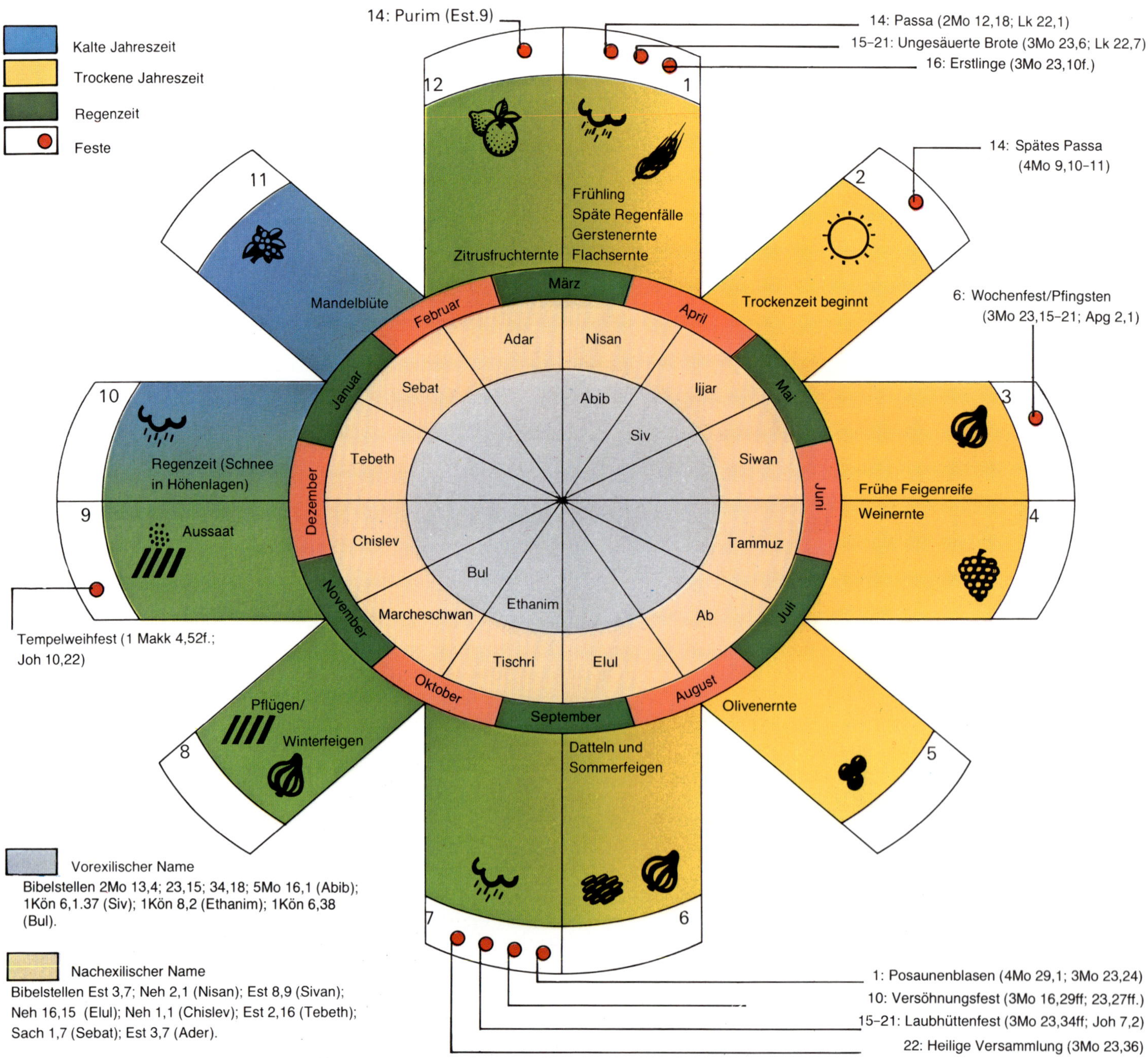

Die wichtigsten Verkehrswege

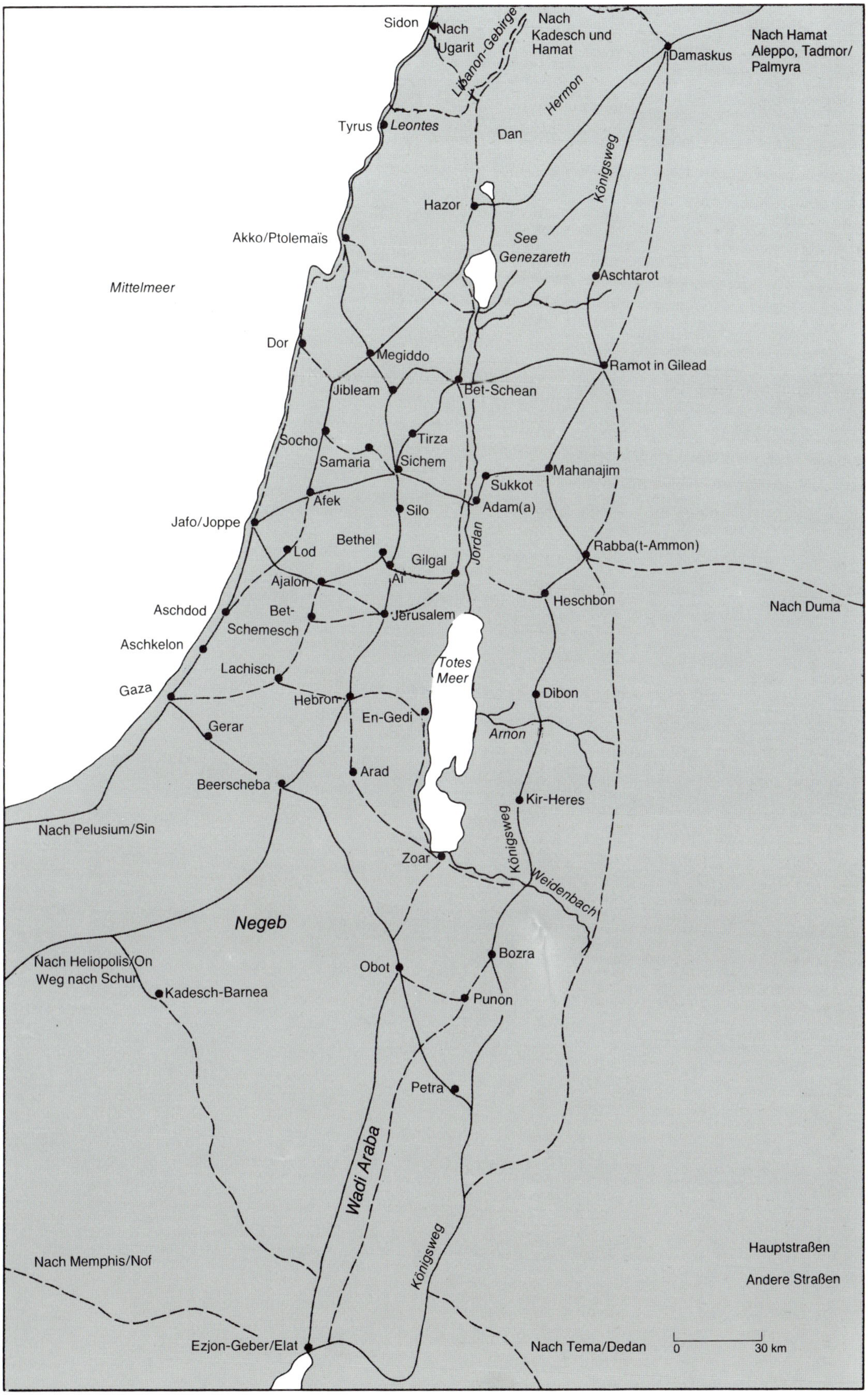

Die wichtigsten Verkehrsverbindungen, die in der Bibel beschrieben werden (durchgezogene Linien) oder aus der Geländeformation zu erschließen sind (unterbrochene Linien)

Die Wirtschaft

Die Wirtschaft im Heiligen Land ist weithin agrarisch geprägt. Die Karte zeigt neben den Vorkommen von Bodenschätzen, die teilweise schon in biblischer Zeit gewonnen wurden, wichtige Produktions- und Handelsplätze.

Herodes der Große

Herodes der Große, der König der Juden, wurde ca. 73 v.Chr. geboren und regierte von 40 bis 4 v.Chr. Sein Vater, Antipater II., war 47 v.Chr. von Julius Caesar zum Prokurator Judäas ernannt worden. Der Sohn Herodes wurde Militärpräfekt von Galiläa und später von Coele-Syria.

Die Parther, die in Syrien und Palästina eingefallen waren, setzten den Hasmonäer Antigonus auf den judäischen Thron (40–37 v.Chr.). Der römische Senat verlieh auf Anraten Antonius' und Octavians daraufhin Herodes den Titel »König der Juden«. Herodes kämpfte drei Jahre um die mit dem Titel verbundene Herrschaft und regierte dann noch dreiunddreißig Jahre als loyaler »Freund und Verbündeter« Roms. Es gelang ihm nicht, die Zuneigung seiner Untertanen zu gewinnen, weil er aus einer edomitischen (idumäischen) Familie stammte, die Hasmonäerherrschaft beseitigt hatte und mit den Römern kollaborierte. Sympathien, die ihm der prachtvolle Wiederaufbau des Jerusalemer Tempels einbrachte, verscherzte er sich durch den Bau von Heiligtümern für heidnische Gottheiten.

Das Königreich Herodes des Großen

Die Festungen des Herodes

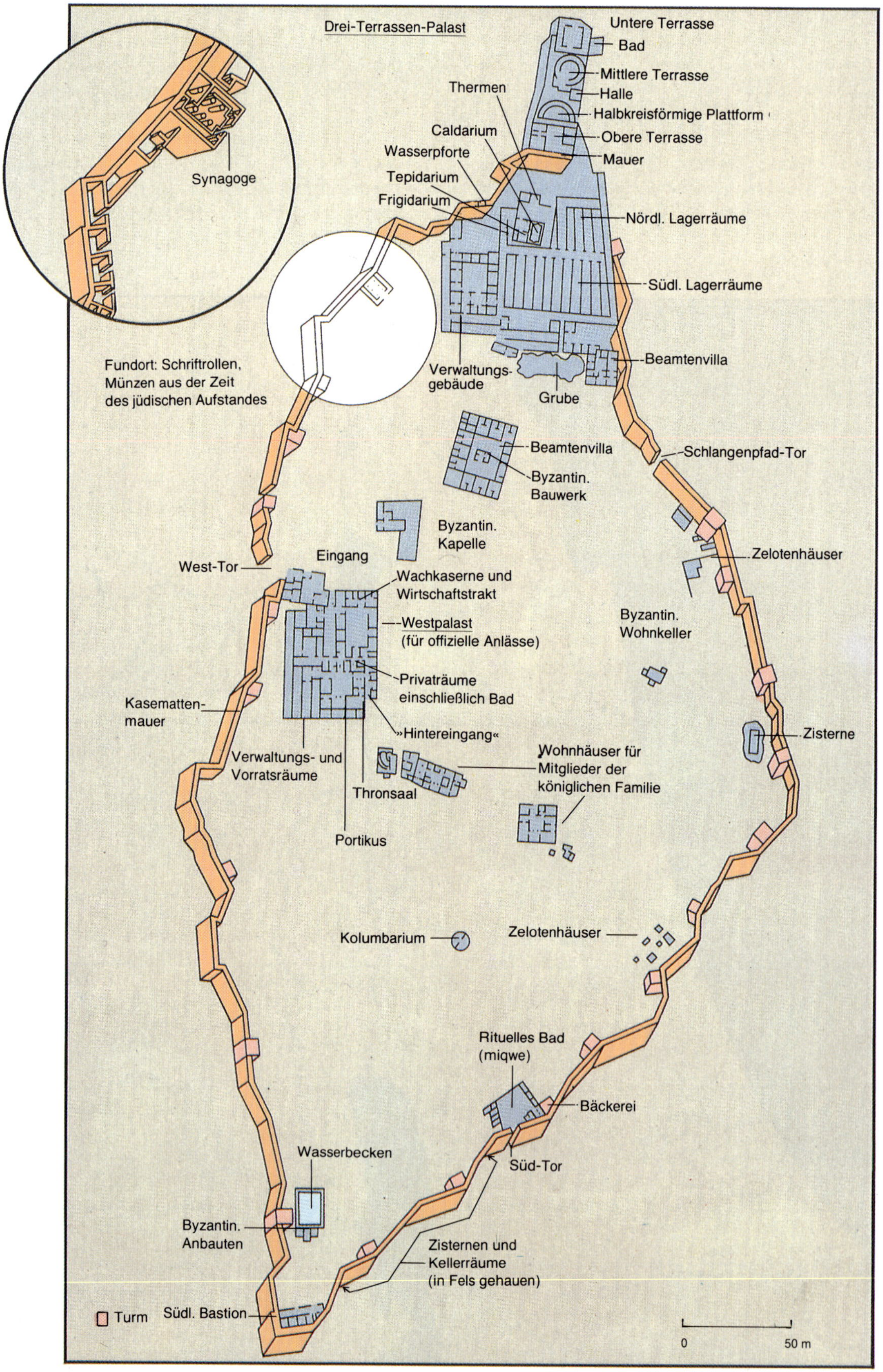

Grundriß der Festung Masada

Masada von NW her gesehen. Das Luftbild läßt die im Jahre 74 n. Chr. von den römischen Truppen aufgeschüttete Belagerungsrampe deutlich erkennen (rechts im Bild)

Herodeion, eine weitere Festung Herodes des Großen, von NW her gesehen

Die Festungen des Herodes

Die herodianischen Festungsanlagen waren nicht nur wehrtechnisch und architektonisch beeindruckend, sondern auch außergewöhnlich aufwendig ausgestattet. Westl. des Jordan bzw. des Toten Meeres lagen Alexandreion, Kypros, Hyrkaneion, Herodeion und Masada, östl. des Toten Meeres Machärus. Alle Anlagen, Herodeion ausgenommen, waren hasmonäische Festungen gewesen.

In Hyrkaneion, Alexandreion und Machärus lagerten die Schätze der hasmonäischen Königin Alexandra (Jos.ant. 13.417). Diese drei Festungen kapitulierten unter dem hasmonäischen Prinzen Alexander im Jahre 57 v.Chr. vor Gabinius.

Masada wird erstmals im Zusammenhang mit dem Jahr 42 v.Chr. erwähnt, als Herodes die Anlage den Mördern seines Vaters abnimmt (Jos.ant. 14,296; bell. 1.237-238).

Alexandreion wurde 38 v.Chr. auf Befehl des Herodes wiederhergestellt (Jos.ant. 14.419). Im Jahre 30 v.Chr. wurden seine Schwiegermutter Alexandra und seine Frau Mariamne, beide Hasmonäerinnen, aus Sicherheitsgründen nach Alexandreion verbracht. Auf der Burg sind auch die beiden Söhne Herodes' und Mariamnes, Alexander und Aristobul, 7 v.Chr. begraben worden (Jos.ant. 15.185; 16.394).

Nachdem Herodes Hyrkaneion wiederhergestellt hatte (Jos.bell. 1.364), benutzte er die Festung u.a. als Gefängnis (Jos.ant. 15.366). Antipater, der Sohn des Herodes aus der Ehe mit Doris, ist dort begraben (Jos.bell. 1.664; ant. 17.187).

Alexandreion und Hyrkaneion beschreibt Josephus nicht. Beide Festungen wurden noch nicht ausgegraben. Man lokalisiert sie bei Qarn Sartabe und Chirbet Mird.

Die Festung Machärus, die Herodes zwischen 25 und 13 v.Chr. wiederaufbauen ließ, beschreibt Josephus detailreich (Jos.bell. VII, 6,1-2). Innerhalb der Befestigungsmauern war eine mit Schutztürmen versehene Stadt angelegt, von der ein Aufgang zu dem Bergrücken führte, auf dem die Zitadelle lag, die ihrerseits von einer Mauer mit hohen Ecktürmen umgeben war. Innerhalb der Zitadelle hatte Herodes einen Palast von ungewöhnlicher Größe und Pracht bauen lassen. Zisternen und ein Waffenarsenal befanden sich ebenfalls dort. Die Festung lag im äußersten S Peräas an der Grenze zum nabatäischen Königreich, ca. 20km nördl. der Heilquellen von Kallirrhoë. Auf der Festung Machärus war Johannes der Täufer auf Befehl des Herodes Antipas festgehalten und enthauptet worden. Die Festung wurde im Jahre 72 n.Chr. durch den Römer Bassus erobert. Seit 1985 wird Machärus intensiv archäologisch erforscht.

Bei den auf S. 69 abgebildeten Festungen handelt es sich um Herodeion und Masada. Herodeion war ein befestigter Palast; Herodeia hieß die Stadt am Fuß der Anlage. Herodes dürfte auf der Festung begraben sein (Jos.bell. 1.673; ant. 17.199). Herodeia war Bezirkshauptstadt Judäas (Jos.bell. 3.55). Die Photographie läßt erkennen, daß der Bergrücken mit einem »Ring runder Türme« gekrönt war, in denen sich »prächtige« Gemächer befanden. Tatsächlich ist der Bergrücken ein mächtiger Erdhügel, den Herodes aufwerfen ließ. Bei dem »Ring runder Türme« handelt es sich um eine Ringwallanlage, innerhalb derer sich drei kleinere Türme sowie ein Rundturm befanden. Das reich mit Mosaiken und Fresken geschmückte Badehaus verdient besondere Erwähnung. Ein weiteres Gebäude dürfte eine Synagoge sein.

Auch Masada beschreibt Josephus ausführlich (Jos.bell. 7,280-203): Die Festung lag auf einem unzugänglichen Bergsporn, der nach allen Seiten steil abfällt. Eine Kasemattenmauer mit siebenunddreißig Türmen umschloß die Burganlage. An der Nordseite befand sich außerhalb der Mauern ein stufenförmig angelegter Palast, dessen Bäder mit Mosaiken und Fresken geschmückt waren. Auf dem Festungsareal hat man ein großes Badehaus entdeckt, einen größeren Palast, Wohnräume für Angehörige der königlichen Familie und Beamte, daneben riesige Zisternen und Vorratsräume.

Das römische Heer, das die Festung belagerte, schüttete von der Westseite her eine riesige Rampe auf für seine Belagerungsmaschinen.

Die Tetrarchen

Die Karte S. 71 zeigt die Aufteilung des Reiches nach dem Tod Herodes des Großen unter seine drei Söhne Archelaus, Antipas und Philippus.

»Tetrarch« bezeichnet einen Herrscher über ein Viertel eines Gebietes. In der römischen Verwaltungssprache ist der »Tetrach« ein Kleinfürst, der einer Provinz vorsteht.

Archelaus nahm den Titel »Ethnarch« (entspricht »Gouverneur«) an und herrschte über Judäa, Samaria und Idumäa. Der Titel »Ethnarch« kommt auch im NT vor und bezieht sich auf den Gouverneur von Damaskus (2Kor 11,32). Philippus war Tetrarch von Batanäa, Trachonitis, Ituräa, Gaulanitis und Auranitis - Gebiete nordöstl. des Sees Genezareth.

Die Tetrarchen

Die von Tetrarchen regierten Gebiete Palästinas.

Galiläa

Der Name Galiläa bedeutet im Hebräischen soviel wie »Ring« oder »Kreis«, aber auch »Distrikt« und »Region«. Galiläa ist jener Teil Nordpalästinas, in dem Jesus seine Kindheit verlebte und zuerst öffentlich wirkte. Gelegentlich taucht der Name Galiläa im AT auf (z.B. Jos 20,7; 1Kön 9,11; Jes 9,1).

Galiläa gehörte ursprünglich als Nordspitze zu den von den zwölf Stämmen besetzten Gebieten, war aber an drei Seiten von nichtjüdischen »Völkern« umgeben. Zur Makkabäerzeit wurde der heidnische Einfluß so stark, daß sich die jüdische Bevölkerung für ein halbes Jh. in den S zurückzog. Danach mußte Galiläa erst wieder von jüdischen Siedlern in Besitz genommen werden. Diese historische Entwicklung trug zur Geringschätzung der Galiläer seitens der Juden bei (Joh 7,52).

Eine exakte Abgrenzung Galiläas ist schwierig, da die Bezeichnung für die nördl. Grenzgebiete Israels verwendet wurde, die sich aber von Zeit zu Zeit veränderten. Zur Zeit Jesu war Galiläa ein ungefähr rechtwinkliges Gebiet von ca. 70km in N-S- und ca. 40km in W-O-Richtung, im O vom Jordan und vom See Genezareth begrenzt, vom Mittelmeer durch die südl. Ausläufer der syro-phönizischen Küstenebene abgeschnitten.

Galiläa ist im wesentlichen ein Hochland, das in zwei Stufen von N nach S abfällt. Obergaliläa, zum Teil ca. 1000m über N.N., war in ntl. Zeit ein bewaldetes und dünn besiedeltes Hügelland. Untergaliläa, 450-600m über N.N., fällt beim See Genezareth steil ab auf mehr als 180m unter N.N.

Die meisten Berichte der Evangelien beziehen sich auf Untergaliläa. Von Flüssen aus den Bergen im N durchzogen, bot Untergaliläa fruchtbaren Boden und war ein dicht besiedelter, wirtschaftlich blühender Landstrich. Exportiert wurden Getreide, Olivenöl und Fisch aus dem See Genezareth. Durch Galiläa liefen Verkehrsverbindungen des römischen Reiches. In Nazareth, einem Dorf in den Kalksteinhügeln von Untergaliläa, ist Jesus aufgewachsen. Geläufige Bilder aus Land- und Fischereiwirtschaft, aber auch aus dem Handel kommen in den Gleichnissen, in denen Jesus redet, immer wieder vor. Aus Galiläa kommen die ersten Jünger, Galiläa wird ihr erstes Missionsgebiet.

Heute bilden Galiläa und die Jesreel-Ebene das Kernland Nordisraels. Die Wälder aus ntl. Zeit sind weithin dem im mediterranen Raum weit verbreiteten Buschwerk (»maquis«) gewichen. Viele Städte und Dörfer, die aus dem Leben und Wirken Jesu bekannt sind, existieren nicht mehr und haben kaum Spuren hinterlassen.

Galiläa in ntl. Zeit - das Gebiet, in dem Jesus seine Kindheit verlebte und mit seinem öffentlichen Wirken begann.

Der See Genezareth

Der See Genezareth
Die Karte (S. 73) zeigt ntl. Orte und Ereignisse, die mit dem See Genezareth in Verbindung stehen. Geographisch gesehen ist der See ein großes Süßwasserreservoir mit - einst - bedeutendem Fischbestand.
Die Länge des Sees beträgt 21 km, die Breite bis zu 12 km, die Oberfläche ca. 170 km³, die größte Tiefe liegt zwischen 42 und 48 m.
Das Bergland steigt auf der Ostseite (Golanhöhen) schroffer, im W (Obergaliläisches Bergland) etwas sanfter an. Da die Randgebirge nur an wenigen Stellen bis an den See treten, ist er von einem flachen Uferstreifen umgeben, der sich im N beim Jordaneinfluß nahe Betsaida, im W zwischen Magdala und Kapernaum sowie im S zu größeren, fruchtbaren Ebenen weitet.

> »Das Wasser ist süß, sehr gutes Trinkwasser . . . und ganz rein, die Ufer des Sees bestehen aus Kieseln oder Sand. Schöpft man Wasser, ist es von angenehmer Temperatur . . . Der See weist Fischarten auf, die sich nach Geschmack und Aussehen von solchen, die man anderswo fängt, unterscheiden (Jos.bell. 1.506-508).«

Josephus beschreibt die fruchtbare Nordebene als bemerkenswert schön; sie bringe Walnüsse, Datteln, Feigen und Oliven hervor, Weintrauben wüchsen dort fast das ganze Jahr hindurch. Bewässert werde die Ebene von einer reichlich fließenden Quelle, die »Kafarnaum« heiße.
Jüngere Ausgrabungen haben gezeigt, daß Tell-Hum oder Talhum das ntl. Kapernaum ist.

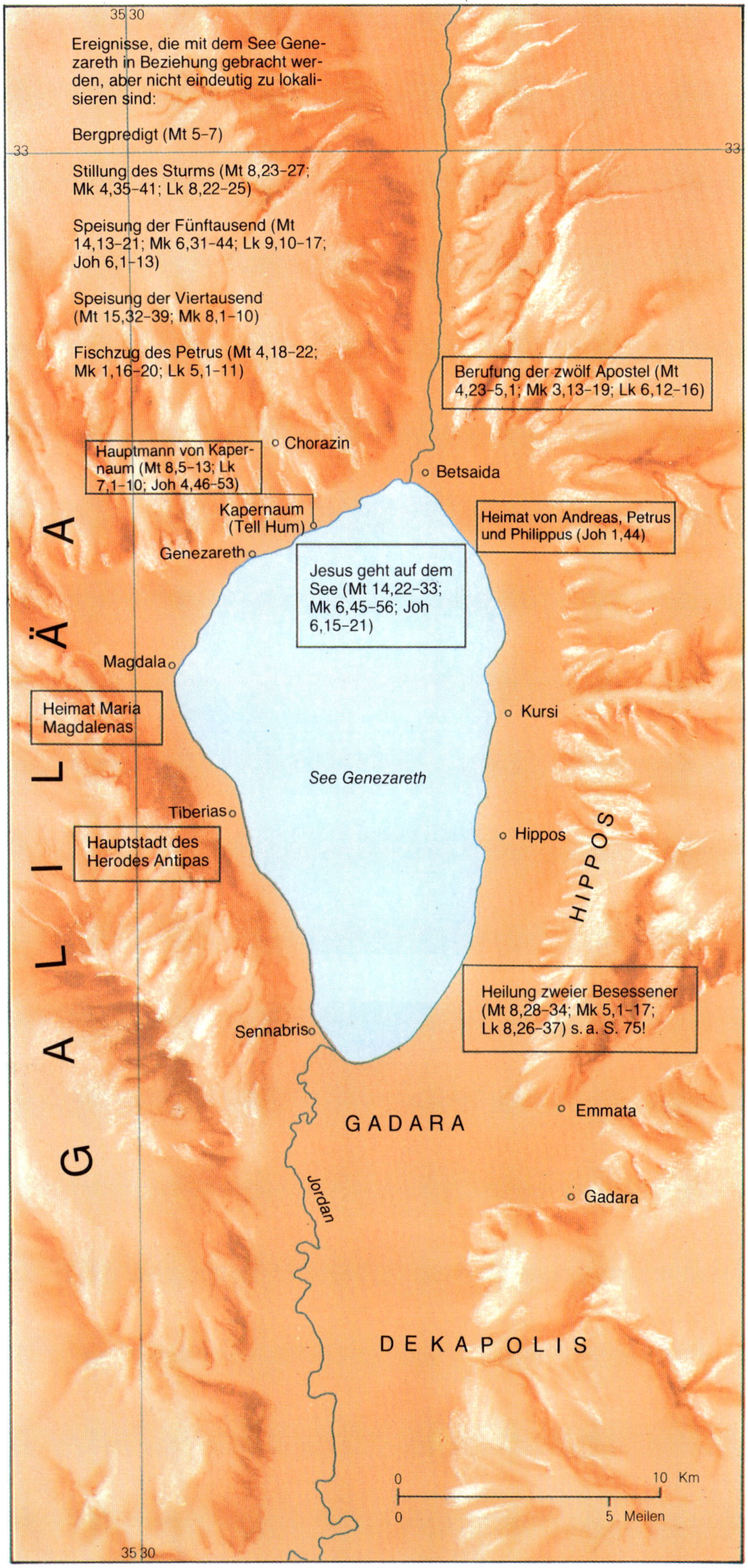

Orte in der Gegend des Sees Genezareth, die im Zusammenhang mit dem Wirken Jesu erwähnt werden

Die Dekapolis (Zehnstädtegebiet)

Der Ausdruck »Dekapolis« begegnet erstmals in Mk 5,20; 7,31 und Mt 4,25. Er bezieht sich auf eine Gruppe von hellenisierten Stadtstaaten, die eigenes Bürgerrecht und einen eigenen Rat besaßen. Die Städte in Gilead, die zu der Gruppe gehörten, aber auch Skythopolis, waren alte hellenistische Gründungen, möglicherweise Militärkolonien. Es ist anzunehmen, daß die Aristokratie jeweils griechisch blieb, die jüdische Minderheit in der Bevölkerung dürfte der Unterschicht angehört haben. Alexander Jannäus hatte die Städte erobert, Pompejus hat sie von der jüdischen Vorherrschaft befreit (Jos.ant. 14.4.4; bell. 1.7.7). Die Bedeutung, die diesem Geschehen beigemessen wurde, zeigt sich darin, daß einige der Städte Münzen prägen ließen, die den Beginn einer neuen Ära ab 64/63 v.Chr. dokumentieren. Ihren Wohlstand verdankten die Städte ihrer geographischen Lage an wichtigen Handelswegen.

Der Einzugsbereich der Städte Hippos, Gadara, Skythopolis und Pella reichte bis an den See Genezareth oder den Jordan. Der durch kulturelle Wurzeln und vor allem wirtschaftliche Interessen gebildete »Städtebund« wird erstmals von Plinius ca. 75 v.Chr. erwähnt, der Skythopolis, Hippos, Gadara, Pella, Philadelphia, Gerasa, Dion, Abila, Kanatha, Damaskus und Raphana nennt.

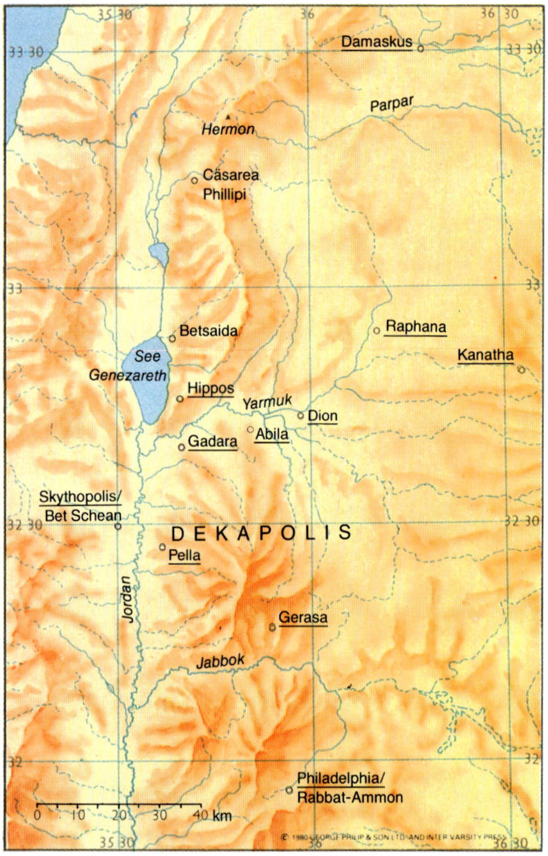

Der griechische Name Dekapolis steht für eine Gruppe hellenisierter Städte und deren Einzugsbereich. Die zehn unterstrichenen Namen erwähnt Plinius d.Ä.

Die zur Dekapolis zählende Stadt Hippos lag wohlbefestigt auf einer strategisch beherrschenden Höhe gegenüber der Stadt Tiberias und war über einen gewundenen Pfad zu erreichen. Jesu Aussage: »Es kann die Stadt, die auf einem Berg liegt, nicht verborgen sein« (Mt 5,14), könnte auf Hippos Bezug nehmen.

Das Wirken Jesu

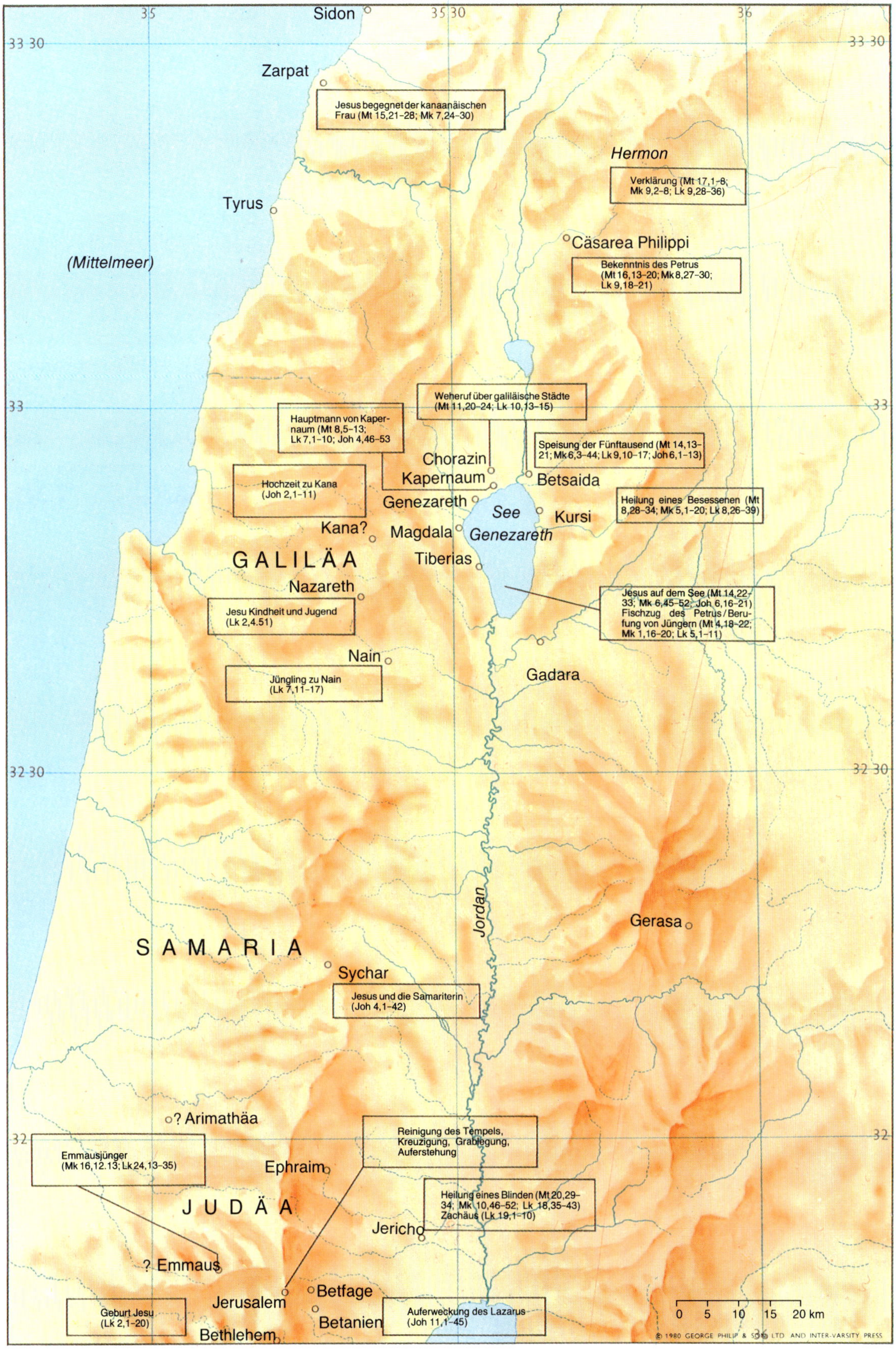

Orte, die mit der Geschichte Jesu und seinem Wirken verbunden sind

Die griechischen Handschriften des Neuen Testamentes

1.

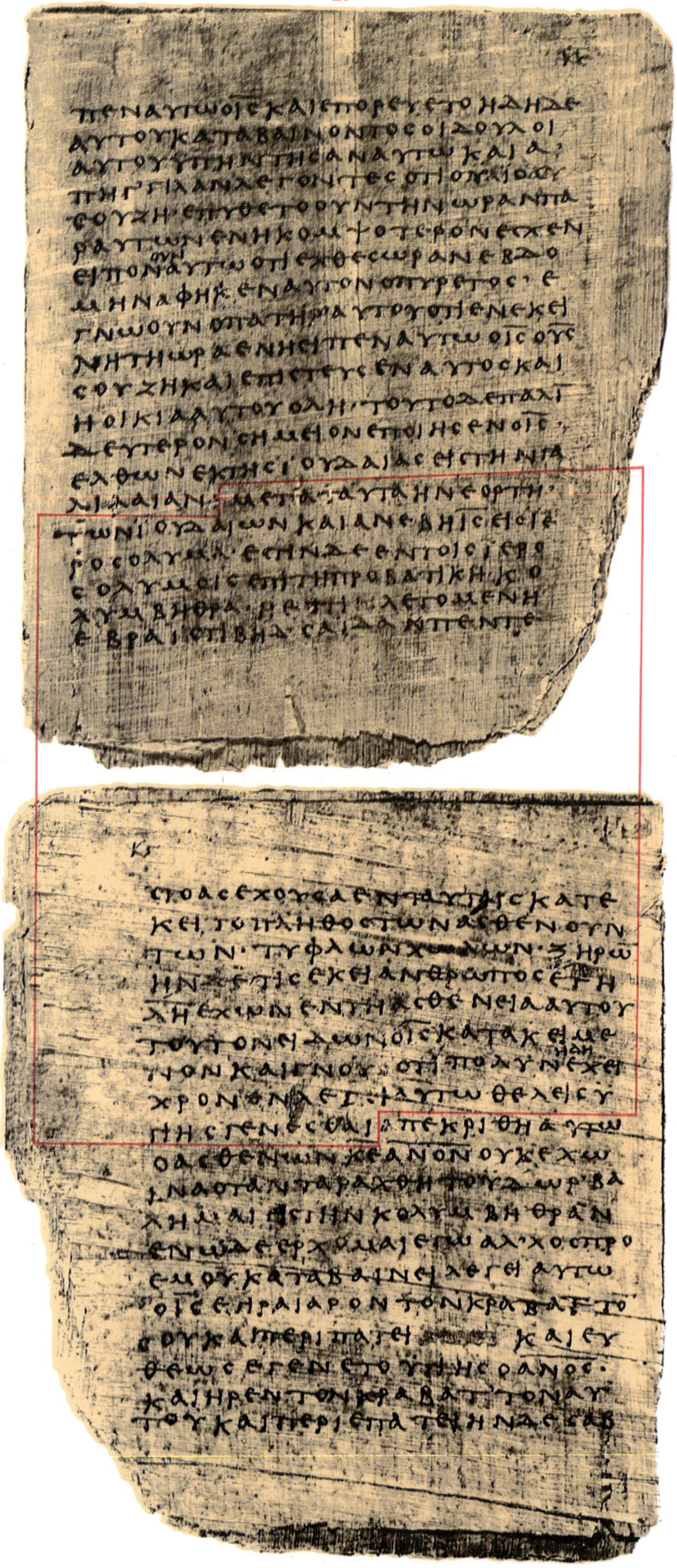

2.

4.51 πεν αυτω ο ις και επορευετο ηδη δε
αυτου καταβαινοντος οι δουλοι
αυτου ϋπηντησαν αυτω και α ʼ
πηγʼγιλαν λεγοντες οτι ο ϋϊος
52 σου ζη· επυθετο ουν την ωραν πα
ρ αυτων εν η κομψοτερον εσχεν
ουν
ειπον αυτω οτι εχθες ωραν εβδο
53 μην αφηκεν αυτον ο πυρετος ʼ ε
γνω ουν ο πατηρʼ αυτου οτι εν εκει
νη τη ωρα εν η ειπεν αυτω ο ις ο υς
σου ζη και επιστευσεν αυτος και
54 η οικια αυτου ολη· τουτο δε παλι
δευτερον σημειον εποιησεν ο ις ʼ
ελθων εκ της ϊουδαιας εις την γα
5. 1 λιλαιαν : μετα ταυτα ην εορτη ʼ
των ϊουδαιων και ανεβη ις εις ϊε
2 ροσολυμα· εστιν δε εν τοις ϊερο
σολυμοις επι τη προβατικη· κο
λυμβηθρα· η επιλεγομενη
εβραϊστι βηδʼσαϊδα[[ν]] πεντε

3 στοας εχουσα εν ταυταις κατε
κειτο πληθος των ασθενουν
των· τυφλων χωλων· ξηρω
//
5 ην δε τις εκει ανθρωπος ετη
/
λη εχων εν τη ασθενεια αυτου
6 τουτον ειδων ο ις κατακειμεʼ
νον και γνους οτι πολυν εχει ηδη
χρονον λεγει αυτω θελεις ϋ
7 γιης γενεσθαι απεκριθη αυτω
ο ασθενων κε ανον ουκ εχω
ϊνα οταν ταραχθη το ϋδωρʼ βα
λη μαι εις την κολυμβηθραν
εν ω δε ερχομαι εγω αλʼλος προ
8 εμου καταβαινει λεγει αυτω
ο ις εγιραι αρον τον κραβαττο
9 σου και περιπατει και ευ
θεως εγενετο ϋγιης ο ανος·
και ηρεν τον κραβατʼτον αυ
του και περιεπατει ην δε σαβ

3.

5.1 meta tauta en eorte
ton ioudaion kai anebe is eis ie
2 rosoluma - estin de en tois iero solumois epi te
probatike - ko lumbethra - e epilegomene
ebraisti bed'saida(n) pente
(Beginn der nächsten Seite)

3 stoas echousa en tautais kate keito plethos ton
asthenoun ton - tuflon cholon - xero
5 en de tis ekei anthropos ete le echon en te as-
thenaia autou
6 touton eidon o is katakeime non kai nous oti
polun echei chronon legei auto theleis u gies
genesthai

4.

5.1 Hiernach fand ein Fest
der Juden statt, und ging hinaus Jesus nach Je-
rusalem - Dort ist und in Jerusalem
2 an dem Schaf(tor) - eine Wasserstelle - auf
Hebräisch Bethsaida genannt fünf
(Beginn der nächsten Seite)

3 Säulengänge habend war liegend eine große
Zahl der Kranken: der Blinden, der Lahmen,
der Gelähmten
5 Aber es war ein Mensch da seit Jahren acht-
unddreißig seine Krankheit habend
6 ihn sehend Jesus und erkennend, daß er war
schon lange Zeit liegend sagt er zu ihm Willst
du gut werden.

5.

Joh. 5,1-6 1 Danach war ein Fest der Juden, und
Jesus zog hinauf nach Jerusalem. 2 Es ist aber in
Jerusalem beim Schaftor ein Teich, der heißt auf
hebräisch Betesda. Dort sind fünf Hallen; 3 in de-
nen lagen viele Kranke, Blinde, Lahme, Ausge-
zehrte. 5 Es war aber dort ein Mensch, der lag
achtunddreißig Jahre krank. 6 Als Jesus den liegen
sah und vernahm, daß er schon so lange gelegen
hatte, spricht er zu ihm: Willst du gesund werden?

Die hier ausgewählte Handschrift ist einer der zwei Papyri des Johannesevangeliums. Es handelt sich um einen Papyrus, der in das späte 2. Jh. n.Chr. datiert wird. Es handelt sich um eine sog. Majuskel (im Gegensatz dazu wären bei einer Minuskel alle Buchstaben klein geschrieben). Alle frühen griechischen Handschriften sind Majuskeln.

1. Photographien der Handschrift
Die Fotos der Handschrift und die Reproduktion des griechischen Textes sind dem Papyrus Bodmer II, Supplement (1962) entnommen. Der Text der Seiten umfaßt Joh 4,50-5,9.
Alle Buchstaben auf dem Papyrus sind Großbuchstaben. Worttrennungen kommen nicht vor, oft auch keine Satztrennungen. Zeichensetzung wurde von den frühen Schreibern nur dort vorgenommen, wo man sie der Verständlichkeit wegen für unerläßlich hielt.

2. Gedrucktes Griechisch
Der griechische Text ist hier mit Abständen zwischen den Wörtern gedruckt, die Zeileneinteilung ist beibehalten. Die biblischen Kapitel- und Versangaben wurden hinzugefügt.

3. Die Transkription
Der rot eingerahmte Text ist hier als Transkription des griechischen Textes in lateinischen Buchstaben wiedergegeben. Im Original sind die Verse durch das Seitenende unterbrochen.

4. Die wörtliche Übersetzung
Die Wort-für-Wort-Übersetzung des Textausschnittes läßt die Unterschiede zwischen griechischem (Partizipialkonstruktionen) und deutschem Satzbau erkennen.

5. Die Übersetzung
Als Übersetzung wurde hier der Luthertext in der revidierten Fassung von 1984 gewählt (»Luther 84«). Die Handschrift, bekannt als P66, ist die einzige frühe Handschrift, aus der klar hervorgeht, daß der Schreiber »Teich« und »Schaf« in Joh 5,2 getrennt hat, und folgendermaßen verstanden hat: ». . . beim Schaf(tor) ein Teich,. . .« Das Wörtchen »Tor« kann ohne Bedenken hinzugefügt werden, da das »Schaftor« von Neh 3 her bekannt ist.

Archäologisch wichtige Orte aus herodianischer Zeit

Archäologisch wichtige Orte aus herodianischer Zeit im nördl. Palästina

Archäologisch relevante Spuren aus der frühen hellenistischen Zeit Palästinas und des Ostjordanlands sind in geringerem Maß vorhanden als solche aus der makkabäisch/hasmonäischen Periode. Und die Spuren aus der Hasmonäerzeit (dazu zählen u. a. die Festungen von Geser und Bet-Zur, die Alexander Jannäus erbauen ließ) sind spärlich im Vergleich zu den archäologischen Zeugnissen der herodianischen Periode. Für Jerusalem konnte N. Avigad nicht nur die Stadtmauern und die Topographie der herodianischen Zeit, sondern sogar das tägliche Leben der Oberschicht rekonstruieren (Discovering Jerusalem, S. 81). Die Karte oben weist neben den Festungsanlagen, die Herodes errichten ließ, die Ortslagen alter griechischer Städte und die herodianischen Neugründungen nach, außerdem die Ortslagen nabatäischer Städte sowie kleinerer Festungen des Landes.

Inschriften sind oft entscheidende archäologische Zeugnisse. In Jerusalem hat man mehrere Inschriften entdeckt, die von besonderem Interesse sind. Eine Kalksteintafel (60 mal 90cm) wurde 1871 nördl. des Tempelplatzes entdeckt. Der Text darauf deckt sich mit dem eines fragmentarischen Exemplars, das 1935 am Osthang des Tempelberges aufgefunden wurde:

> »Kein Nichtjude darf die um das Heiligtum (herumlaufende) Schranke und den Umgang überschreiten. Wer dabei ergriffen wird, hat es sich selbst zuzuschreiben - denn darauf steht der Tod!«

Solche Hinweise in lateinischer und griechischer Sprache befanden sich im Vorhof des herodianischen Tempels (Anfang des 1. Jh.s n.Chr.). Josephus erwähnt die Tafeln und zitiert ihren Text nahezu wörtlich (Jos.bell. 5.195; ant. 15,417). Die Vorkommnisse in Apg 21,27-29 müssen mit diesem Verbot in Zusammenhang gebracht werden: Juden aus der Provinz Asien gaben Anlaß zur Verhaftung des Paulus, weil sie meinten, er hätte einen Griechen in den für Heiden verbotenen Bezirk gebracht.

Die Inschrift auf einer in Jerusalem gefundenen Gebeinurne (Ossuar) läßt darauf schließen, daß der Verstorbene ein Steinmetz war, der am Bau des herodianischen Tempels beteiligt war: »Simon, der den Tempel baute«. Eine andere Inschrift erwähnt Nikanor, der die prächtigen Tempeltore geliefert hat: »Gebeine der Söhne Nikanors, der die Tore lieferte«. Der Hinweis »Jesus, Sohn des Josef« erscheint auf einem anderen Ossuar und zeigt, daß die Namen in jener Zeit häufiger vorkamen. Ein weiteres Ossuar trägt die Inschrift: »Alexander, Sohn des Simon von Kyrene«.

In Palästina finden sich Spuren antiker Synagogen. Hatte man die Synagogen von Kapernaum, Chorazin und Kefar Biram, die auf das späte 2. und frühe 3. nachchristliche Jh. datiert wurden, lange für die ältesten gehalten, so nimmt man heute an, daß Versammlungsräume aus dem 1. Jh. n.Chr. auf Masada und Herodeion bereits als Synagogen dienten. Archäologen, die in Kapernaum arbeiten, datieren die Synagoge dort auf das späte 4. oder frühe 5. Jh. n.Chr. und rechnen die Basaltformationen unter der

Archäologisch wichtige Orte aus herodianischer Zeit im südl. Palästina

Synagogenhalle einer früheren Synagoge zu, die möglicherweise aus der Zeit Jesu stammt.

Den ältesten Beleg für die Existenz einer Synagoge in Jerusalem haben wir in Form einer aus einer Hauswand gebrochenen Steinplatte (ca. 75 x 41 x 20cm), die 1914 in einer Zisterne auf dem Südosthügel der Stadt gefunden wurde. Die Inschrift läßt auf eine Synagoge schließen, die vor 70 n.Chr. gebaut worden sein muß: »Theodotos, des Vettenos Sohn, Priester und Synagogenvorsteher, Sohn eines Synagogenvorstehers, Enkel eines Synagogenvorstehers, erbaute die Synagoge . . .«.

Eine bemerkenswerte Inschrift findet sich auf einem Stein, der beim Bau des Theaters von Cäsarea erneut verwendet wurde. Sie bezeichnet Pontius Pilatus als »Präfekt von Judäa«. Die Wortwahl läßt erkennen, daß der Stein aus einem Altar stammt, den Pilatus zu Ehren des Tiberius hatte aufstellen lassen.

Wichtige Funde aus herodianischer Zeit stammen aus den von Herodes dem Großen neu gegründeten Städten wie Sebaste (Samaria) und Cäsarea Maritima, aber auch aus dem Winterpalast des Herodes in Jericho und den Festungen Masada und Herodeion. Ausgrabungen in Samaria haben ergeben, daß die aus altisraelitischer Zeit stammenden Stadtmauern erneuert und mit Rundtürmen versehen wurden, ein Stadion und ein Tempel, der Augustus geweiht war, entstanden. Unterwasserarchäologen haben den großen herodianischen Hafen von Cäsarea Maritima entdeckt. Die Umrisse des Hafens sind auf Luftaufnahmen deutlich zu erkennen. Teile der Stadtmauer, das herodianische Theater sowie bemalte Fußböden sind in Cäsarea Maritima ausgegraben worden. Im Winterpalast von Jericho befinden sich eine Halle mit Fußbodenmosaik aus Marmorwürfeln in verschiedenen Farben (opus sectile), ein versunkener Garten, ein Teich sowie Bäder im römischen Stil. Auch findet sich die spezifisch römische Technik des opus reticulatum (»Netzwerk«), nach der die Mauersteine zu einem netzartigen Muster verlegt werden.

Die Bauwerke, die Herodes errichten ließ, lassen noch als Ruinen nicht nur ihre eindrucksvollen Dimensionen erkennen, sondern auch den Luxus, mit dem sie ausgestattet waren: Bodenmosaiken, Wand- und Deckenfresken, Bäder und Gartenanlagen.

Die Missionsreisen des Paulus

Man spricht von drei »Missionsreisen« des Paulus sowie seiner Reise nach Rom. Die folgende Übersicht versucht, das missionarische Wirken des Paulus geographisch und chronologisch zu ordnen.

Mission in Galatien

Im Jahre 46 n.Chr. brachen Paulus und Barnabas, von der Gemeinde in Antiochien beauftragt, zu einer Evangelisationsreise auf. Ihr Weg führte sie über Zypern nach »Südgalatien« (Apg 13-14). Paulus geht zunächst in die Synagoge: Dieses »Prinzip« findet sich durchgängig in seiner missionarisch-evangelistischen Praxis. Einige Juden und »Gottesfürchtige«, d.h. Nichtjuden, die am jüdischen Synagogengottesdienst teilnahmen, wurden von der Verkündigung erreicht und bildeten den Kern einer lokalen Gemeinde. Wenn die Mehrheit der ortsansässigen Juden die Botschaft - mitunter gewaltsam - ablehnte, wandte sich Paulus mit seiner Predigt den Heiden zu (vgl. Apg 13,46f.). Trotz Gefahren und Rückschlägen (Rückkehr des Johannes Markus) entstanden durch die Verkündigung des Paulus christliche Gemeinden in Antiochien in Pisidien, Ikonion, Lystra, Derbe und möglicherweise auch in Perge.

Mission in Griechenland

Barnabas und Paulus waren uneins, ob Johannes Markus wieder mitgenommen werden sollte. Paulus entschied sich, mit Silas die zweite Evangelisationsreise anzutreten (Apg 15,40-18,22). Von Antiochien aus zogen sie auf dem Landweg zu den Gemeinden in »Südgalatien«. In Lystra stieß der junge Timotheus als Reisegefährte zu ihnen. Vom Heiligen Geist geführt, zogen sie nach »Nordgalatien«, wo wohl einige Menschen durch ihre Verkündigung zum Glauben gekommen sind (vgl. Apg 16,6; 18,23). In Troas erfuhr Paulus in einer Vision den Ruf zur Evangelisation in Griechenland. Diese Aufgabe führte ihn nach Philippi, Thessalonich und Beröa, nach Achaja oder Südgriechenland, und nach Athen und Korinth, wo er fast zwei Jahre blieb. In Korinth gründete Paulus eine Gemeinde, die ihm später sowohl Freude als auch Sorgen bereitete. Der Heilige Geist lenkte die Aufmerksamkeit des Paulus nun auf die Provinz Kleinasien. Paulus verließ Korinth, hielt sich nur kurz in Ephesus, der wirtschaftlichen Metropole Kleinasiens, auf, traf dort Priscilla und Aquila und reiste über Jerusalem nach Antiochien zurück.

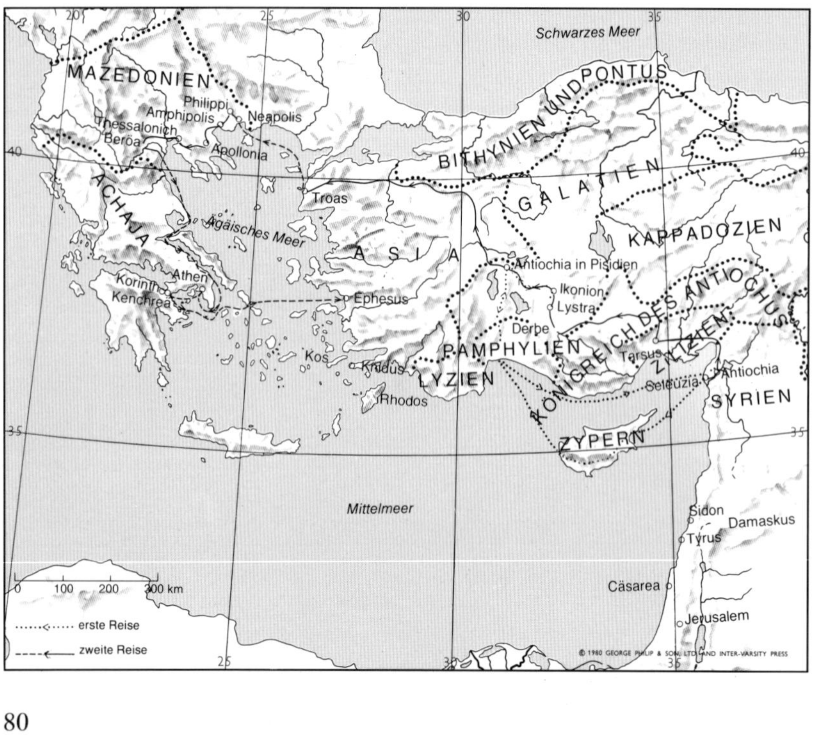

Evangelisation im ägäischen Raum

Die ägäische Periode (ca. 53-58; Apg 18,23-20,38) war ein entscheidender Abschnitt im Leben des Paulus. Im Vordergrund stand die Evangelisation der Provinz Asien, die in der Kirchengeschichte noch eine wichtige Rolle spielen sollte. Die christlichen Gemeinden in Griechenland mußten ermutigt und korrigiert werden. Paulus schrieb die Korintherbriefe und den Römerbrief, womöglich auch einen oder mehrere der Briefe an die Epheser, Philipper, Kolosser sowie an Philemon. Neben machtvollen Durchbrüchen des Evangeliums erlebte der Apostel aber auch Ablehnung und Rückschläge und sah sich mit aufkommenden Irrlehren konfrontiert. Von Antiochien aus zog Paulus auf dem Landweg durch die ihm bekannte Region Galatien nach Ephesus. Dort traf er andere »Jünger«, unter ihnen Apollos, der Johannes den Täufer und vermutlich auch Jesus gekannt hatte (Apg 18,24ff). Ungefähr drei Jahre nach seiner Ankunft besuchte er die Gemeinden im ägäischen Raum zum letzten Mal. Von Troas zog er nach Mazedonien, wo er den zweiten Korintherbrief schrieb. In Korinth verbrachte er den Winter, schrieb einen Brief an die »Römer«, reiste weiter nach Milet, um von dort aus mit dem Schiff über Cäsarea nach Jerusalem zurückzukehren, wo er mit seiner Verhaftung rechnen mußte (Apg 20,22-23). Diese düstere Aussicht hielt ihn aber nicht zurück; in Kleinasien war das Evangelium verkündigt worden, jetzt wollte Paulus nach Rom.

Der Dienst in Cäsarea und die Romreise

In Cäsarea ging Paulus von Bord und erreichte mit einer Kollekte für die Gemeinde in Jerusalem an Pfingsten die Stadt (Apg 21,23f.; vgl. Rö 15,25ff.; 1Kor 16,3f.; 2Kor 9). Obwohl er darauf bedacht war, die Vorschriften des Tempels einzuhalten, wurde er

Mission des Paulus in Galatien und Griechenland

von jüdischen Pilgern aus Ephesus erkannt, die sich an den »Apostel der Heiden« erinnerten und mit dem Gerücht, Paulus habe einen Griechen in den für Nichtjuden gesperrten Teil des Tempels geführt, für erhebliche Unruhe sorgten. Paulus wurde festgenommen, hatte jedoch Gelegenheit, zu der Menge und später auch vor dem Hohen Rat zu sprechen.
Um sein Leben zu schützen, brachte man Paulus nach Cäsarea, wo er unter dem römischen Gouverneur Felix zwei Jahre lang gefangen gehalten wurde (ca. 58-60; Apg 23-26). Dessen Nachfolger Festus wollte Paulus einem jüdischen Gericht überstellen. Weil Paulus sich über den Ausgang eines solchen »Gerichtsverfahrens« klar war, appellierte er als römischer Bürger direkt an den Kaiser. Nach einem bewegenden Verhör vor Festus, König Agrippa und Berenike wurde beschlossen, Paulus unter Bewachung nach Rom zu bringen. So erfüllte sich das Wort des auferstandenen Christus an Paulus: »Du mußt auch in Rom Zeuge sein.« (Apg 23,11). Die stürmische Überfahrt nach Rom endete zunächst mit einem Schiffbruch, der Paulus zwang war, den Winter auf einer Insel mit dem Namen Melite zu verbringen (ca. 61). Er erreichte Rom im Frühling, wo er zwei Jahre unter Hausarrest »lehrte von dem Herrn Jesus Christus mit allem Freimut ungehindert.« (Apg 28,31).

Mission des Paulus im ägäischen Raum

Die Reise des Paulus nach Rom

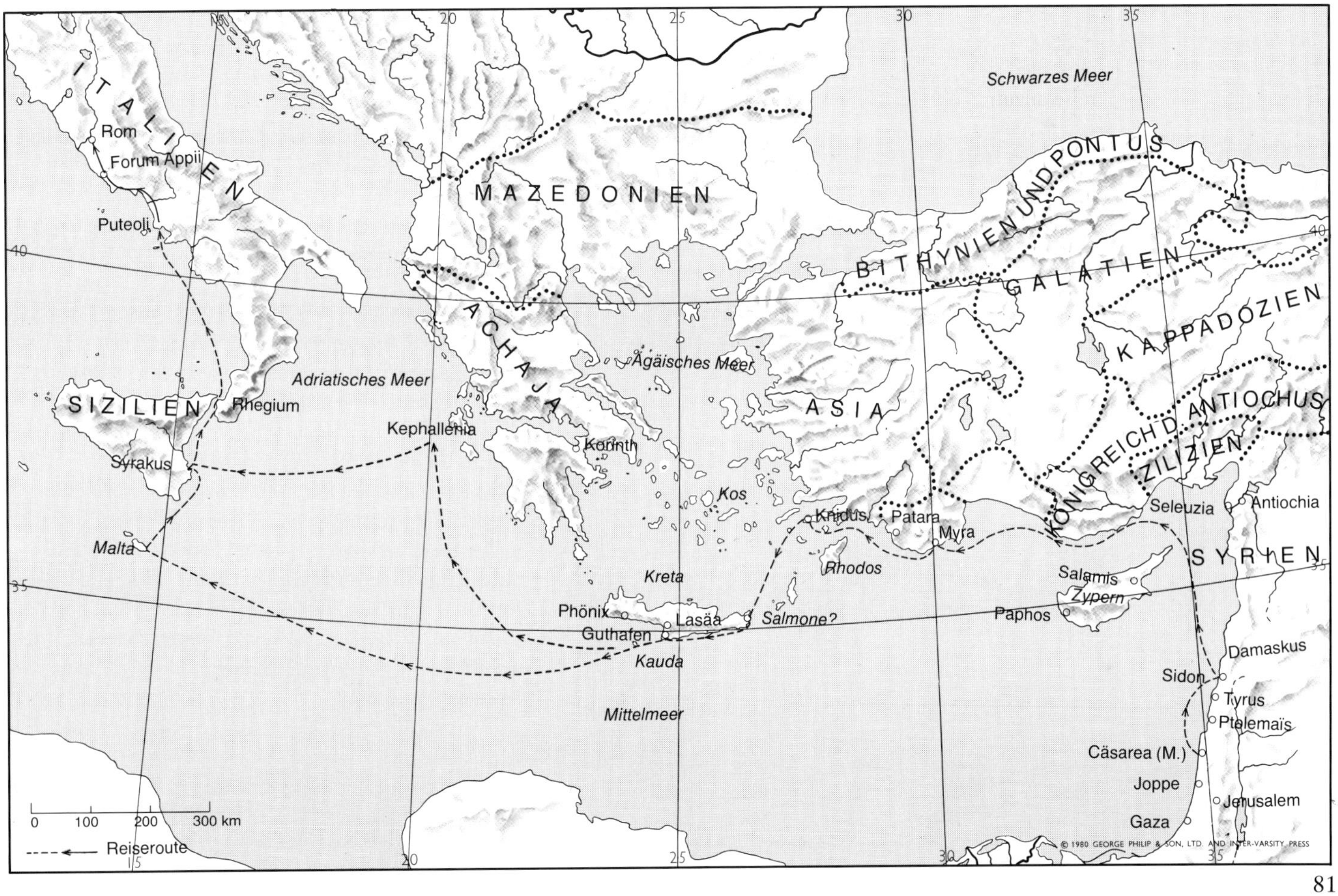

Die sieben Gemeinden in Kleinasien

An sieben Gemeinden in der römischen Provinz Asia, im W der heutigen Türkei, waren jene Worte der Ermunterung und Ermahnung von Gott gerichtet, die Johannes durch die Offenbarung auf der Insel Patmos empfangen hat (Offb 1,9-3,22).

1. Ephesus

Ephesus, damals die bedeutendste Stadt der Provinz, ist heute unbewohnt. Die Stadt lag an der Mündung des Kayster zwischen der Koressus-Bergkette und dem Meer. Eine ca. 11m breite, von Säulen gesäumte Prachtstraße führte von der Stadt hinunter zum Hafen, der nicht nur ein bedeutender Handelsplatz war, sondern auch ein Brückenkopf Roms. Ephesus wurde archäologisch erforscht und ist heute wohl das größte und beeindruckendste Ruinenfeld Kleinasiens. In Ephesus wurde ursprünglich eine anatolische Fruchbarkeitsgöttin verehrt, die später mit der griechischen Artemis bzw. der römischen Diana identifiziert wurde.

Die Gemeinde in Ephesus wird in Offb 2,1-7 als erste genannt; der Bote aus Patmos wird zunächst in der »Metropole« Kleinasiens gelandet sein, die zudem am Ausgangspunkt einer römischen Heerstraße lag, die alle sieben Städte miteinander verband. In Ephesus gab es eine blühende Gemeinde, die aber von Irrlehrern unterwandert worden war und so ihre »erste Liebe« verloren hatte. Die falschen Apostel (Offb 2,2) werden als »Nikolaiten« bezeichnet, die die von außen angefochtene Gemeinde zur Kompromißbereitschaft gegenüber heidnischen Kulten aufriefen. Die Epheser waren zwar standhaft geblieben, hatten jedoch wenig Liebe.

Die »Sieben Gemeinden in Kleinasien« (Offb 1-3) sowie die Insel Patmos, auf der Johannes die Offenbarung empfing

2. Smyrna

Smyrna ist das heutige Izmir, die zweitgrößte Stadt der Türkei.

Das Evangelium erreichte Smyrna schon früh, wahrscheinlich von Ephesus aus (Apg 19,10). Der »Engel der Gemeinde zu Smyrna« ist der Empfänger des zweiten der sieben Briefe an die kleinasiatischen Gemeinden (Offb 2,8-11). Wie auch an anderen Orten, sah sich die christliche Gemeinde hier heftiger Opposition seitens der Synagogengemeinde ausgesetzt (Offb 2,9; vgl. 3,9). Die Vorstellung Jesu Christi, »der tot war und ist lebendig geworden« (V.8), könnte auf den wirtschaftlichen Wiederaufstieg der Stadt nach einer langen Periode des Niedergangs anspielen. Die »Krone« (V.10) konnte in Smyrna Assoziationen mit dem Ehrenkranz wecken, den Gewinner bei öffentlichen Zirkusspielen erhielten. Der Aufruf zur Treue (V.10) will die Gemeinde ermuntern, den historischen Ruf der Stadt umzusetzen.

3. Pergamon

Pergamon ist die dritte der sieben Gemeinden (Offb 2,12-17), der Ort, »wo der Thron des Satans ist« (V.13). Diese Bezeichnung weist auf die dort gepflegten Kulte des Zeus hin, der Athene, des Dionysus und des Asklepius, die von den attalidischen Königen eingeführt worden waren, wobei dem Kult des Asklepius Soter (»Retter, Heiler«) besondere Bedeutung zukam. Diese Kulte sind ein Teil der Religions- und Kulturgeschichte Pergamons, doch dürfte die eigentliche Anspielung dem Kaiserkult gelten. Der Kaiserkult war Dienst am göttlichen Kaiser und wurde unter Domitian zum Kennzeichen bürgerlichen Gehorsams. Dieser Kult führte zu einer Krise der Kirche Asiens. Antipas (V.13) wird als Märtyrer der Gemeinde namentlich genannt.

4. Thyatira

Das vierte Schreiben geht an die Gemeinde von Thyatira (Offb 1,11). Auch in diesem Brief kommen Bilder und Begriffe vor, die mit der Stadt und ihrer Geschichte zu tun haben. Die Vorstellung Jesu, »Füße wie Golderz« (V. 18), spricht Leute an, die für ihre Messingarbeiten berühmt waren. Die Verheißungen (V. 26f) könnten die lange militärische Geschichte der Stadt reflektieren. Isebel (der Name könnte auch mehr für ein Programm als für eine Person stehen) war offensichtlich eine Frau, die Einfluß auf die Gemeinde hatte (V. 20), deren - wahrscheinlich synkretistische - »Lehre« der Gemeinde jedoch zum Schaden gereichte.

5. Sardes

Sardes war die Hauptstadt des antiken Königreiches Lydien gewesen, das durch seinen Reichtum, besonders unter Krösus, berühmt wurde.
Der Brief an den »Engel der Gemeinde zu Sardes« (Offb 3,1-6) zeigt, daß die Gemeinde vom Geist der Stadt geprägt war, sich auf ihren Lorbeeren ausruhte und gegenwärtig ohne Engagement war. Sie war nicht mehr wachsam, was auch der Stadt bereits zweimal zum Verhängnis geworden war. Die »weißen Kleider« (V. 4f), die den wachsamen Gliedern der Gemeinde verheißen werden, waren in einer Stadt, die für ihren Handel mit luxuriösen Textilien bekannt war, bedeutungsvoll.

6. Philadelphia

Der Brief an die Gemeinde zu Philadelphia (Offb 3,7-13) könnte auf Philadelphos anspielen, der für seine Treue zu seinem Bruder bekannt war. Wie jener Mann zeichnet sich die Gemeinde durch ihre standhafte Treue zu Christus aus (V. 8.10). So wie die Stadt geographisch eine »offene Tür« zu ihrem Hinterland ist, so ist auch der Gemeinde eine »offene Tür« gegeben worden, die sie nutzen soll (V. 8; vgl. 2Kor 2,12). Die Symbole der »Krone« und des »Tempels« (V. 11f) weisen auf den Gegensatz von Zirkusspielen und religiösen Festen in der Stadt hin. Im Gegensatz zum Leben in einer Stadt, die von Erdbeben bedroht ist, wird denen, die »überwinden«, dauernde Beständigkeit im Tempel Gottes verheißen.

7. Laodizea

Laodizea ist eine Stadt im südwestl. Phrygien. Sie wurde von dem Seleukiden Antiochius II. im 2. Jh. v.Chr. gegründet und nach dessen Frau benannt. Laodizea war ein florierendes Handelszentrum, nahe Hierapolis und Kolossae im Tal des Lykos gelegen, einem Nebenfluß des Mäander.
Die Bildersprache des siebten Briefes (Offb 3,14-22) nimmt konkret Bezug auf den Charakter der Stadt und das Leben in ihr. Die Stadt war reich. Aber während in Hierapolis heiße Heilquellen sprudelten und in Kolossae Kaltwasserquellen Erfrischung boten, erhielt Laodizea lediglich lauwarmes Wasser, das über eine Leitung herangeführt wurde. Dieses Wasser diente als Brechmittel. Die Gemeinde wird damit verglichen: Selbstgenügsam meinte sie, nichts zu brauchen (V. 17). Tatsächlich aber war sie geistlich unterentwickelt, nackt und blind, brauchte »Gold«, »weiße Kleider« und »Augensalbe« - Güter, mit denen man in Laodizea florierenden Handel trieb -, die aber auch geistlich umgesetzt werden mußten (V.18). Christus wendet sich mit werbender Einladung an den Einzelnen (V. 20).

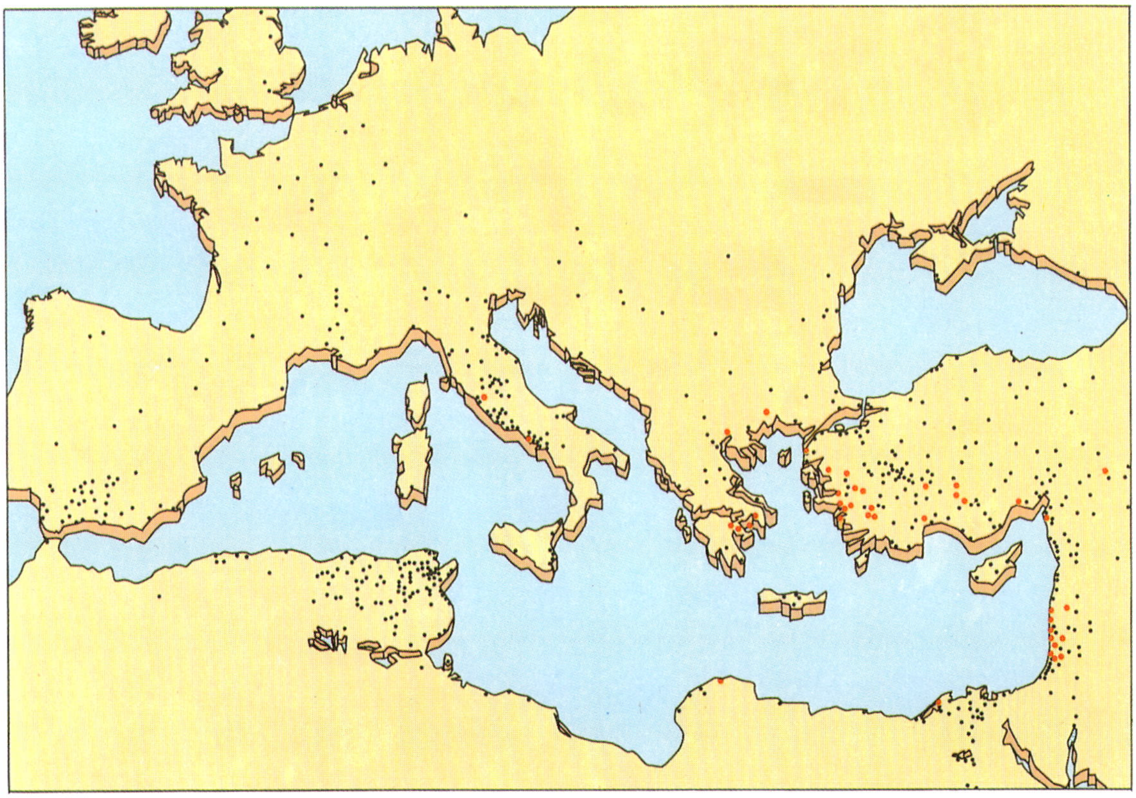

Christliche Gemeinden aus dem 1. Jh. (rot); vor der diokletianischen Verfolgung (304 n.Chr.) gegründete Gemeinden (schwarz)

Die Völkertafel

Die Völkertafel nach 1Mo 10 mit den Nachkommen Sems, Hams und Jafets, der Söhne Noahs

1Mo 10 bietet eine Liste der »Nachkommen der Söhne Noahs nach ihren Geschlechtern und Völkern« (V. 32). Die Vorstellungen, die hinter der Völkertafel liegen, sind komplex. So könnte etwa die Erwähnung Sebas (»Saba« im südwestl. Arabien) unter den direkten Nachkommen sowohl von Sem als auch von Ham (V. 7.28) auf den semitischen Ursprung der Leute von Saba hinweisen und zugleich auf die historische Tatsache, daß die Einwohner von Saba über das Rote Meer gezogen sind und sich unter hamitischen Gruppen niedergelassen haben (z.B. Ägypter und Äthiopier), mit denen sie dann rassisch und kulturell verschmolzen.
Eine Reihe der in der Völkertafel vorkommenden Namen konnte mit Hilfe ethnischer, geographischer oder politischer Informationen aus außerbiblischen Quellen identifiziert werden. Aufgrund dieser Ergebnisse kann man annehmen, daß die Namen im ersten Abschnitt (Jafet, V. 2-5) für Völkerschaften im N und NW des Vorderen Orients in der Antike stehen, die Namen des zweiten Abschnitts (Ham, V. 6-20) für Völkerschaften im S, und die des dritten Abschnitts (Sem, V. 21-31) für solche Völker, die von Syrien aus nördl. und in Mesopotamien bis hin nach Arabien im S siedelten.

Jafet	Ham	Sem
Gomer	Kusch	Elam
Aschkenas	Seba	Assur
Rifat	Hawila	Arpachschad
Togarma	Sabta	Schelach
Magog	Ragma	Eber
Madai	Saba	Peleg
Jawan	Dedan	Joktan
Elischa	Sabtecha	Almodad
Tarsis	Nimrod	Schelef
Kittäer	Mizrajim	Hazarmawet
Rodaniter	Luditer	Jerach
Tubal	Anamiter	Hadoram
Meschech	Lehabiter	Usal
Tiras	Naftuhiter	Dikla
	Patrositer	Obal
	Kasluhiter	Abimaël
	Kaftoriter	Saba
	Philister	Ofir
	Put	Hawila
	Kanaan	Jobab
	Sidon	Lud
	Het	Aram
	Jebusiter	Uz
	Amariter	Hul
	Girgaschiter	Geter
	Hiwiter	Masch
	Arkiter	
Die Namen der folgenden Generation(en) sind nach rechts eingerückt	Siniter	
	Arwaditer	
	Zemariter	
	Hamatiter	

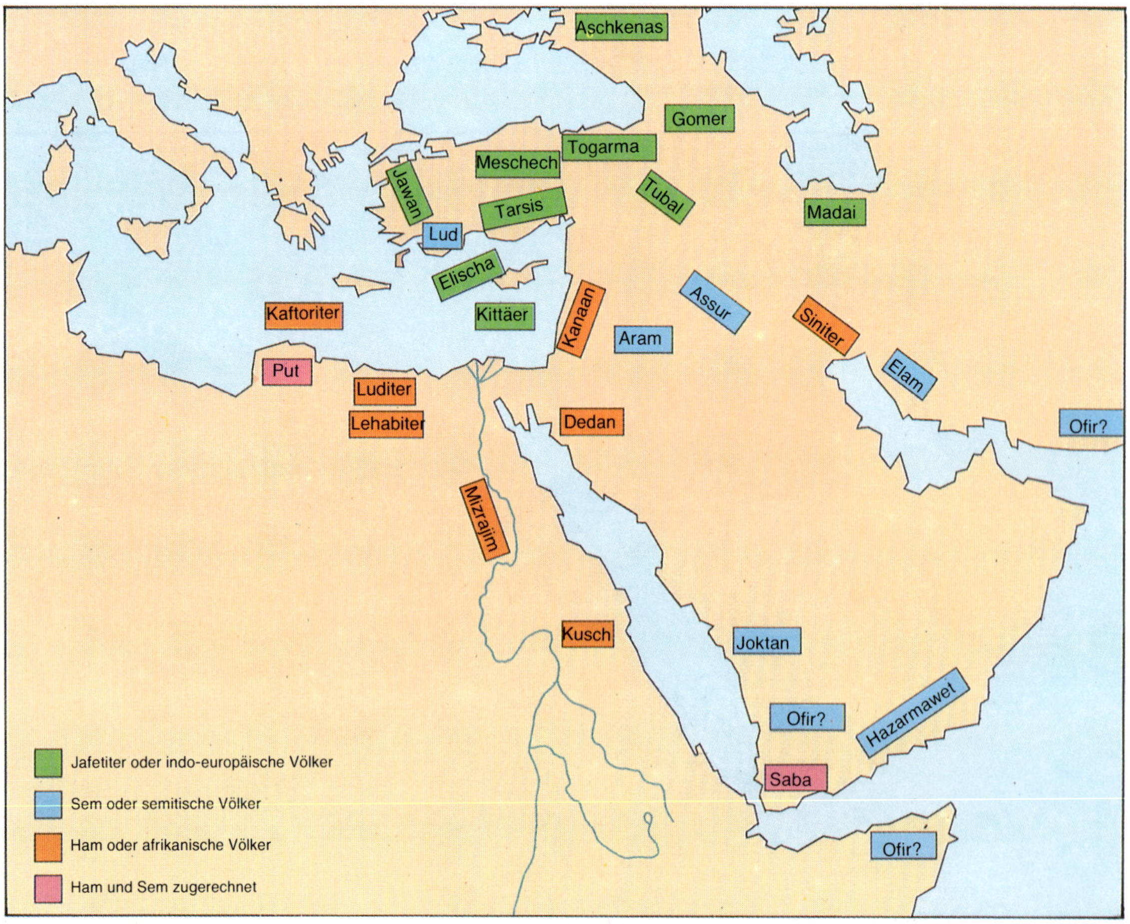

Zu den Angaben der Völkertafel (1Mo 10) finden sich teilweise Ergänzungen und Bezüge in außerbiblischen Quellen

Sumer und Akkad

In der frühen Antike war Babylon, der heutige Irak, als Akkad (nördl. Teil der Region) und als Sumer (südl., vom persischen Golf begrenzter Teil) bekannt.

Sumer

Im 4. Jt. v.Chr. brachten die Sumerer eine Reihe von Errungenschaften für die spätere Kultur hervor, sowohl in der Architektur als auch eine Bilderschrift (ca. 3000 v.Chr.), die Vorläuferin der späteren Keilschrift. In der Zeit von 3000-2500 v.Chr. kamen Königreiche und eine wachsende Anzahl von Stadtstaaten auf, die sich um Uruk (= Erech, vgl. 1Mo 10,10), Kisch, Ur, Lagasch, Umma, Abu Salabich und Schuruppak/Fara konzentrierten. Es kam zu häufigen Auseinandersetzungen zwischen den Städten, da deren Herrscher die Vorherrschaft über die Nachbarn erringen wollten. Einheit erlebte die Region erst, nachdem der semitische Herrscher Sargon von Akkad ganz Sumer unter seine Kontrolle gebracht hatte.

Akkad

Im AT zählt Akkad, sumerisch Agade, zu den Städten, die Nimrod gegründet hat (1Mo 10,10). Die Ortslage läßt sich nicht exakt festlegen. Inschriften belegen, daß die von Sargon begründete, mächtige Dynastie dort bis 2230 v.Chr. blühte. Die Regierungszeiten Sargons und seines Sohnes Naramsin gelten als goldenes Zeitalter, geprägt von politischer Stärke und wirtschaftlicher Blüte. Die akkadische Armee kontrollierte Syrien, Elam und Südanatolien. Als Babylon Hauptstadt wurde, behielt man den Namen »Akkad« bei und bezeichnete damit bis in späte persische Zeit den gesamten N Babyloniens. In diesem Sinne kommt Akkad in den Akten der Könige Assurs und Babyloniens vor.

Um 2230 v.Chr. wurde Akkad von den Gutäern überrannt, einem Bergvolk aus dem östl. Bergland. Dennoch gelang es den Invasoren nicht, ganz Babylonien zu kontrollieren, so daß die Stadt Lagasch unter ihrem Herrscher Gudea unabhängig blieb und Ur sowie die südl. Städte beherrschte. Schließlich wurde Ur unter Ur-Nammu (2213-2096 v.Chr.) Zentrum einer neuen sumerischen Dynastie (dritte Dynastie, 2113-2006? v.Chr.).

Diese neue Dynastie blühte, und der Einfluß Urs reichte bis nach Assur und Byblos. Schwere Hungersnöte, kriegerische Einfälle der Elamiter und halbnomadischer semitischer Stämme aus dem W setzten dieser Epoche ein Ende.

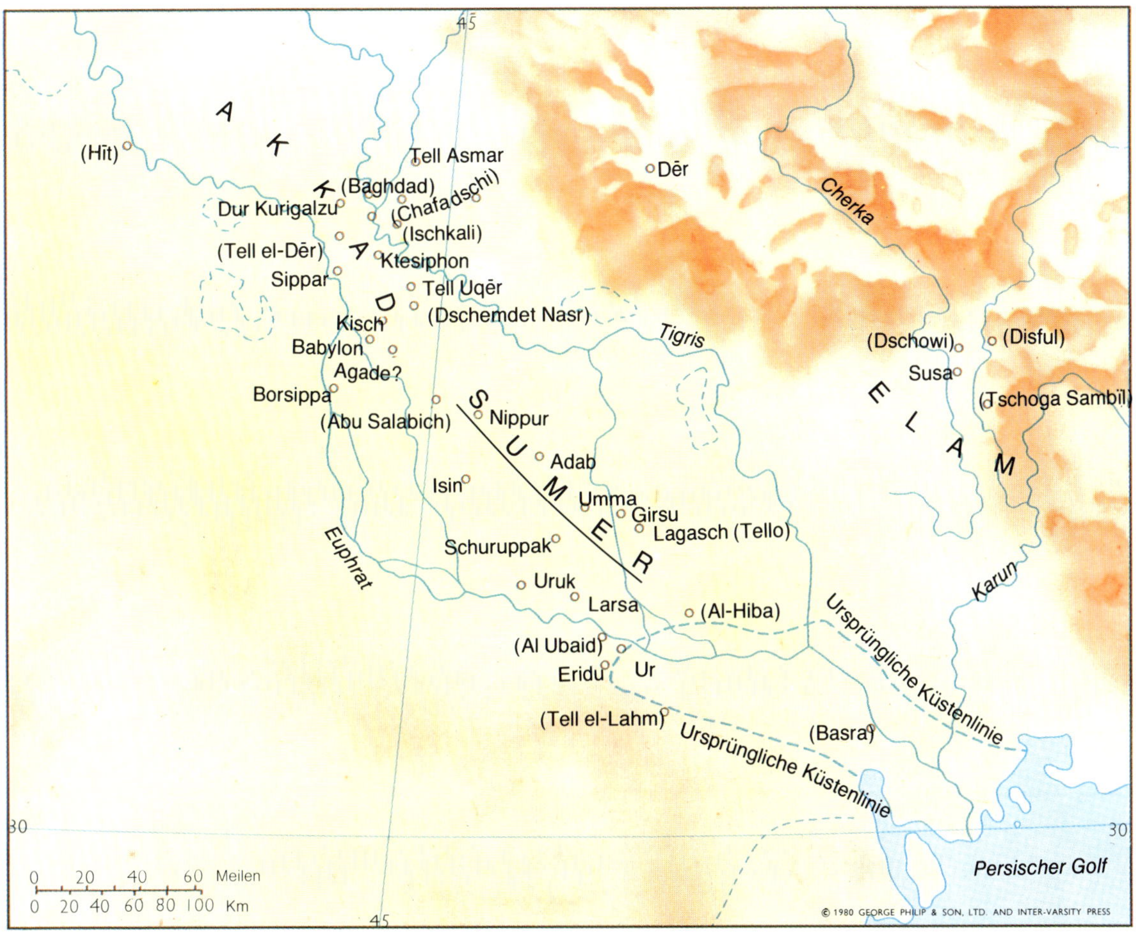

Sumer und Akkad, die Süd- bzw. Nordregionen Babyloniens

Ägypten

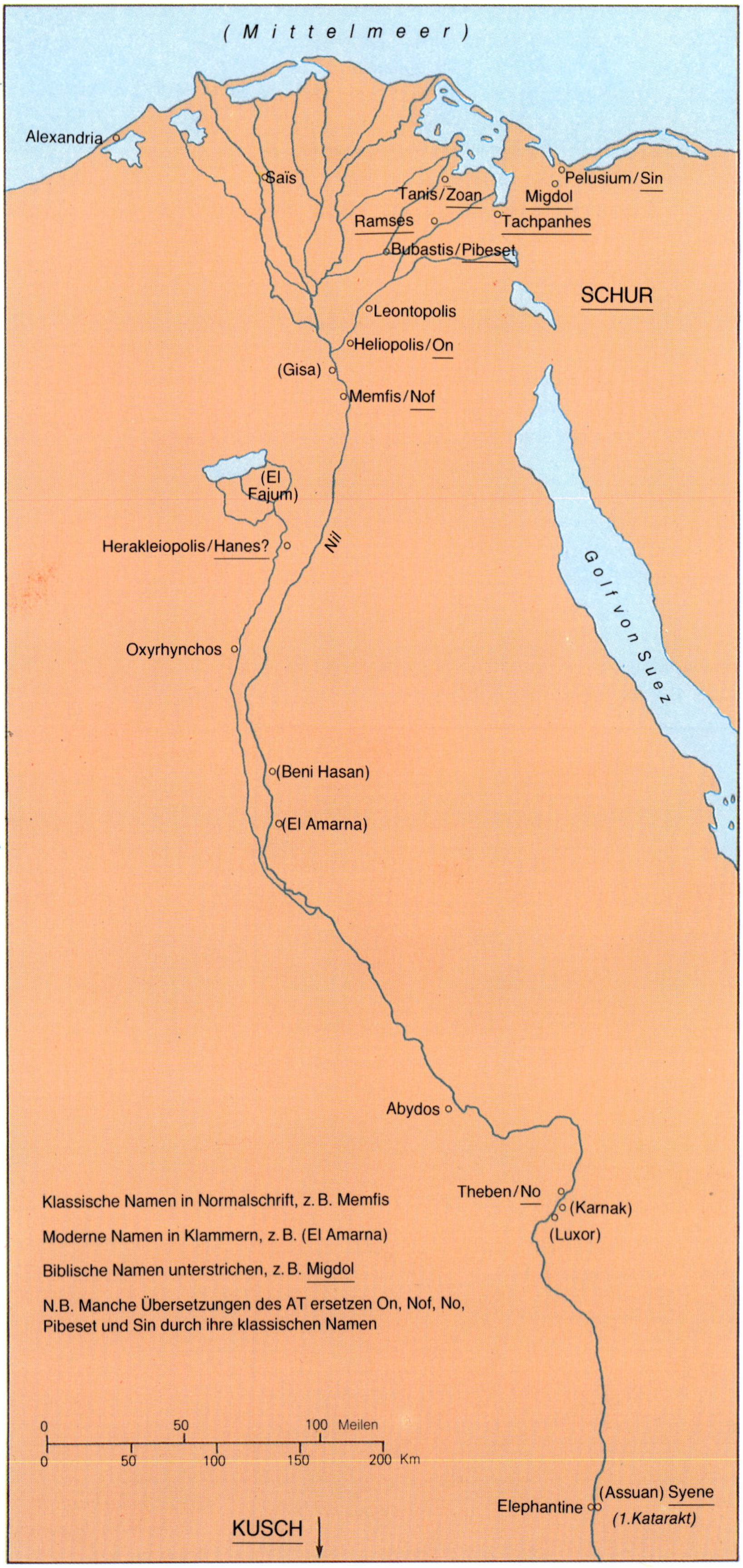

Im Nildelta entwickelte sich wie in Mesopotamien ca. 3000 v.Chr. eine hoch entwickelte Kultur. Als Abraham ca. 2000 v.Chr. nach Ägypten kam (1Mo 12, 10-20), stand die Cheopspyramide in Gize schon seit 600 Jahren.
Gegen Ende des Mittleren Reiches (ca. 2134-1786 v.Chr.) oder zu Beginn der zweiten Zwischenperiode (ca. 1786-1540 v.Chr.) dürfte sich Jakobs Familie im östl. Delta niedergelassen haben.
Ägyptens dritte große Epoche, das Neue Reich (ca. 1550-1070 v.Chr.), kennzeichnet der Aufbau eines Imperiums. Die Feldzüge Thutmosis' III. (ca. 1490-1436 v.Chr.) machten Ägypten zur beherrschenden Großmacht des Vorderen Orients, der die Fürsten Syriens und Palästinas tributpflichtig waren. Unter der Herrschaft des Religionsreformers Amenophis IV. Echnaton (ca. 1361-1345 v.Chr.) begann Ägyptens Einfluß schwächer zu werden. Echnaton verlegte den Regierungssitz von Theben nach El Amarna, wo die Amarnabriefe (Archiv der Korrespondenz mit den kanaanäischen Stadtstaaten) gefunden wurden. Während der 19. Dynastie (ca. 1300-1200 v.Chr.) wurde die Vorherrschaft Ägyptens über Syrien und Palästina durch Sethos I. (1304-1290) und Ramses II. (1290-1224) wiederhergestellt. Nach Ramses III. ging die Kontrolle über diese Gebiete jedoch endgültig verloren.
Salomo pflegte enge diplomatische und wirtschaftliche Beziehungen zu Ägypten (1Kön 7,8; 9,16; 10,28-29). Nach Salomos Tod führte Schischak/Schoschenk I. (945-924 v.Chr.) von Ägypten Krieg gegen Palästina, versuchte aber nicht, das frühere Imperium wiederherzustellen. 671 v.Chr. wurde Ägypten von Assyrien erobert. Der Prophet Nahum (3,8-10) weist auf die Plünderung Thebens (No-Amon) durch Assurbanipal im Jahre 663 v.Chr. hin. Die atl. Propheten sprechen mehrfach vom bevorstehenden Machtverlust Ägyptens. In diesem Zusammenhang werden u.a. die Städte Zoan (= Tanis, von ca. 1100-660 v.Chr. die eigentliche Hauptstadt), Memfis, Theben, On/Heliopolis, Bubastis, Pelusium und Tachpanhes genannt (Jes 19,11-13; 30,1-5; Jer 46; Hes 30-32).
Nach dem Fall Jerusalems im Jahr 587 v.Chr. siedelten sich Juden im Nildelta und »im Lande Patros«, d.h. in Oberägypten zwischen Memfis und Assuan an (Jer 44,1). Im 5. Jh. v.Chr. lebte eine große jüdische Gemeinde auf der Insel Elephantine nahe Assuan.

Ägypten »von Migdol bis nach Syene« (Hes 29,10), also vom Nil- Delta im N bis zur Grenze von Kusch im S – mit den im AT erwähnten Orten sowie einigen Ortsnamen aus außerbiblischen Quellen

Die ostjordanischen Königreiche

Die Reiche im Ostjordanland spielen eine bedeutende Rolle in der Geschichte Israels, allerdings meistens als seine Feinde.

Zu ersten Auseinandersetzungen kam es zur Zeit Moses. Der König von Edom, dessen Gebiet im W bis nach Kadesch reichte, im O vom »Königsweg« durchzogen wurde (4Mo 20,16-17), und sich vom Wadi Zered im N bis zum Golf von Aqaba im S erstreckte, verweigerte Israel auf seinem Weg nach Kanaan den Durchzug (4Mo 20,18-21). Balak, der König von Moab, dessen Reich bis zum Wadi Zered im S reichte, verhielt sich ebenso unfreundlich und beauftragte den Propheten Bileam, die Stämme Israels zu verfluchen (4Mo 22-24). Dazu forderten ihn auch die Fürsten der Midianiter auf, die sich zu jener Zeit im Gebiet von Moab aufhielten (4Mo 22,4ff.; 25,1-18; 31,1-12), später südl. von Edom. Balaks Vorgänger hatte das Gebiet nördl. des Arnon an Sihon, den König der Amoriter, verloren (4Mo 21,26), der in Heschbon regierte (4Mo 21,13.27-30). Sihon widersetzte sich ebenfalls dem Durchzug der Israeliten, wurde aber von ihnen besiegt (4Mo 21,23-25). Israel nahm das Land zwischen dem Arnon und dem Jabbok ein und grenzte im O an das Gebiet der Ammoniter. Auch Og, der König von Baschan, leistete Israel Widerstand, wurde aber ebenfalls geschlagen (4Mo 21,33-45).

Die Moabiter, Midianiter und Ammoniter begegnen auch in der Richterzeit als Feinde Israels (Ri 3,12-20; 6-8; 11,4-33). Zu Beginn der Regierungszeit Sauls belagerte Nahasch, der König der Ammoniter, Jabesch in Gilead, wurde aber von Saul geschlagen (1Sam 11,1-11), der auch noch erfolgreiche Feldzüge gegen Edom und Moab unternahm (1Sam 14,47). Später wurden Ammon, Moab und Edom von David völlig unterworfen (2Sam 8,2.12.14; 12,26-31). Edom blieb stets ein Feind Judas und wurde von den Propheten verdammt (z.B. Jer 49,7-22, Obd 1-14; vgl. Ps 137,7). Nach dem Fall Jerusalems 587 v.Chr. siedelten sich Edomiter südl. von Hebron an; und die Gegend wurde bekannt als Idumäa.

Zur Zeit Joschafats (868-847 v.Chr.) überfielen die Ammoniter zusammen mit den Moabitern und Edomitern Juda, doch blieb Juda wegen der unter den Angreifern ausbrechenden Streitigkeiten verschont (2Chr 20,1-30). Ein Jahrhundert lang erhielten Usija und Jotam Tribut von den Ammonitern (2Chr 26,8; 27,5). Die Ammoniter blieben aber erklärte Feinde Judas (vgl. 2Kön 24,2; Jer 40,11-14) und wurden seitens der Propheten scharf verurteilt (z.B. Jer 49,1-6; Zef 2,8-11).

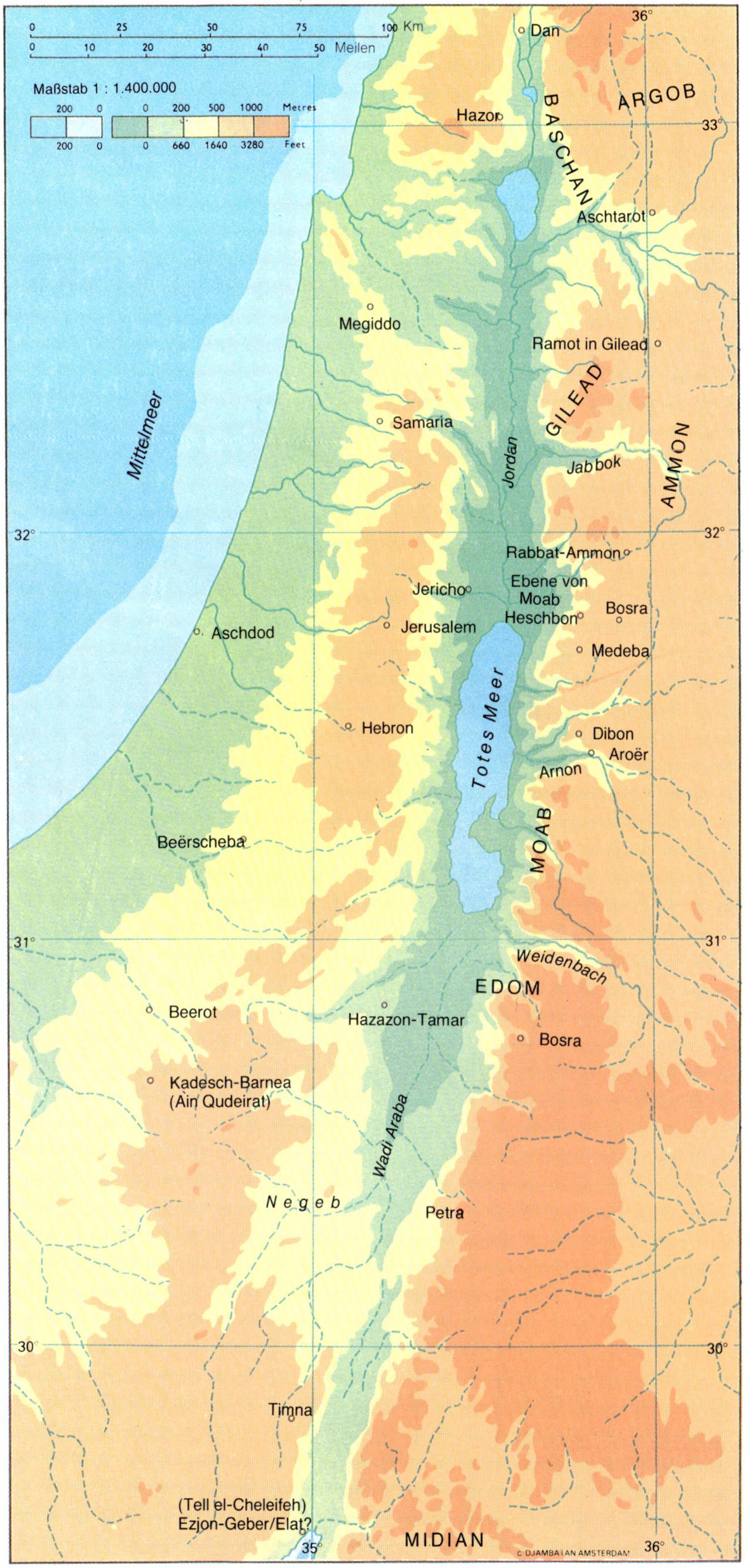

Königreiche und Völker im Ostjordanland während atl. Zeit

Philister und Phönizier

Philistäa und Phönizien. Nicht alle Ortslagen der philistäischen Pentapolis können mit Sicherheit bestimmt werden. Philistäische Keramik fand sich südl. von Joppe entlang der Küste, im Landesinnern in Grenzstädten wie Geser und Debir, aber auch im N bei Meggido und im O in Tell Der-'Alla.

Die Philister

Nach Am 9,7 kamen die Philister aus Kaftor (Kreta oder Zypern). Ein Versuch der »Seevölker«, zu denen die Philister rechneten, in Ägypten einzufallen, wurde von Ramses III. 1185 v.Chr. zurückgeschlagen, worauf die Philister sich in das südl. Kanaan zurückzogen, wo Keramikfunde auf ihre Anwesenheit hinweisen. In der Folgezeit besetzten die Philister einen großen Teil der Ebene südl. des Karmel.

Obwohl das AT schon relativ früh von Philistern im südl. Kanaan berichtet (1Mo 26), wurden sie jedoch erst nach der großen Einwanderungswelle im 12. Jh. v.Chr. zur ständigen Bedrohung für Israel (Ri 13-16; 1Sam 4ff). David unterwarf sie schließlich (2Sam 5,17-25). Nach der Reichsteilung kam es wieder häufig zu Gefechten an der Grenze Judas (2Chr 21,16f; 26,6f). Zur Zeit des Königs Ahas (741-725) drangen die Philister in die Schefela vor, die den judäischen Bergen im W vorgelagert ist. Sie eroberten mehrere Städte und ließen sich darin nieder (2Chr 28,18; vgl. Jes 9,11f). Ein letzter Hinweis auf die Philister begegnet in nachexilischer Zeit: Sacharja tritt als Prophet gegen die Philister auf (Sach 9,5-7).

Trotz ihres Ursprungs auf Kreta oder Zypern war die Kultur der Philister weitgehend mit der Kanaans identisch. Die drei Gottheiten der Philister, die in der Bibel erwähnt werden, nämlich Astarte (1Sam 31,10), Baal-Sebub, der Gott von Ekron (2Kön 1,1-6), und Dagon (Ri 16,23; 1Sam 5,1-5) wurden in der Antike im Vorderen Orient an vielen Orten verehrt.

Die Bezeichnung »Palästina« geht auf die Philister und ihr Gebiet zurück. Sie findet sich erstmals bei Herodot (ca. 450 v.Chr.), der damit Südsyrien bezeichnet.

Die Phönizier

Im 12. Jh. v.Chr. wurden die Kanaaniter von den Israeliten (Landnahme) und den Philistern, aber auch durch aramäischen Druck auf den Küstenstreifen nördl. des Karmel zurückgedrängt.

Als seefahrendes Volk hatten die Phönizier bereits im 9. Jh. v.Chr. Kolonien auf Sardinien, Zypern und Kara tepe (im N des Taurus) gegründet. Im 8. Jh. wurde neben Ansiedlungen in Tunesien und auf Sizilien die bedeutende Kolonie Karthago in Nordafrika gegründet. David und Salomo schlossen Handelsverträge mit König Hiram von Tyrus. Tyrus gilt als der wichtigste phönizische Hafen jener Zeit (2Sam 5,11; 1Kön 5,15-32; 9,27; 10,22). Ahabs Frau Isebel war eine Tochter Etbaals, des Nachfolgers Hirams. Durch diese Ehe kam phönizische Religion »offiziell« nach Israel (1Kön 16,32; 18). Die wichtigsten phönizischen Städte Tyrus und Sidon werden mehrmals von den atl. Propheten erwähnt (z.B. Jes 23; Jer 47,4; Hes 27-28; Joel 4,4; Sach 9,2-4).

Die Aramäer

Um 1100 v.Chr. entstand eine Reihe aramäischer Staaten im N und NO Palästinas. Saul (ca. 1012-1004 v.Chr.) und David (ca. 1004-965 v.Chr.) kämpften gegen die Könige Zobas, und David schlug dessen König Hadad-Eser zweimal (1Sam 14,47; 2Sam 8,3; 10,6-19). Hadad-Eser war ein einflußreicher Herrscher, der für seine Unternehmungen die Unterstützung anderer aramäischer Staaten fordern konnte (vgl. 2Sam 10). David besiegte auch die Aramäer von Damaskus, die zu Hadad-Esers Unterstützung gekommen waren, und annektierte das »Aramäerreich von Damaskus« (2Sam 8,5f). König Toï von Hamat, ein früherer Gegner Hadad-Esers, wurde Davids Verbündeter (oder gar Vasall?; vgl. 2Sam 8,9f).

Salomo konnte eine Revolte im Gebiet von Zoba (Hamat-Zoba; 2Chr 8,3f) niederschlagen; bei einem weiteren Aufstand blieb sein militärisches Eingreifen ohne Erfolg.

Reson, früher im Dienst Hadad-Esers von Zoba, wurde König von Damaskus. Er setzte Salomo während dessen letzten Regierungsjahren schwer zu (1Kön 11,23-25). Unter Resons Nachfolgern Hesjon, Tabrimmon und Ben- Hadad (vgl. 1Kön 15,18) entwickelte sich Damaskus zu einem mächtigen Staat, der eine ernsthafte Bedrohung für Israel wurde.

Es ist nicht sicher, ob Ben-Hadad, der gegen Ahab kämpfte (1Kön 20,1-34; 2Kön 6,24-7,20) und später einem Attentat zum Opfer fiel (2Kön 8,7-15), identisch ist mit Ben-Hadad I., der lange an der Macht war, oder ob es einen zweiten König dieses Namens gab. Sein Mörder Hasaël, der nach ihm den Thron bestieg, griff Israel noch energischer an, entriß Jehu das Ostjordanland (2Kön 10,32f) und brachte das Königreich unter Joahas in eine verzweifelte Situation (2Kön 13,1-7). Das verlorene Gebiet konnte unter Joasch zurückgewonnen werden, und unter Jerobeam II. wurde sogar Damaskus unterworfen (2Kön 13,25; 14,25.28).

Damaskus tritt dann als Verbündeter Israels in Erscheinung. Im Jahre 734 v.Chr. wurde Juda von Rezin von Damaskus und Pekach von Israel bedroht. König Ahas bat um assyrische Hilfe, woraufhin Tiglat-Pileser III. 732 v.Chr. Damaskus zerstörte (2Kön 16,5-9). Noch weitere nordaramäische Staaten unterlagen der assyrischen Armee (vgl. 2Kön 18,34; 19,12f).

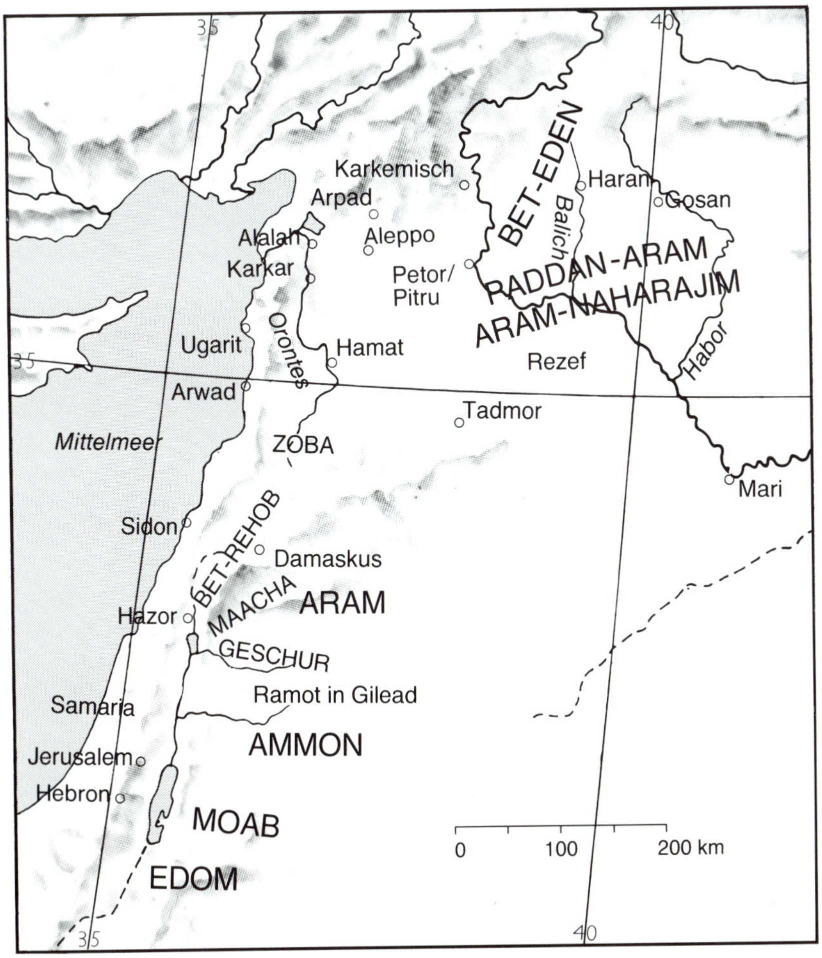

Aramäische Staaten z.Zt. der Königreiche Israel und Juda

Das Assyrische Reich

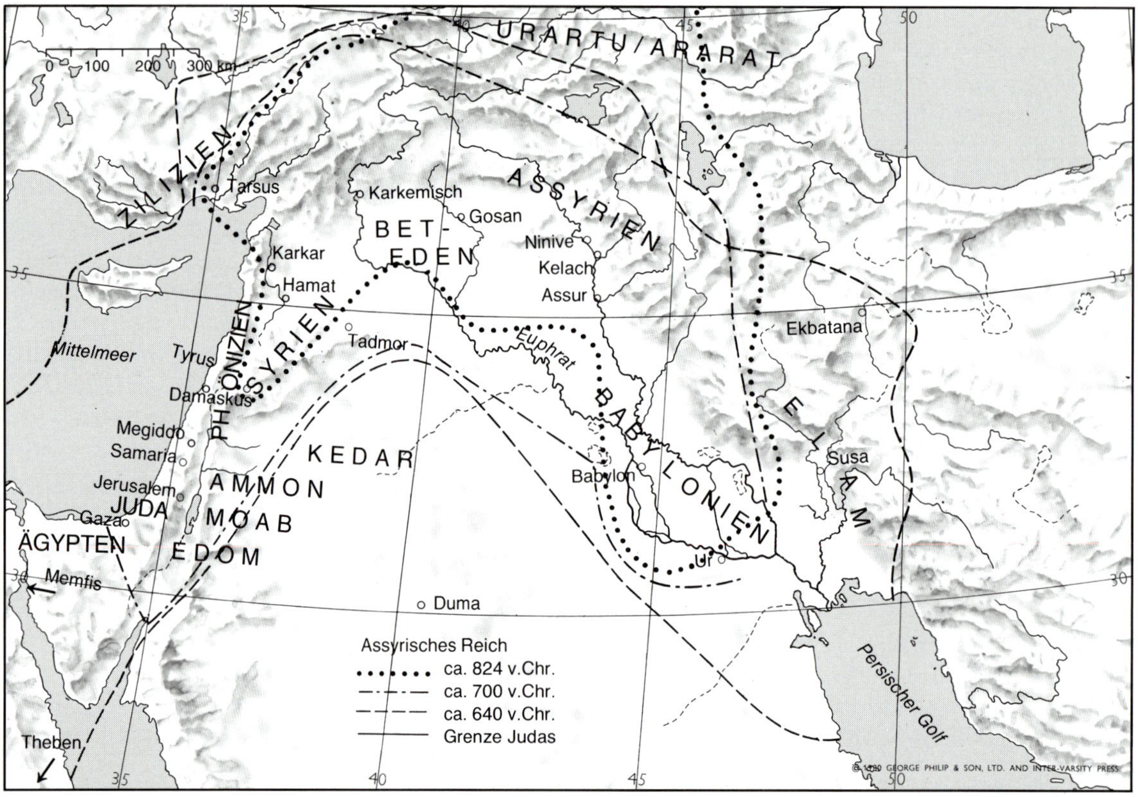

Die Grenzen des Assyrischen Reiches in einer Phase der Expansion (ca. 880-640 v.Chr.)

Dem Expansionsdrang Assyriens (ca. 1300-1100 v.Chr.) standen aramäische Stämme im W entgegen (ca. 1100-900 v.Chr.) Unter Tukulti-Ninurta II. (890-884 v.Chr.) und seinem Sohn Assurnasirpal II. (884-858 v.Chr.) kam es wiederholt zu Militäraktionen. Assurnasirpal unterwarf das Gebiet des mittleren Euphrat und die Stämme des östl. Berglandes. Bald erreichte er im W. den Libanon und Philistäa. Assurnasirpals Sohn Salmanassar III. (858-824 v.Chr.) dehnte das assyrische Reich weiter aus. Nachdem er 857 v.Chr. Karkemisch erobert hatte, sah er sich 853 v.Chr. bei Karkar zehn westl. Königen gegenüber. Salmanassar berichtet von 2000 Streitwagen und 10.000 Mann, die von »Ahab, dem Israeliten« unterstützt wurden. Die Schlacht wurde offensichtlich nicht entschieden, 841 v.Chr. zerbrach die Koalition gegen Salmanassar. Im selben Jahr noch erhielt er von den Königen von Tyrus und Sidon, aber auch von Jehu von Israel Tribut. Gegen Ende der Regierung Salmanassars wurde das Reich durch Aufstände geschwächt, nach seinem Tod im Jahre 824 v.Chr. waren alle eroberten Gebiete im W wieder verloren.
Der assyrische Imperialismus erlebte unter Tiglat-Pileser III. (745-727 v.Chr.) eine Renaissance. Er festigte die assyrische Kontrolle über Babylon und unterwarf Gebiete im N und W. 734 v.Chr. marschierte er entlang der phönizischen und philistäischen Küste bis nach Gaza, um Ahas gegen Israel und Damaskus zu Hilfe zu kommen (2Kön 16,5-7). Im Jahre 732 v.Chr. zerstörte Tiglat-Pileser Damaskus und machte die nördl. Gebiete Israels zu einer assyrischen Provinz (2Kön 15,29). Samaria wurde sein Vasall, Juda wurde tributpflichtig (2Kön 16,8-18).
Als der israelitische König Hosea Tribut zurückhielt und Bündnisverhandlungen mit Ägypten aufnahm, begann Salmanassar V. (726-722 v.Chr.), ein Sohn Tiglat-Pilesers, mit der Belagerung Samarias (2Kön 17,1-5). Nach drei Jahren fiel die Stadt (722 v.Chr.), Israel wurde assyrische Provinz (2Kön 17,6.24).
Asarhaddon brachte 672 v.Chr. Unteräypten unter assyrische Herrschaft. 669 v.Chr. kam es zu einer Erhebung, aber Assurbanipal (669-629/27 v.Chr.) konnte die Region zurückerobern. Unter ihm kam das assyrische Reich zu seiner größten Ausdehnung. Nach ihm begann ein relativ schneller Verfall. In Juda drückte sich die neue Freiheit in den Reformen Josias aus. Nach dem Fall Ninives 612 v.Chr., der von Nahum und Zefania prophezeit worden war, versuchte Assuruballit II. von Haran aus zu regieren, wurde aber 609 v.Chr. von den Babyloniern geschlagen.

Das Babylonische Reich

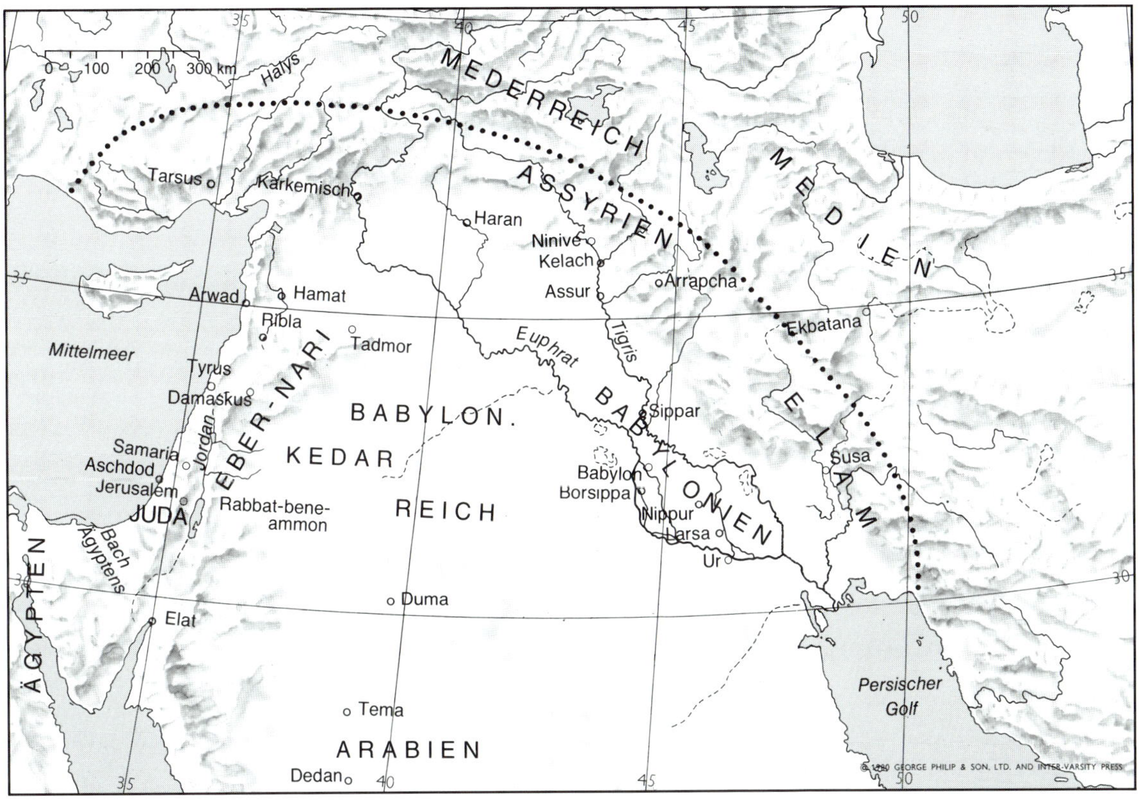

Das Territorium des Babylonischen Reiches

Aus den Machtkämpfen, die dem Untergang der dritten Dynastie von Ur folgten (ca. 2006 v.Chr.), ging schließlich Babylon als Sitz einer amoritischen Dynastie hervor (erste babylonische Dynastie, 1894-1595 v.Chr.). Der sechste König dieser Linie, Hammurabi (1792-1750 v.Chr.), wurde für seine Sammlung von 282 Gesetzen bekannt.

Dem Untergang dieser Dynastie folgte eine Periode der Kassitenherrschaft (1595-1174 v.Chr.). Während der folgenden Jahrhunderte blieb Babylon abgesehen von kurzen Perioden assyrischer Herrschaft, unabhängig. 745 v.Chr. festigte Tiglat- Pileser III. die Herrschaft über Babylon, indem er sich zum »König von Sumer und Akkad« proklamieren ließ und den babylonischen Thron bestieg. Danach wurde Babylon bis 626 v.Chr. von Assyrien beherrscht, befand sich aber vorübergehend in der Hand von Rebellenkönigen wie Marduk-apla-iddina II. (Merodach-Baladan: 2Kön 20,12-19).

Nach dem Tod des assyrischen Königs Assurbanipal (669-629/27 v.Chr.), unterstützten die lokalen babylonischen Stämme den Chaldäer Nabopolassar gegen den Assyrer Sin-Schawa-Ischkun, so daß Nabopolassar 626 v.Chr. König von Babylon wurde und die neubabylonische oder chaldäische Dynastie begründete (626-539 v.Chr.). Chaldäa war der spätere Name für Sumer, als chaldäische Könige Babylon regierten. Während der neubabylonischen Dynastie wurde »Chaldäa« als Synonym für »Babylon« gebraucht (z.B. Jes 13,19; 47,1.5; 48,14.20; Hes 23,23).

Nachdem Ninive 612 v.Chr. an die Babylonier und Meder gefallen war, hörte das assyrische Reich endgültig auf zu bestehen. 605 v.Chr. schlug Nabopolassars Kronprinz, Nebukadnezar, die Ägypter bei Karkemisch, so daß und ein neues babylonisches Reich entstand (2Kön 24,7; Jer 46,2). Jerusalems König Jojakim, ein Vasall des ägyptischen Pharaos Necho II., unterwarf sich (2Kön 24,1); Dan 1,1-7).

Die Nachricht vom Tod Nabupolassars erreichte Nebukadnezar 605 v.Chr. in Palästina. Er kehrte nach Babylon zurück und bestieg dort am 6. September den Thron. Bereits 604 v.Chr. erhielt Nebukadnezar von allen Königen des syrisch-palästinischen Raumes Tribut.

601 v.Chr. kam es erneut zum Krieg zwischen Babylon und Ägypten, wobei die babylonische Seite erhebliche Verluste erlitt. Dies könnte Jojakim veranlaßt haben, sich zu erheben (2Kön 24,1). Um den Aufstand niederzuschlagen, marschierte die wiederaufgerüstete babylonische Armee im Dezember 598 v.Chr. in Palästina ein. Die babylonischen Chroniken berichten, daß Nebukadnezar Jerusalem belagerte und am zweiten Tag des Monats Adar (16.03.597 v.Chr.) eroberte. Er nahm den König gefangen, setzte einen neuen Herrscher ein und sandte reiche Beute nach Babylon. Das AT berichtet, wie Jojachin, der erst achtzehnjährige Nachfolger Jojakims nach nur

Das Babylonische Reich

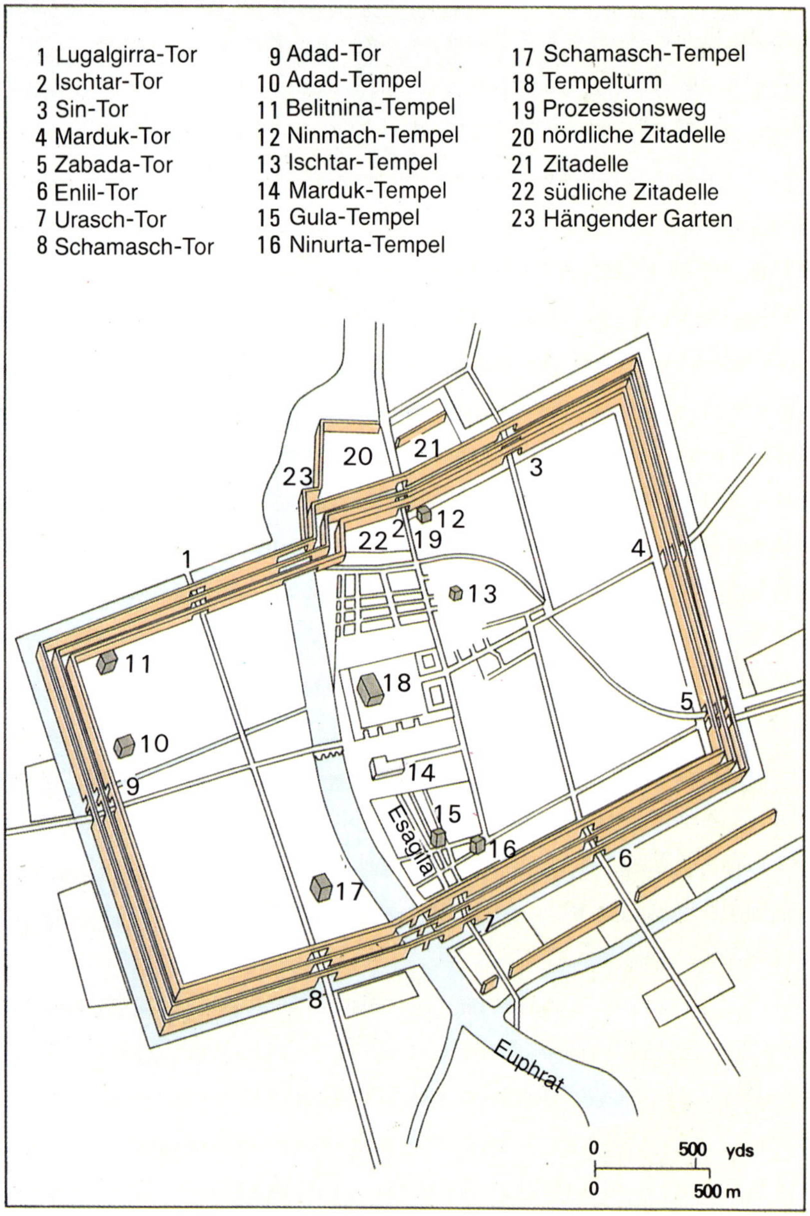

Babylon zur Zeit Nebukadnezars (605-562 v.Chr.)

dreimonatiger Herrschaft zusammen mit weiteren Angehörigen des königlichen Hofes, Kriegern und Handwerkern exiliert wurde (2Kön 24,8-16). Der neue Vasallenkönig, den Nebukadnezar einsetzte, war Mattanja, ein Onkel Jojachins, der bei seiner Thronbesteigung den Namen Zedekia annahm (2Kön 24,17).
Neun Jahre später erhob auch Zedekia sich gegen Nebukadnezar, obwohl Jeremia davor gewarnt hatte (Jer 27,1-15). Die Folge war eine zweijährige Belagerung Jerusalems durch babylonische Truppen, die nur durch eine kurze ägyptische Intervention unterbrochen wurde (Jer 37,5-10). 587 v.Chr. eroberte Nebukadnezar Jerusalem. Zedekia wurde zunächst nach Ribla gebracht, wo man ihn blendete und anschließend ins Exil nach Babylon schaffte. Jerusalem wurde total zerstört, ein Großteil der Bevölkerung mußte ins Exil nach Babylon. Juda wurde abhänige Provinz unter Gedalja (2Kön 25,1-22). 581/82 v.Chr. kam es noch einmal zu einer Deportation nach Babylon (Jer 52,30).

Nebukadnezar

Wahrscheinlich wurden viele der von Juda nach Babylon deportierten Handwerker von Nebukadnezar zur Restauration und Neuausstattung der Stadt eingesetzt. Diese Arbeiten hatten bereits unter Nabopolassar begonnen; Nebukadnezar führte sie gemeinsam mit seiner Gemahlin Amytis fort. Ausgrabungen und Notizen auf Tausenden kleiner Schrifttafeln haben eine ziemlich detaillierte Rekonstruktion des Wiederaufbaus der Stadt durch Nebukadnezar ermöglicht. Unter ihm wurden die Tempel des Marduk und des Nabu (Nebo) wiederaufgebaut; die Stadt umgab man mit einem mehrfachen Verteidigungsring, die Krone des äußeren Walls konnten Streitwagen befahren. In die Stadt führten acht Tore. Das berühmte Ischtar-Tor im N war Ausgangspunkt einer Prozessionsstraße von 920m Länge. Die Straße säumten Wände, auf denen aus glasierten Ziegeln verschiedene Szenen dargestellt waren. Der Weg führte zum Tempel Marduks, zur Esagila und zu einem Ziggurat (Stufenturm mit Heiligtum). Von hier führte eine Straße über den Euphrat und verband die Altstadt mit der neuen Stadt auf dem Westufer. Nebukadnezar ließ in der Stadt auch neue Kanäle anlegen. Die großartige Anlage der Stadt dürfte der Grund für Nebukadnezars Stolz und Hochmut gewesen sein (vgl. Dan 4,25- 30).
Über die letzten drei Jahrzehnte der Herrschaft Nebukadnezars ist nur wenig bekannt. Es gibt auch keine weiteren Belege für die Wahnzustände, die Nebukadnezar von Zeit zu Zeit heimgesucht haben sollen (vgl. Dan 4,23-33). Nachfolger Nebukadnezars wurde sein Sohn Awil-Marduk (561-560 v.Chr.). 2Kön 25,27-30 (»Ewil-Merodach«) erwähnt die freundliche Behandlung, die er dem exilierten König Jojachin angedeihen ließ.
Awil-Marduk fiel einer von Nebukadnezars Schwiegersohn Neriglissar angezettelten Verschwörung zum Opfer. Neriglissar regierte von 560-556 v.Chr. Ihm folgte sein Sohn Labschi-Marduk auf den Thron, der nur neun Monate regierte, bis Nabonid die Macht ergriff. Nabonid wurde jedoch für zehn Jahre nach Taima in Nordarabien verbannt. Kurz nach seiner Rückkehr fiel Babylon in die Hände des persischen Königs Kyrus (Jes 44,24-28; 45,13). Nabonids Sohn Belsazar, der während des Exils seines Vater regierte, wurde getötet, Nabonid mußte erneut ins Exil nach Karmenia.

Das Ischtar-Tor in Babylon (7.-6. Jh. v.Chr.)

Die Ruinen der südl. Zitadelle von Babylon

Das Persische Reich

Das persische Reich erstreckt sich zu Beginn des 5. Jh.s v.Chr. »vom Indus bis zum Nil« (Est 1,1)

Kyrus II., der Große, von Persien kam 559 v.Chr. auf den Thron. Er begründete das persische Großreich im Jahre 550 v.Chr., als er seinen früheren Oberherrn Astyages von Medien gefangen setzte. 547 v.Chr. marschierte er durch Assyrien, das zu jener Zeit Teil des babylonischen Reiches war, schlug Krösus von Lydien und besetzte dessen Hauptstadt Sardes. 540 v.Chr. bedrohte er Babylonien, 539 v.Chr. zog er kampflos in Babylon ein, von der Bevölkerung als der begrüßt, der den Mardukkult wiederherstellen sollte.

Es gibt keinen Beleg für Schlachten, die Kyrus in Palästina geschlagen hätte. Wahrscheinlich fielen Syrien und Palästina mit der Eroberung Babylons automatisch an ihn. Sein Reich erstreckte sich nunmehr vom iranischen Bergland im O bis zur ägyptischen Grenze im W. Es wurde in Satrapien aufgeteilt, Palästina gehörte zur fünften Satrapie »Jenseits des Flusses« (Euphrat).

Schon in seinem ersten Regierungsjahr ordnete Kyrus an, alle, die exiliert worden waren, in ihre Heimat zurückzuführen. Aus Inschriften geht hervor, daß Kyrus dafür Sorge trug, daß Götterbilder, die Nebukadnezar erbeutet hatte, wieder an ihre ursprünglichen Standorte zurückgebracht wurden. In diesem Zusammenhang sind wohl auch die Rückkehr der Juden und der Wiederaufbau des Tempels in Jerusalem zu sehen (Esr 1,1-4).

Zwei Edikte, die die Juden direkt betrafen, sind im AT überliefert. Eines zitiert Esr 6,3-5: Kyrus gibt finanzielle Garantien für den Wiederaufbau des Tempels. Die königliche Großzügigkeit hatte allerdings auch ihre Grenzen: Die Größe des Tempels und die zu verwendenden Materialien waren genau festgelegt. Die Anerkennung Jahwes durch Kyrus, die darin zum Ausdruck gebracht wird, bewegt sich im Rahmen seiner Religionspolitik. So verehrte er z.B. in Babylon Marduk und nicht seine eigenen Götter. Kambyses II. (529-522 v.Chr.), Sohn und Nachfolger des Kyrus, eroberte 525 v.Chr. Ägypten, wo es jedoch wiederholt zu Aufständen kam, so daß er es mehrmals zurückerobern mußte. Sein Nachfolger, Darius I. (521-486 v.Chr.) erreichte sogar Indien. Xerxes' Invasion in Griechenland (481-479 v.Chr.) endete mit einem Desaster und leitete den Untergang des persischen Großreiches ein. Im Jahre 334 v.Chr. fiel Alexander von Mazedonien in das persische Großreich ein, zog mit seinen Truppen in umgekehrter Richtung den Weg, den Xerxes einst genommen hatte, und hatte bis 331 v.Chr. alle größeren Städte erobert.

Das kulturelle Erbe Griechenlands

In ihren kleinen, unabhängigen Stadtstaaten entwickelten die Griechen eine Kultur ausgereifter Formen, Theorien und Praktiken auf den Gebieten der Literatur (Geschichte, Rhetorik, Drama), des Denkens (Philosophie, Naturwissenschaften) und der Kunst. Auf all den Gebieten ist auch nach den Eroberungszügen Alexanders des Großen eine Weiterentwicklung zu beobachten. Politisch und kulturell gesehen wurden diese geistigen Errungenschaften zum prestigeträchtigen Exportgut, Griechenland war das Ursprungsland einer kulturellen Minderheit von Dichtern, Wissenschaftlern oder Gelehrten, die vor allem Ptolemäus II. Philadelphos in Alexandria um sich sammelte, wo ihnen die größte Bibliothek der griechischen Welt zur Verfügung stand. In den ersten zwanzig Jahren der Bibliothek wurden allein 20.000 Bände katalogisiert. An der Ausbildung entschied sich, ob man Grieche war. Griechentum war somit nicht in erster Linie eine ethnische Frage.

Zentren griechischer Kultur waren Kyrene und Tarsus, aus denen seit dem 2. Jh. v.Chr. zahlreiche Namen von Gelehrten und Philosophen überliefert sind, deren Werke aber zum Großteil verloren sind. Weiter zählen zu den kulturellen Brennpunkten Rhodos (300-50 v.Chr.), Kos und Samos (3. Jh. v.Chr.) sowie Syrakus auf Sizilien, wo Archimedes lebte. Athen blieb die erste Universitätsadresse der griechischen Welt, wo die philosophischen Schulen Platos (Akademie), Aristoteles' (Lyceum), Zenos (Stoa) und Epikurs (Garten) dominierten. Alexandria hingegen, das sich unter Ptolemäus II. Philadelphos (285-246 v.Chr.) zum Kulturzentrum entwickelt hatte, war die Hochburg der Gelehrsamkeit und Dichtkunst. Hier erlaubten Zuwendungen aus der königlichen Schatulle Gelehrten und Dichtern, z.B. die Frage zu diskutieren, ob man fortfahren solle, die homerischen Dichtungen in ihrer Länge zu imitieren, oder ob nicht gerade die kürzere Form Ausdruck wahrer Dichtkunst und hoher Intelligenz sei.

Die Hirtendichtungen und Possen eines Theokrit beeindrucken ebenso wie die Epen des Appolonius von Rhodos. Die Gelehrten in Alexandria waren bemüht, die Texte Homers und die antiken Tragödien zu »rekonstruieren«. Im Bemühen um präzise Wiedergabe der Texte führte man Akzente und Punktation ein. Die wissenschaftliche Arbeit nahm geradezu »industrielle« Formen an: Aristarchus von Samothrake (217-145 v.Chr.) schrieb Kommentare zu mehr als 800 Werken der griechischen Literatur. Auf dem Gebiet der Naturwissenschaften machten sich Euklid, Aristarchos von Samos, Eratosthenes von Kyrene, aber auch Archimedes einen Namen. Medizinische Theorien über die »Körpersäfte« und neue Operationstechniken wurden von den alexandrinischen Schulen entwickelt.

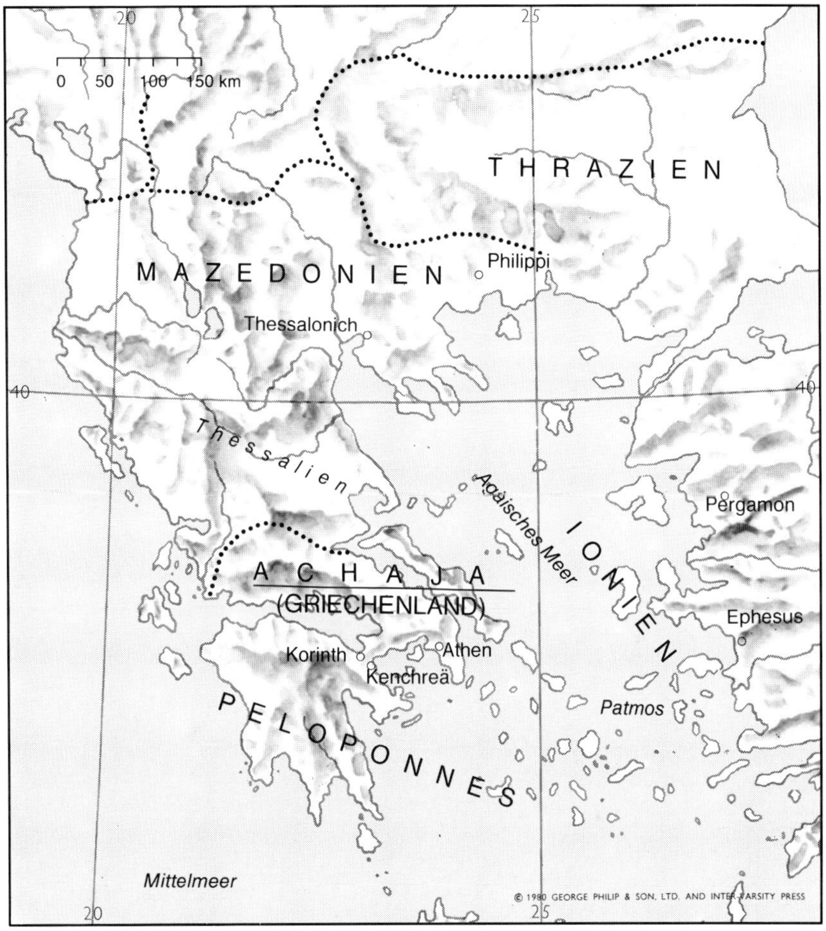

Griechenland (das antike Achaja) und die angrenzenden Provinzen Mazedonien und Thrazien

Diese Bildungstradition ging später auf Rom über, das zu einem neuen Zentrum griechischer Bildung wurde. Als Reaktion auf die griechischen Vorbilder entstand eine neue römische Literatur und Philosophie. Es begann damit, daß griechische Sklaven griechische Literatur ins Lateinische übersetzten. Später folgten Besuche griechischer Philosophen und Rhetoriklehrer. Die Ideen und Formen der alexandrinischen Dichtkunst und ihrer klassischen Vorbilder beeinflussten Catull, Horaz und Vergil. Menanders Komödien übersetzten Terenz und Plautus ins Lateinische.

Daß der Hellenismus auch in die jüdische Diaspora eindrang, geht aus den Werken Philos von Alexandrien hervor, vor allem aber auch aus der Tatsache, daß die hebräische Bibel ins Griechische übersetzt werden mußte. Ihr Text ist bis heute unter dem Namen »Septuaginta« überliefert.

Im östl. Teil des Reiches blieb Griechisch Geschäfts- und Amtssprache, im W war es Latein.

Das kulturelle Erbe Griechenlands

Athen: Der Blick auf die Akropolis zeigt die beherrschende Lage des Parthenon, der in der Zeit von 447-438 v. Chr. erbaut wurde

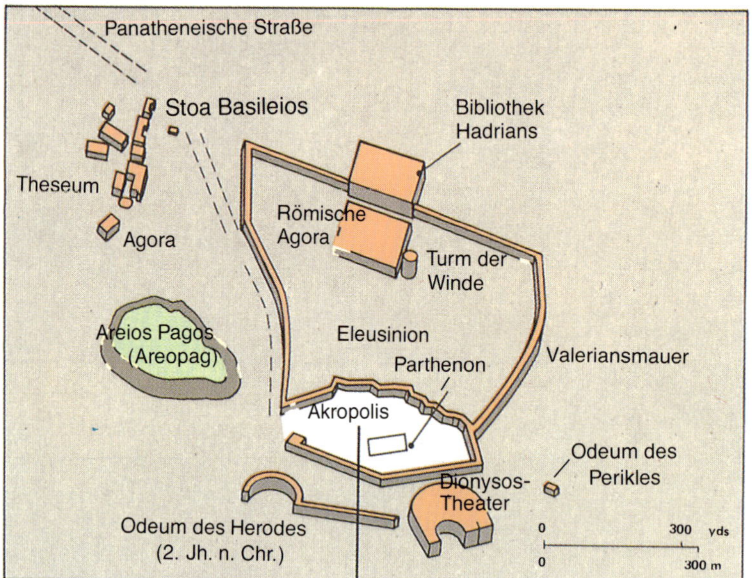

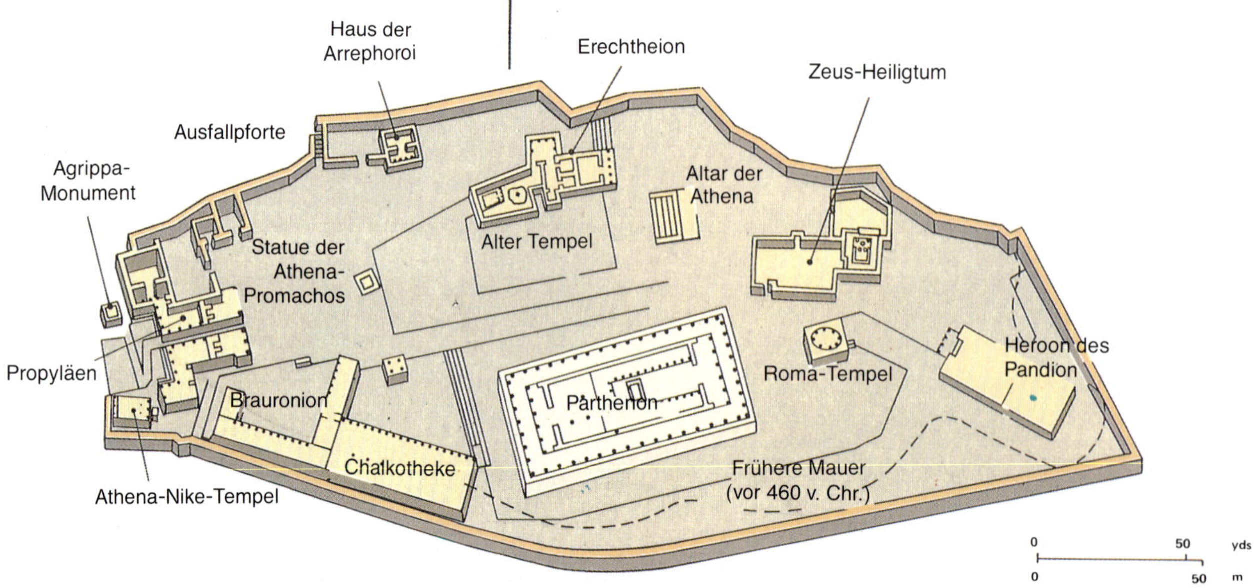

Die Ruinen von Korinth. Die Akropolis (»Akrokorinthos«) stand beherrschend über der Ebene liegende Stadt. Die Hauptstraße führte vom Hafen Lechäon zur Stadtmitte.

Das Stadtzentrum von Korinth – die Stadt war 44 v.Chr. als römische Kolonie erneut gegründet worden. Der Plan zeigt auch die Reste der griechischen Stadt von ca. 540 v.Chr.

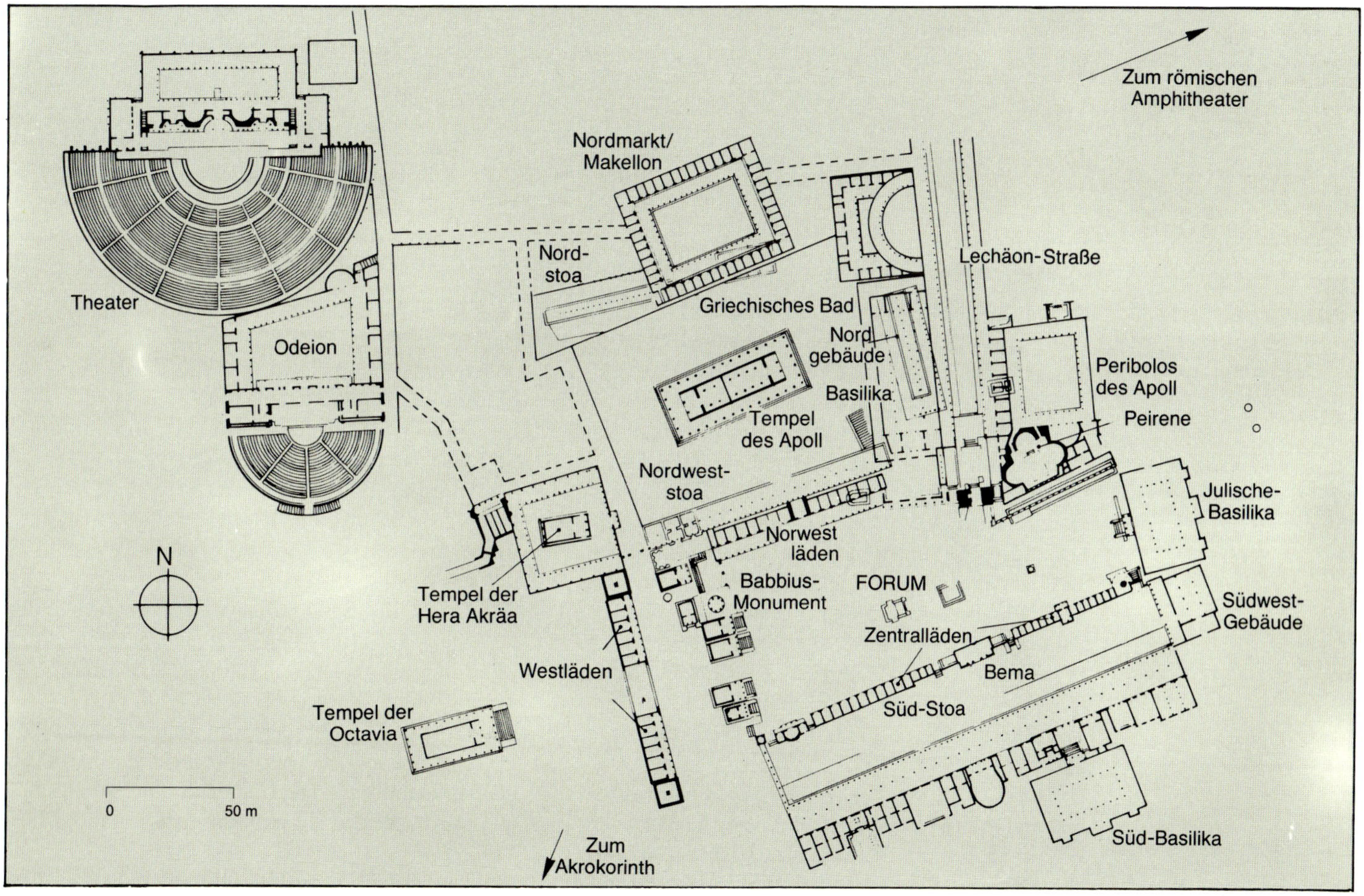

Die hellenistischen Königreiche

Die hellenistischen Königreiche während der Makkabäerzeit (nach 188 v. Chr.)

Kurz nach seiner Eroberung des persischen Großreiches starb Alexander der Große im Jahre 323 v.Chr. Seine Generäle teilten das Reich unter sich auf und gründeten an strategisch wichtigen Punkten, z.B. entlang der Handelswege, vor allem aber in den alten Städten Kolonien, so daß die einheimische Bevölkerung langsam hellenisiert wurde. Ptolemäus I. Soter nannte sich ab 305/04 v. Chr. König von Ägypten, Seleukus I. Nikator sicherte sich 312 v.Chr. Babylon, und die Antigoniden nahmen Mazedonien. Im Jahre 301 v.Chr. besetzte Seleukus I. Soter Syrien. In den Zeno-Papyri (259-258 v.Chr.) wird die ptolemäische Provinz »Syrien und Phönizien« genannt. Unsere Karte gibt die Verhältnisse nach 188 v.Chr. wieder, als Antiochus III. (223-187 v.Chr.) den Ptolemäern Südsyrien entrissen hatte.

Das Seleukidenreich umfaßte ein riesiges Territorium, mußte sich aber im O und im W verschiedener Angriffe erwehren. Das Ptolemäerreich war kleiner, aber weitaus stabiler und wirtschaftlich leistungsfähig. Obgleich Antiochus IV. (175-164 v.Chr.) noch Herr über Medien und Persis (südwestl. von Persepolis) war, standen die Parther kurz davor, diese Gebiete zu überrennen und bis zum Euphrat vorzurükken. Im W wurde Antiochus III. nach der Schlacht bei Magnesia und durch den Vertrag von Apamea 188 v.Chr. zum Rückzug aus Kleinasien gezwungen. Das für die Seleukiden verlorene Gebiet gaben die Römer kleineren verbündeten Staaten: Pergamon und Rhodos.

64 v.Chr. wurde Syrien römische Provinz, womit der Untergang der Seleukiden besiegelt war. 30 v.Chr. widerfuhr den Ptolemäern das gleiche Schicksal, als Rom Ägypten annektierte.

Die Karte des Partherreiches im Jahre 51 v.Chr. (S. 99) zeigt die antiken Handelswege, an denen seleukidische Städte lagen. Die Namen der ptolemäischen und seleukidischen Herrscher finden sich auf S. 116/117.

Das Partherreich

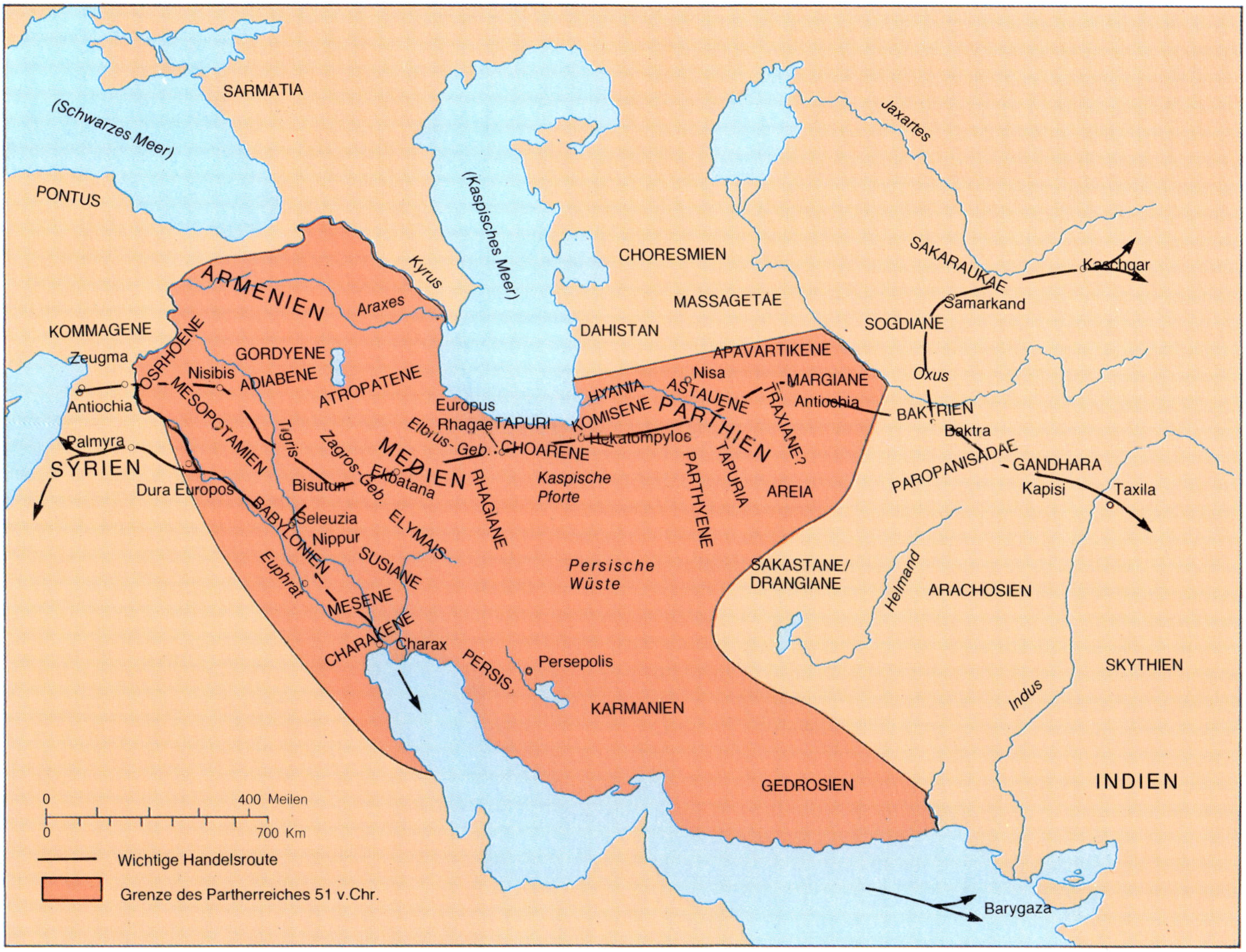

Das Partherreich

Die Parther, die erstmals im späten 3. Jh. v.Chr. als Aparni oder Parni erwähnt werden, wurden stark genug, um den seleukidischen Gouverneur der von den Persern als Parthava bezeichneten Provinz niederzuringen. Nach dieser Provinz wurden die Parther benannt, als sie nach W gegen die Seleukiden und dann gegen die Römer vorstießen.

Um 150-140 v.Chr. gründete Mithradates I. (171-137 v.Chr.) das Reich auf Kosten der Seleukiden. Er trennte Medien und Persis, aber auch Babylonien mit Elam im S sowie Mesopotamien im N vom Seleukidenreich ab, so daß kaum mehr als Syrien in der Hand Tryphons (142-138 v.Chr.) verblieb.

Mithradates II. (123-87 v.Chr.) drang noch weiter nach W vor und erreichte 113 v.Chr. Dura-Europos. Er behauptete, die Parther stammten von dem Achämeniden Artaxerxes Mnemon ab, und ließ daher den alten persischen Titel »König der Könige« auf seine Münzen prägen. Um 94 v.Chr. dehnte er die Nordwestgrenze des Partherreiches aus, indem er die kleinen, in Nordmesopotamien gelegenen Fürstentümer Adiabene, Gordyene und Osrhoene seinem Reich einverleibte. Mithradates' Versuch, Armenien anzugreifen, vereitelte Pompejus.

54 v.Chr. griff der Römer Crassus die Parther in der Wüste Nordmesopotamiens an. Bei Harran (Carrhae) erlitten die römischen Truppen eine vernichtende Niederlage. 51 v.Chr. marschierten die Parther in die römische Provinz Syrien ein und drangen bis nach Antiochien vor, wurden dann aber von Cassius Longinus zurückgedrängt. 41 oder 40 v.Chr. konnte der Partherprinz Pacorus, Sohn Orodes' II. (57-37 v.Chr.), mit Hilfe des abtrünnigen Römers Labienus Syrien, Phönizien (mit Ausnahme von Tyrus) und Palästina erobern, wurde aber von Ventidius im Jahre 38 v.Chr. geschlagen und getötet. Pacorus hatte auch den letzten Hasmonäerfürsten, Antigonus Mattatias, gegen Herodes unterstützt, der nach Masada floh. Die römischen Legionen erwiesen sich letztlich als den Parthern überlegen und halfen Herodes auf den Thron.

Das Römische Reich

Im Anschluß an die Unternehmungen des Pompejus im O des Reiches (u.a. Vorgehen gegen Mithradates, Einnahme Jerusalems 63 v.Chr.) kam es in den letzten Tagen der römischen Republik zu grausamen Machtkämpfen, so daß Octavian, nachdem er eine stabile Regierung gebildet hatte, als Retter des römischen Reiches gepriesen wurde.

Augustus setzte durch, daß die Truppen an den Grenzen in Kleinasien, Syrien, Ägypten sowie am Rhein und an der Donau dem Kaiser und nicht dem Senat unterstellt waren. Er schuf ein stehendes Heer aus 28 Legionen; die Legion bestand im Idealfall aus 6000 Mann Infanterie, ca. 300 Reitern und leichtbewaffneten Hilfstruppen. An Rhein und Donau standen bis zu 13 Legionen, in Syrien waren vier Legionen gegen die Parther stationiert. Im O des Reiches hatten »Pufferstaaten« für Frieden und Ordnung zu sorgen. Dabei handelte es sich um abhängige Staaten, die von Rom ergebenen Königen, Ethnarchen und Tetrarchen regiert wurden, die nicht in jedem Fall aus den Völkern stammten, über die sie eingesetzt waren.

Herodes von Judäa befand sich zwischen beiden Extremen: zwar war er kein Jude, stammte auch nicht aus einem hohepriesterlichen Geschlecht, kam aber, halb Idumäer, halb Araber (Sohn Antipaters und der Kypros), aus der Gegend, die von Johannes I. Hyrkan (135-104 v.Chr.) gewaltsam judaisiert worden war. Den Römern galten die Juden aufgrund ihrer Religion für das am schwierigsten zu regierende Volk. Herodes agierte mit diplomatischem Geschick, gerade auch im Blick auf die religiöse Rechtsprechung, und schuf Voraussetzungen für wirtschaftliches Wohlergehen. Die Gebiete Batanäa, Trachonitis, Paneas, Ulata und Gaulanitis wurden ihm zugeschlagen (vgl. Lk 3,1).

Augustus regelte die Thronfolge für seine Familie, was dem Imperium künftig Stabilität verleihen sollte. Nur einige Male wechselten die Familien der »Julier« und »Claudier« (Tiberius, Caligula, Claudius und Nero) zwischen 14 und 68 n.Chr. Kappadozien, Lyzien und Mauretanien wurden Provinzen, Britannien wurde teilweise erobert. Die Juden Judäas, Idumäas und Samariens wünschten anstatt Herodes Archelaus eine römische Direktverwaltung. So kamen und gingen bis zum Jahre 41 n.Chr. anstelle von Aristokraten, die größere Provinzen regierten, mehrere »Präfekten«, erfahrene Regierungsbeamte mittleren Ranges: Coponius, Ambivius, Rufus, Gratus, Pontius Pilatus, Marcellus und Marullus. Diese Männer unterstanden direkt dem Kaiser, während in anderen Provinzen die Gouverneure dem Senat verantwortlich waren.

Agrippa, der das gesamte frühere Königreich des Herodes übernehmen sollte und der ein persönlicher Freund Caligulas und Claudius' war, starb als äußerst populärer Herrscher nach kurzer Regierungszeit (41-44 n.Chr.). Nach seinem Tod kehrte das jüdische Palästina unter direkte römische Herrschaft zurück, womit das Volk aber nicht einverstanden war. Die Prokuratoren der Jahre 44-66 n.Chr. verhielten sich teilweise politisch unklug. Als Beispiele hierfür erwähnt Josephus Felix, Albinus und Florus. Korruption und Straßenräuberei stellten sich ein. Jüdische Aristokraten, die Sympathien für Rom erkennen ließen, wurden von Sikariern, extremen Zeloten, ermordet. Nero galt als »bösartig und eitel, grausam und lüstern« und wurde gleichermaßen gehaßt vom Senat, vom Volk, von der Armee, von Juden und Christen. Im Jahre 68 starb er ohne Erben.

Im Jahre 66 begann der jüdische Krieg. Nacheinander schlugen die jüdischen Nationalisten die Truppen des Florus, Agrippas II. und des syrischen Legaten (Gouverneurs). Der erfahrene General Vespasian

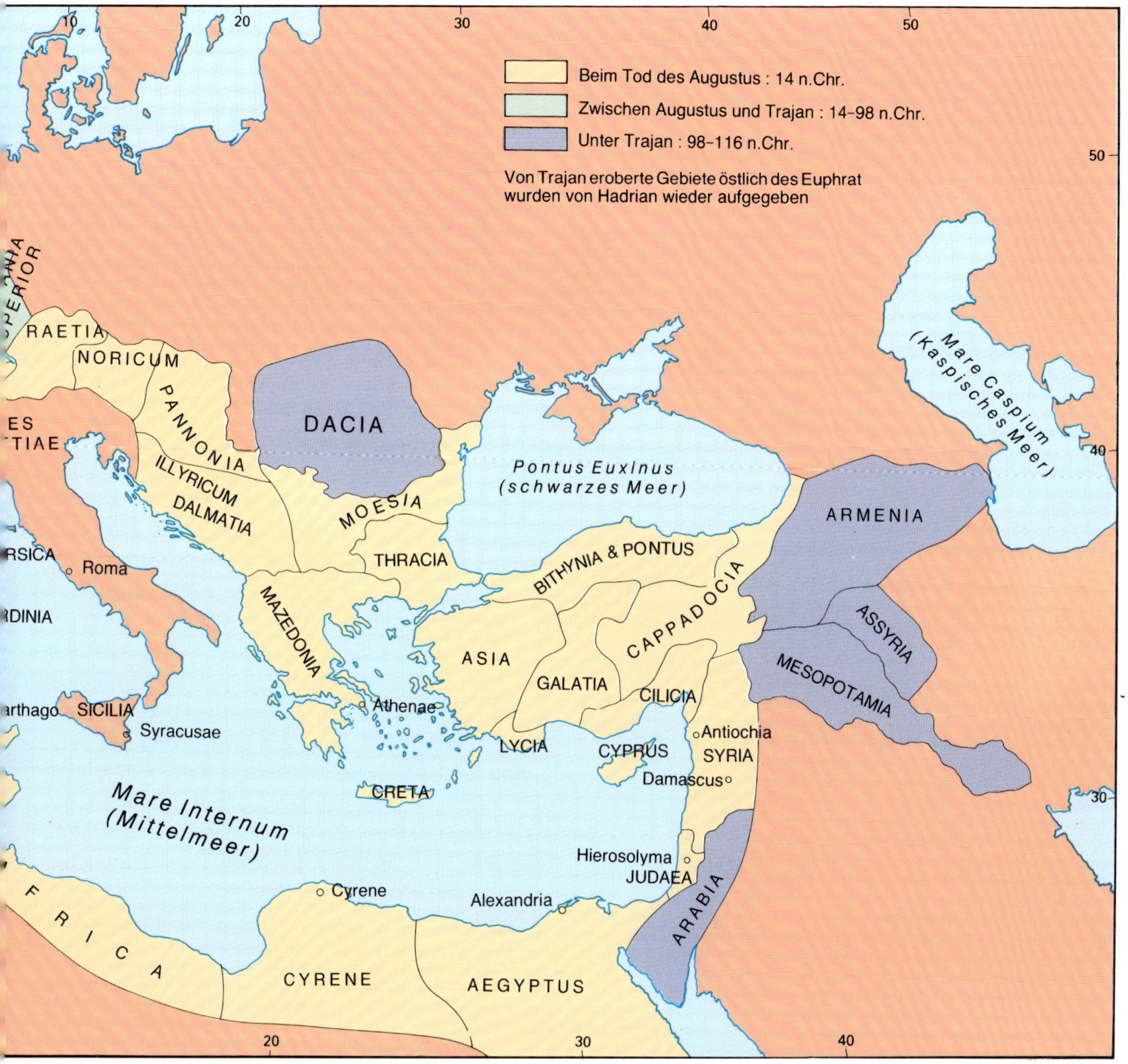

Das Römische Reich

und sein Sohn Titus konnten mit drei Legionen, Hilfstruppen und verbündeten Streitkräften das Land von 67-70 halten und den zelotischen Widerstand in den Festungen Herodeion, Machärus und Masada, der von 71-74 währte, brechen. Mitten aus den Kampfhandlungen heraus eilte Vespasian zurück nach Rom. Nachdem drei Rivalen - Galba, Otho und Vitellius - gescheitert waren, konnte er seine Proklamation zum Kaiser im »Vierkaiserjahr« 69 durchsetzten. Seine Dynastie endete bereits im Jahre 96; lediglich seine Söhne Titus und Domitian sollten ihm folgen. In dieser Zeit erhielt Judäa einen senatorischen Gouverneur, dem die in Judäa stationierte zehnte Legion zur Verfügung stand.

Die Periode unter Nerva, Trajan, Hadrian, Antonius Pius und Marc Aurel (96-180) gilt als die wirtschaftlich erfolgreichste Zeit des Imperium Romanum. In Rom konnten die Bürger Senatoren, ja sogar den Kaiser stellen. So war Trajan zunächst spanischer Senator gewesen. Hatten abhängige Staaten ihre Aufgabe, Pufferzonen an den Grenzen zu bilden und somit den Frieden zu garantieren, erfüllt, wurden sie dem Imperium als Provinzen einverleibt. Als Agrippa im Jahre 93(?) n.Chr. starb, kam Ituräa ebenso wie Chalkis und Emesa wieder zur Provinz Syrien. Trajans militärische Erfolge gegen die Parther betrachtete Hadrian als »Abenteuer« und zog sich auf die Grenzen unter Flavius zurück. In Judäa gab Hadrian selbst im Jahre 135 den Anlaß zu einem zweiten, nach dem jüdischen Anführer Bar-Kochba benannten Aufstand, weil er den Plan durchsetzen wollte, Jerusalem als Aelia Capitolina neu zu gründen und dem Jupiter Capitolinus zu weihen. Der Aufstand wurde niedergeschlagen; mit der Verwaltung der Provinz, die jetzt Syria-Palaestina hieß, und der militärischen Kontrolle wurde ein Gouverneur im konsularischen Rang betraut, der das Kommando über zwei Legionen hatte.

Die Entwicklung Jerusalems

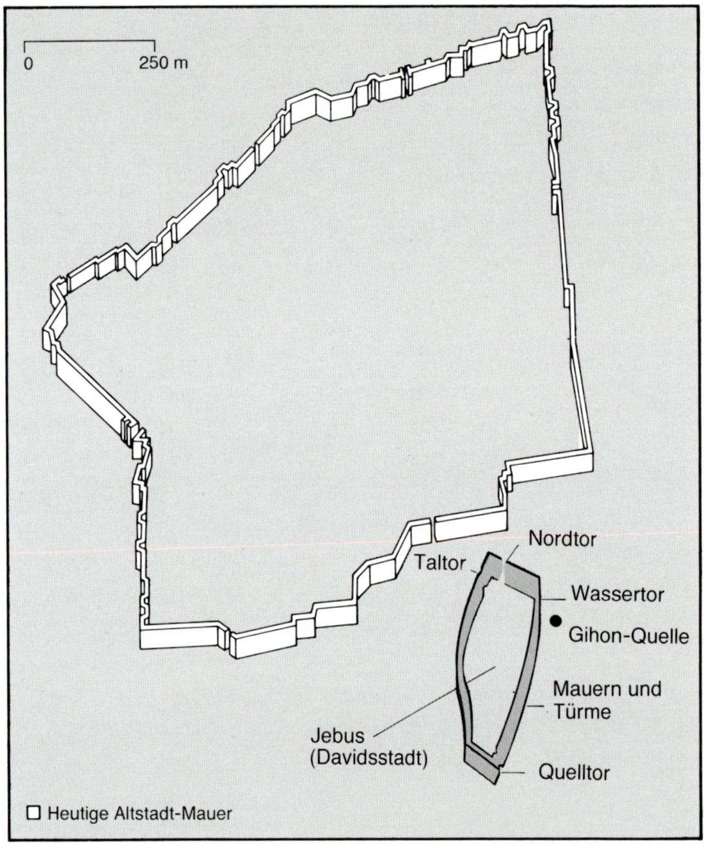

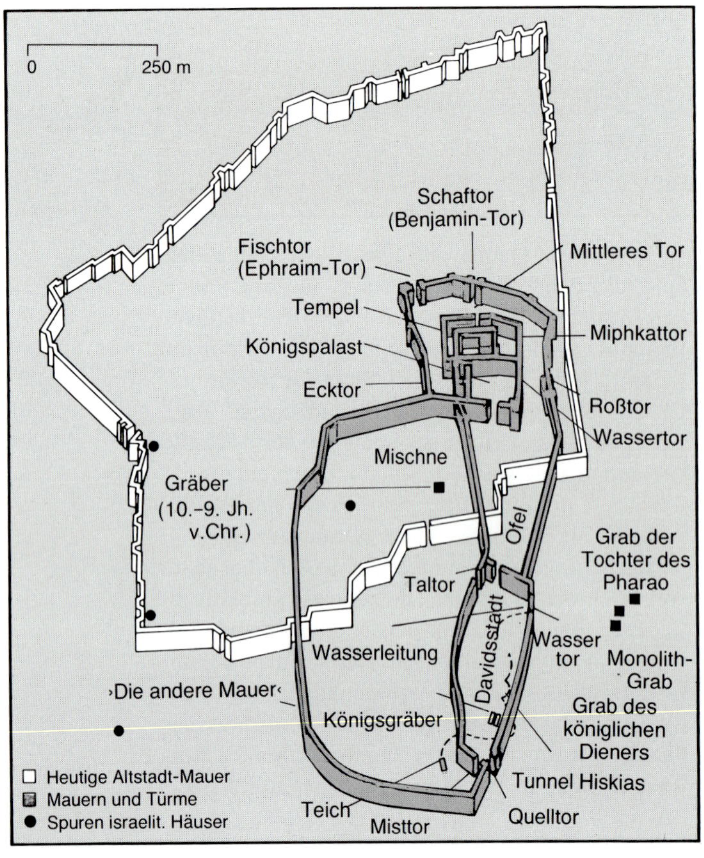

Archäologische Spuren lassen auf eine Siedlung vor 2000 v.Chr. an der Stelle des heutigen Jerusalem schließen. Im 2. Jt. sollte die Stadt aus dem Dunkel der Geschichte treten. Belege hierfür sind ägyptischen Fluchformeln aus dem 18. Jh. v.Chr., aber auch ein Mauerstück aus dieser Zeit vom Osthang des SO- Hügels, das K. Kenyon ausgegraben hat. Das Salem aus 1Mo 14,18 (vgl. Ps 76,2) weist auf die Existenz der Stadt zur Zeit Abrahams hin. Der Berg Morija, auf dem die Opferung Isaaks stattfinden sollte, wird mit dem Tempelberg des späteren Jerusalem gleichgesetzt (vgl. 1Mo 22,2; 2Chr 3,1). Jerusalem kommt auch in den Amarna-Briefen aus dem 14. Jh. v.Chr. vor, als König der Stadt wird ein Abdi-Khiba erwähnt.

Als die Israeliten Kanaan eroberten, griffen sie auch Jerusalem an, hatten jedoch nur teilweise Erfolg (Ri 1,8.21), so daß die Stadt bis zur Zeit Davids eine Hochburg der Jebusiter blieb.

David eroberte die Stadt und machte sie zur neuen Hauptstadt (2Sam 5,6-10). David ließ königliche Quartiere bauen (2Sam 5,11) und brachte die Bundeslade in die Stadt (2Sam 6,12-19). Es blieb jedoch Salomo vorbehalten, einen Tempel zu bauen, in dem auch die Bundeslade untergebracht werden konnte (1Kön 6,1ff.). Salomo ließ auch einen neuen, überaus prächtigen Palast errichten (1Kön 7,1- 8; 9,24). Gebaut wurde im N der alten Jeubsiterstadt, so daß auch eine neue Stadtmauer errichtet werden mußte, um das vergrößerte Stadtgebiet sicher einzugrenzen (1Kön 3,1; 9,15).

Es ist nicht klar, wie sich die Stadt im W ausbreitete. Archäologische Untersuchungen datieren die Ausdehnung in das 8. Jh. v.Chr., als Jerusalem und Juda einen neuen Höhepunkt an Stärke unter Asarja/Usija erlebten (vgl. 2Chr 26,9). Denkbar wäre, daß die neu bebauten Gebiete bis zur Zeit Hiskias zunächst ohne Stadtmauer blieben, und daß die »andere Mauer«, die er außerhalb der bestehenden errichten ließ (2Chr 32,5), diese Bezirke sichern und verteidigungsfähig machen sollte. Möglicherweise wurde dieser neue Bezirk im W der Stadt später als »zweiter Bezirk« bezeichnet (2Kön 22,14).

587 v.Chr. wurde Jerusalem von Nebukadnezar zerstört. Obwohl die Stadt gegen Ende des 6. Jh.s wieder besiedelt wurde, wurden ihre Mauern erst unter Nehemia (Mitte des 5. Jh.s v.Chr.) wieder aufgebaut. Jerusalem war jedoch nicht mehr so groß wie vor dem Exil.

Oben: Jebus, die Stadt Davids, auf dem Südosthügel, dem Berg Zion

Unten: Jerusalem in der Zeit von Salomo bis Hiskia - mit den Ausdehnungen nach N und W und dem Tempelbezirk

Das hellenistische Jerusalem

Antiochus IV. Epiphanes plünderte den Tempel. Im Jahre 168 v.Chr. baute er die Akra, eine Zitadelle, in Jerusalem und legte eine syrische Garnison hinein, die die Stadt bis 141 v.Chr. kontrollierte. Die genaue Lage dieser Garnison ist umstritten. Da aber bei Ausgrabungen auf dem Westhügel keine Siedlungsspuren aus persischer, ptolemäischer und seleukidischer Zeit gefunden wurden, wird die Garnison wohl südl. des Tempelberges gelegen haben. Die Geschichte der Akra läßt sich im 1. Makkabäerbuch verfolgen. Es ist unwahrscheinlich, daß man jemals Überreste der Akra findet. Als nämlich Simon Makkabäus die Stadt endlich von der Garnison befreit hatte, ließ er die Akra schleifen und den Hügel, auf dem sie gestanden hatte, völlig einebnen:

> »Er berief eine Versammlung ein und überredete die Leute . . . und alle brachten ihre ganze Kraft auf, um den Hügel abzutragen. Nach unaufhörlicher Anstrengung, die drei Jahre lang Tag und Nacht währte, war der Hügel bis zu ebener Erde abgetragen und sie machten ihn flach und gerade. Und als die Zitadelle und der Hügel, auf dem sie gestanden hatte, verschwunden waren, wurde alles vom Tempel überragt.« (Jos.ant. 13, 216-7)

Im späten 2. Jh. v.Chr. dehnte Jerusalem sich unter den letzten Makkabäern bzw den hasmonäischen Fürsten auf den Westhügel aus. Ausgrabungen haben die »erste Mauer«, die Josephus erwähnt, als die in westl. Richtung verlaufende hasmonäische Mauer identifiziert (die heutige Zitadelle und die türkische Mauer verlaufen südl. davon). Die in südl. Richtung verlaufende hasmonäische Mauer wurde ebenfalls freigelegt. Den Verlauf der nördl. Mauerlinie, wie ihn Josephus schildert, haben Ausgrabungen in jüngerer Zeit bestätigt.

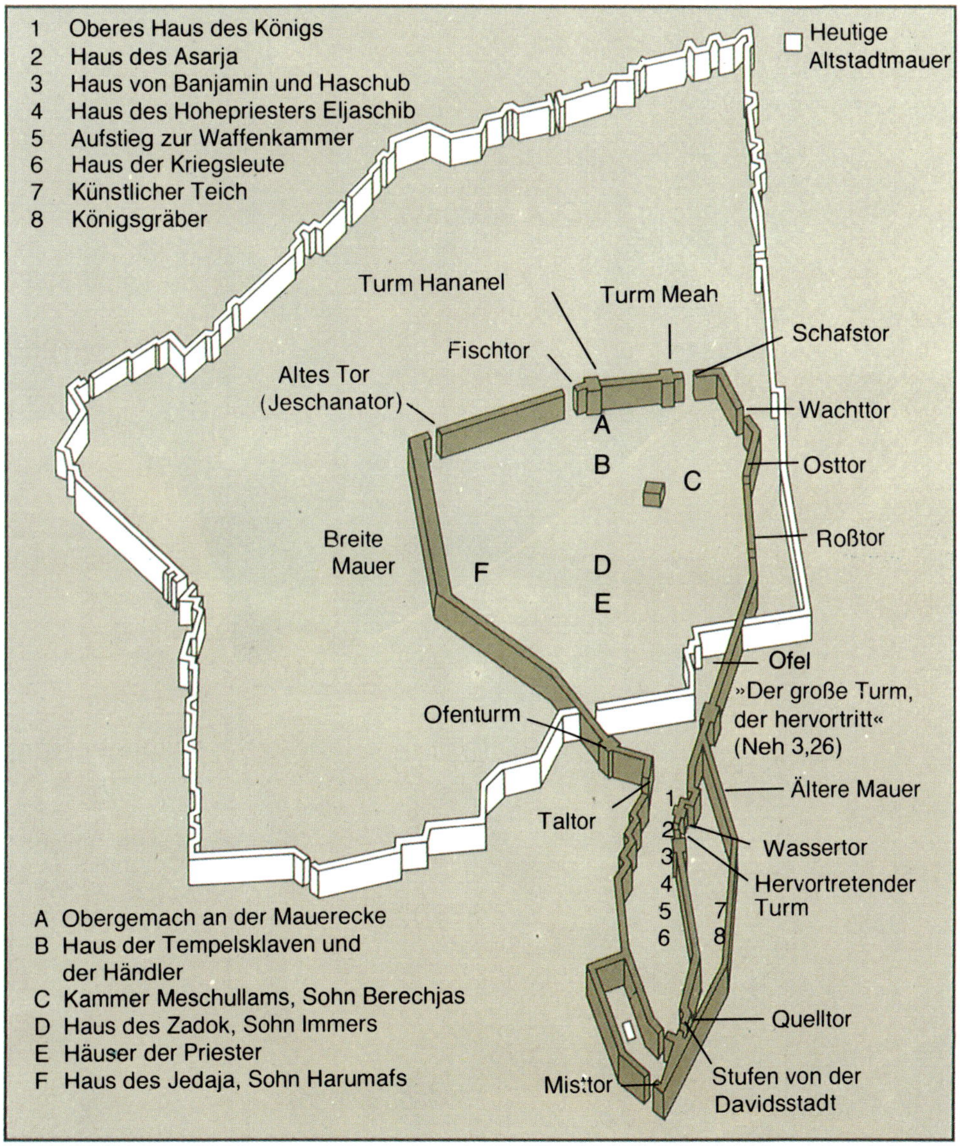

Jerusalem, wie es im 5. Jhr. v. Chr. von Nehemia wiederaufgebaut worden sein könnte.

Jerusalem in neutestamentlicher Zeit

Das herodianische Jerusalem
Römische Generäle erzwangen 63 und 54 v.Chr. Zugang zur Stadt, im Jahre 40 v.Chr. wurde sie von den Parthern geplündert, drei Jahre später von Herodes dem Großen erobert. Womöglich war noch vor Herodes die »zweite Nordmauer«, die laut Josephus einen Bereich nördl. der ersten Mauer umschloß, von einem der letzten hasmonäischen Herrscher gebaut worden. Herodes erfreute sich der Gunst des Augustus. Gebiete, die Pompejus vom hasmonäischen Staat abgetrennt hatte, wurden dem herodianischen Machtbereich eingegliedert. Herodes baute Mauern und Türme in Jerusalem, Städte und Festungen im Lande. Der Plan (S. 104) zeigt einige seiner ehrgeizigen Projekte: den Tempelberg, die Burg Antonia und den königlichen Palast in der Oberstadt mit seinen drei großen Toren.
Der Obere Palast diente nach dem Tod des Herodes den römischen Gouverneuren als Residenz (6-41 und 44-46 n.Chr.). Dort war das Praetorium, wohin Jesus zum Verhör durch Pontius Pilatus gebracht wurde. Lediglich Fundamente sind davon noch erhalten. Die Säulenhallen von Betesda nahe dem Schaftor (Joh 5,2) könnten zu demselben Bauprojekt wie der Tempel und die Burg Antonia gehört haben. In der Oberstadt, wo der königliche Palast stand, wohnten die wohlhabenden aristokratischen Familien. Das haben Ausgrabungen erwiesen, die den Luxus ihrer Wohnhäuser zutage förderten.
Mit dem Bau einer »dritten Nordmauer« wurde unter Agrippa (41-44 v.Chr.) begonnen, die Arbeit mußte aber auf römischen Druck hin eingestellt werden. Als der Jüdische Krieg (66-70) ausbrach, war die Mauer unvollendet.
70 n.Chr. wurden die Befestigungsanlagen und Mau-

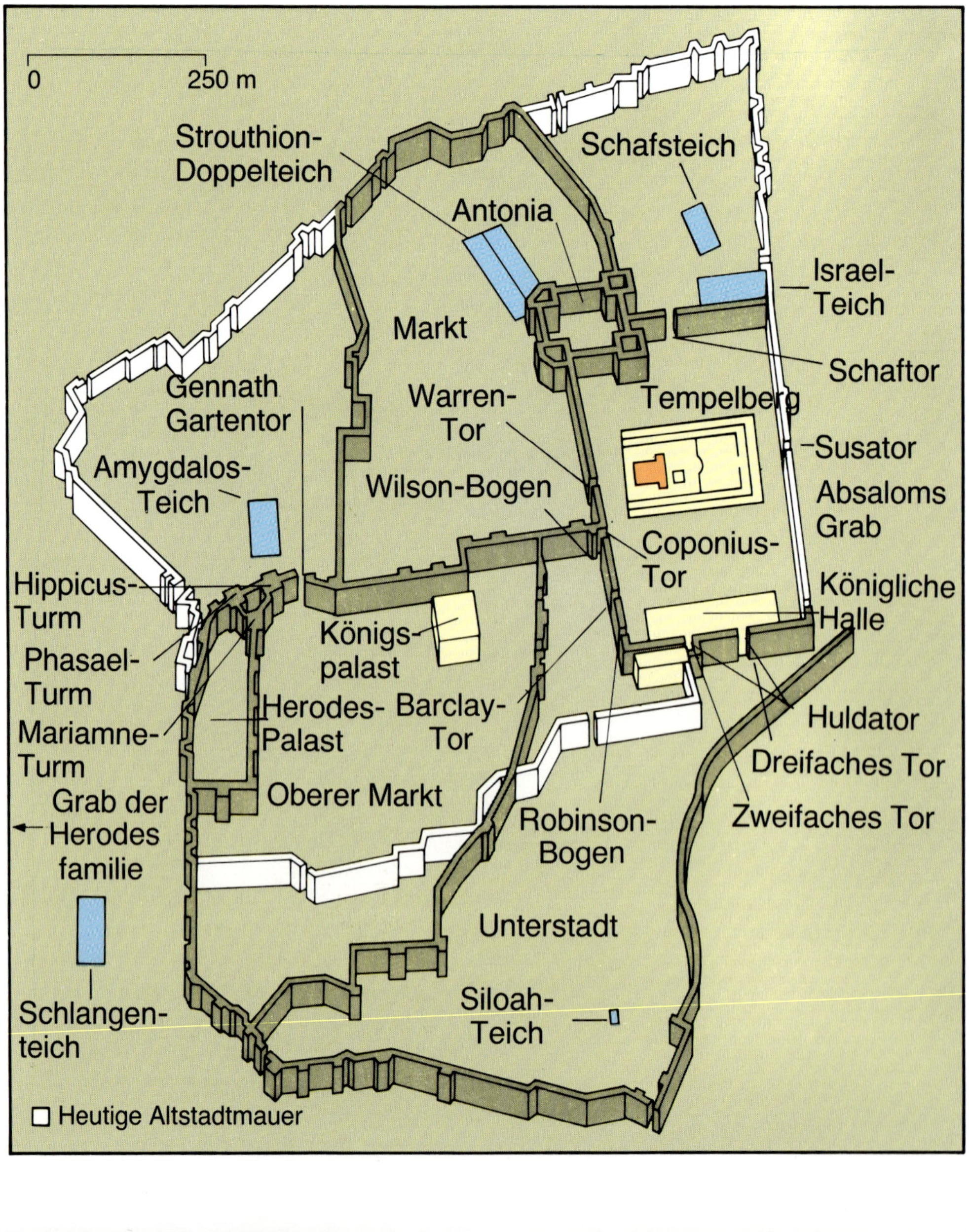

Jerusalem z.Zt. Herodes des Großen

ern Jerusalems von römischen Truppen unter Titus systematisch zerstört. Im NW der Oberstadt ließ er drei Türme stehen, einer davon steht bis heute, integriert ins Jaffa-Tor. Die von den Truppen des Titus niedergebrannten Häuser konnten lokalisiert und ausgegraben werden.

Nach 70 n.Chr.

Im Zuge seiner Orientreise im Jahre 130 besuchte der römische Kaiser Hadrian Jerusalem und beschloß, die Stadt in eine römische Kolonie umzuwandeln. Das gab den Anlaß zu einer Erhebung unter Bar-Kochba im Jahre 132. Nachdem der Aufstand niedergeschlagen war und alle Juden aus Jerusalem vertrieben waren, wurde die Gründung der Colonia Aelia Capitolina durchgeführt. Die Straßen in der Altstadt Jerusalems lassen bis heute den Bauplan der römischen Kolonie erkennen.

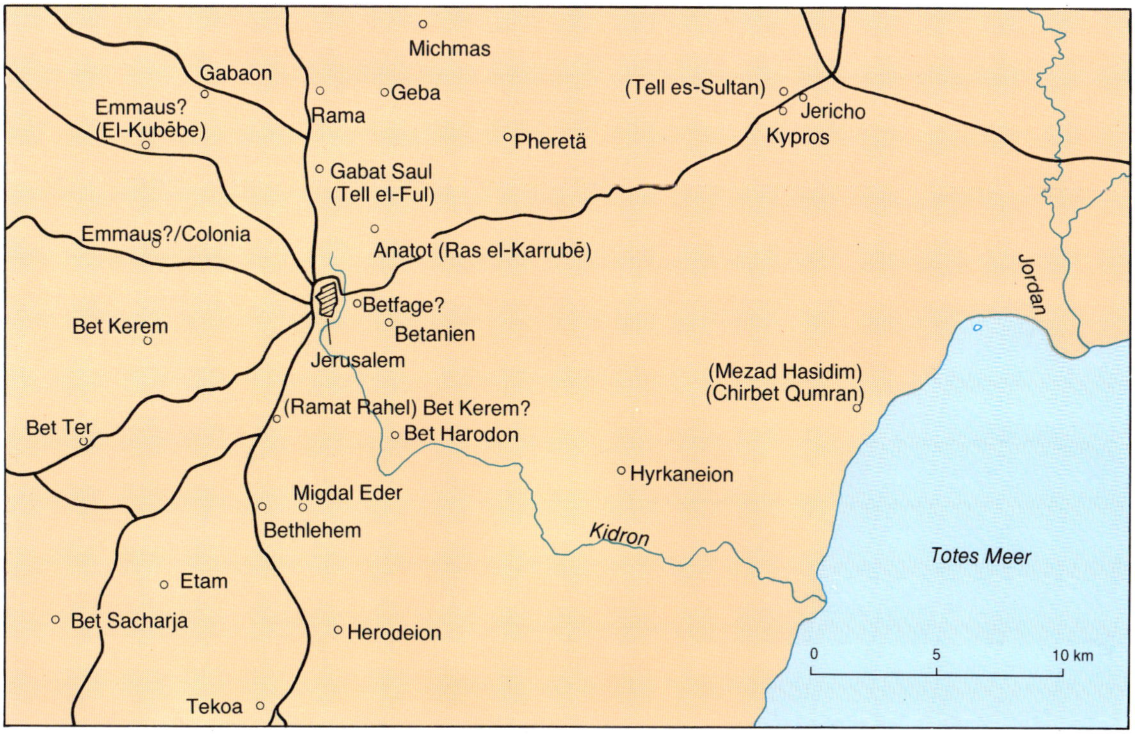

Die Umgebung Jerusalems in ntl. Zeit mit zwei alternativen Ortslagen der Stadt Emmaus. Jerusalem liegt ca. 1170m oberhalb des Toten Meeres.

Ausschnitt aus der Medeba-Karte (Mosaik auf dem Boden der Kirche des Hl. Georg in Medeba, Jordanien): Die Darstellung aus dem 6. Jh. zeigt Jerusalem mit seinen Straßen, Toren und Kirchen.

Die Stadt aus der Luft betrachtet

Luftbild des modernen Jerusalem von W her

Das Luftbild oben mit der entsprechenden Skizze auf S. 107 ergänzt die Beschreibung der historischen Entstehung Jerusalems.
Man braucht Phantasie, um sich die Stadt so vorzustellen, wie sie in antiker Zeit wohl ausgesehen hat. Obgleich zahlreiche archäologische Zeugnisse erhalten geblieben sind, stammen die meisten Bauwerke, die das Stadtbild heute prägen, wie z.B. der Felsendom und die Kirchen aus nachbiblischer Zeit. Die »Altstadt« Jerusalems, wie sie sich dem Besucher heute darstellt, entstand so erst im 16. Jh.: Suleiman der Prächtige ließ die eindrucksvollen Stadtmauern errichten (vgl. die Abb. S. 102, 103, 104, die jeweils den Verlauf der heute sichtbaren Mauern wiedergeben).
Ausgrabungen haben gezeigt, daß sich die früheste Siedlung auf dem Südosthügel befunden hat, auf einem Gebiet, das heute außerhalb der Stadtmauern liegt (die südl. Mauer wurde im 2. Jh. n.Chr. Richtung N zurückgenommen).
Der Berg Zion lag ursprünglich wohl auf dem östl. Bergrücken. Doch wurde der Name schon zu Josephus' Zeiten irrtümlich dem südwestl. Berg zugeschrieben.

Nur wenige Spuren existieren aus vorjebusitischer Zeit, doch ist anzunehmen, daß sich eine kleine Stadt auf dem südöstl. Bergrücken unweit der Gihonquelle entwickelt hatte, die im Tal nach O hin entspringt. Die Jebusiter vergrößerten die Stadt, was deutlich an der Anlage von Terrassen im O erkennbar ist, so daß die Ostmauer unterhalb des Abhanges zur Quelle hin lag. Diese Terrassen und auch die Ostmauer scheinen bis zu ihrer endgültigen Zerstörung durch die Babylonier im frühen 6. Jh. v.Chr. häufig repariert worden zu sein. Danach wurde die Ostmauer auf den Bergrücken zurückgenommen. Die Forschung geht davon aus, daß das Wort »Millo« sich auf die Terrassierungen bezieht (z.B. 2Sam 5,9; 1Kön 9,15; millo bedeutet im Hebräischen soviel wie »füllen«).
In Friedenszeiten war es üblich, Häuser auch außerhalb der Stadtmauern zu bauen, die von Zeit zu Zeit ohnehin erneuert und mit weiteren Befestigungsanlagen versehen werden mußten. Die Stadt wurde unter David und Salomo vor allem nach N hin erweitert; der Tempel wurde auf dem nordöstl. Hügel errichtet. Der königliche Palast stand wahrscheinlich zwischen der Altstadt und dem Tempelbezirk. Dieser Bezirk zwischen Altstadt und Tempel ist möglicherweise

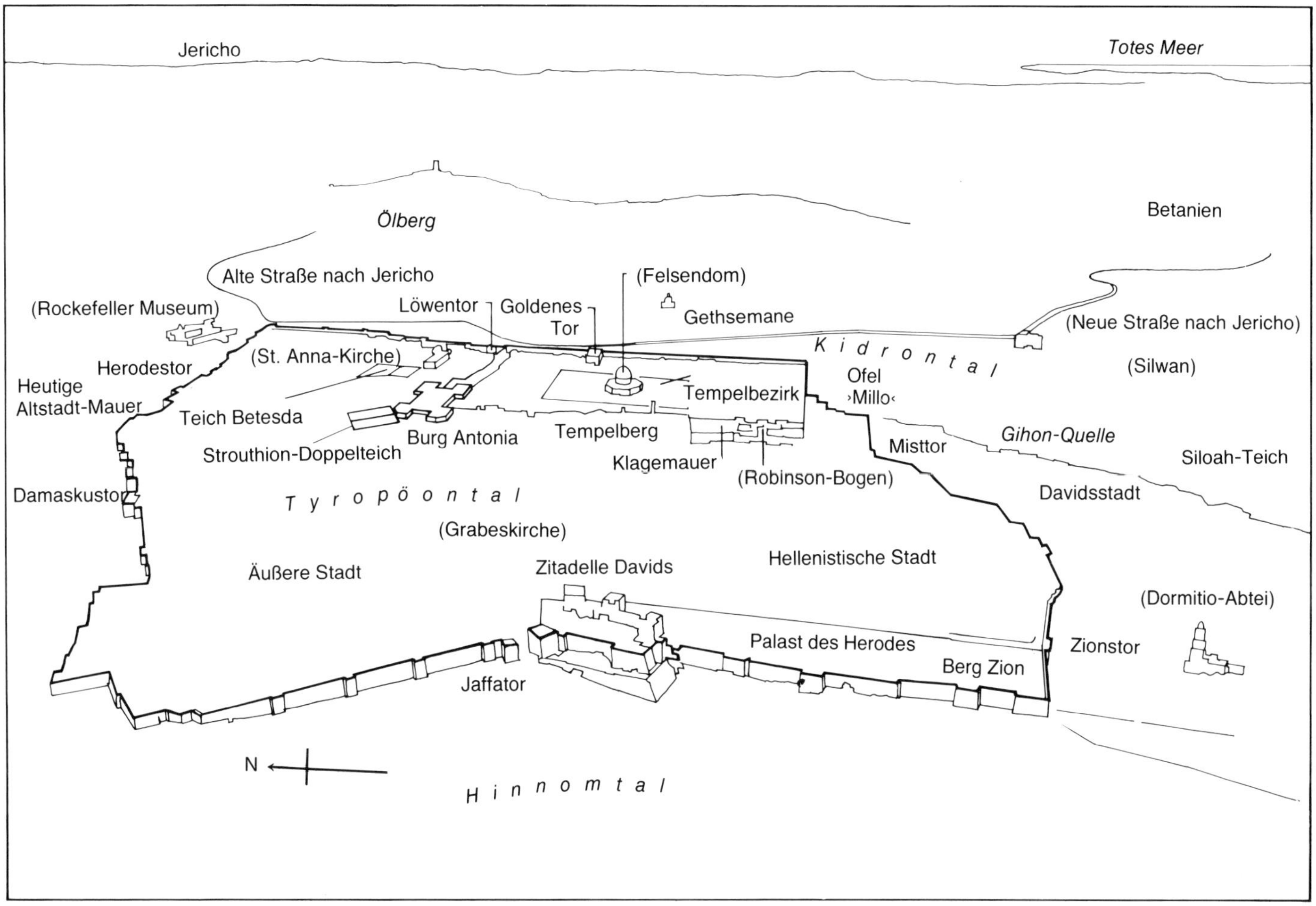

der »Ofel« (2Chr 27,3). Der Name bedeutet soviel wie »anschwellen, aufbauschen« und wurde auch für die Zitadellen anderer Städte, z.B. Samarias, benutzt. Einige Forscher beziehen »Ofel« auch auf den gesamten östl. Bergrücken südl. des Tempels. Die Jebusiterstadt bzw. ihre zentrale Festung trug bereits den Namen »Zion« (die Bedeutung ist unsicher, vielleicht »trockene Gegend« oder »Erhöhung«), als David die Stadt eroberte und sie dann »Stadt Davids« genannt wurde (vgl. 2Sam 5,6-10; 1Kön 8,1). Zion wurde - und blieb - Synonym für ganz Jerusalem.

In der wirtschaftlich blühenden Zeit des 8. Jh.s v.Chr. dehnte sich die Stadt erstmals auf den westl. Bergrücken aus. Der neue Stadtteil dürfte »zweiter Bezirk« oder Mischneh genannt worden sein (2Kön 22,14). Dieser Bezirk wurde von einer Mauer umgeben, die entweder unter Hiskia (2Chr 32,5) oder kurze Zeit nach ihm gebaut wurde. Sicher ist, daß diese Erweiterung der Stadt den nordwestl. Hügel umfaßte. Die Frage, ob auch schon der südwestl. Hügel besiedelt wurde, ist noch nicht beantwortet. Im Gegensatz zu K. Kenyon ist eine Reihe israelischer Archäologen der Meinung, daß der südwestl. Hügel auch besiedelt wurde und der Teich von Siloah bereits unter Hiskia innerhalb der Stadtmauern lag.

Im Jahre 587 v.Chr. wurde Jerusalem von den Truppen Nebukadnezars geplündert: die meisten Gebäude wurden zerstört und die Stadtmauern stark beschädigt. Gegen Ende des 6. Jh.s v.Chr. wurde der Tempel wiederaufgebaut. Die Stadt war jedoch noch sehr wenig bevölkert. Mitte des 5. Jh.s v.Chr. erlaubten die Perser den Wiederaufbau der Stadtmauern durch Nehemia.

Ausgrabungen haben erwiesen, daß der westl. Bergrücken und auch die Osthänge des südöstl. Hügels aufgegeben wurden. Die jebusitische Terrassierung wies so große Schäden, daß man auf eine Reparatur verzichtete und die Ostmauer auf den Bergrücken zurücknahm.

Sechzig Jahre, von 70 n.Chr. bis zum Bar-Kochba-Aufstand, lag Jerusalem in Trümmern. Kaiser Hadrian ließ die Stadt als römische Kolonie Aelia Capitolina wieder aufbauen. Die Südmauer wurde zurückgenommen.

In der Folgezeit hat sich die Größe der Stadt immer wieder verändert.

Die Skizze zum Luftbild auf S. 106 läßt die Mischung aus Antike und Moderne erkennen

Der Salomonische Tempel

Rekonstruktion des salomonischen Tempels mit den beiden Pfeilern Jachin und Boas

Der salomonische Tempel stand im heutigen »Haram osch-Scharif«, im O der »Altstadt« Jerusalems. Die genaue Lage ist jedoch nicht sicher. Der höchste Teil der Erhebung, der jetzt mit dem Felsendom überbaut ist, könnte der Ort des inneren Heiligtums oder des freistehenden Brandopferaltars gewesen sein (2Chr 3,1; vgl. 2Sam 24,25). Dieser Platz war vermutlich Teil der Tenne Araunas, des Jebusiters, die David ihm abgekauft hatte (2Sam 24,24; vgl. 1Chr 21,25). Oberirdisch ist nichts vom salomonischen Tempel erhalten, auch bei Ausgrabungen konnten keine Spuren gefunden werden. Die Fundamente aus salomonischer Zeit dürften beim Bau der großen Stützmauern für den Hof des herodianischen Tempels zerstört und abgetragen worden sein.

1Kön 6-7 und 2Chr 3-4 sind die Grundlage eines jeden Versuchs, den salomonischen Tempel zu rekonstruieren. Der Tempel war rechteckig, seine Längsachse lag in O-W Richtung. Es ist anzunehmen, daß der Tempel (vgl. Hes 41,6) auf einer Plattform stand. Über die Dimensionen der den Tempel umgebenden Anlagen gibt es keine Angaben. Folgt man Hesekiels Entwurf, dann ist von einem inneren und einem äußeren Hof auszugehen; dafür sprechen auch 1Kön 6,36; 7,12; 2Kön 23,12; 2Chr 4,9.

Der Kupferaltar für die Brandopfer befand sich im inneren Hof (1Kön 8,22.64; 9,25) und war 20 Ellen lang, 20 Ellen breit und 10 Ellen hoch (2Chr 4,1; die Angaben über die tatsächliche Länge einer Elle schwanken zwischen 38 und 43 cm). Zwischen dem Altar und der Vorhalle befand sich ein Bronzebecken für rituelle Waschungen, das »Meer« (vgl. 1Kön 7,23-26). Dieses Becken ruhte auf zwölf aus Kupfer gegossenen Figuren von Rindern, von denen drei nach N gewandt waren, drei nach W, drei nach S und drei nach O. Ahas ließ die Figuren später entfernen (2Kön 16,17).

Eine große Treppe führte vom inneren Hof hinauf zur Vorhalle. Am Eingang standen rechts und links zwei mit ornamentierten Kapitellen versehene Säulen, Jachin und Boas genannt. Ob sie eine statische Funktion hatten, ist nicht mit Sicherheit zu sagen (vgl. Hes 40,48). Tore könnten den Aufgang abgeschlossen haben. Die Vorhalle war 10 Ellen lang und 20 Ellen breit.

Westl. der Vorhalle befand sich der große Raum, in dem die Opfer dargebracht wurden. Das »Heilige« war 40 Ellen lang, 20 breit und 30 Ellen hoch. Es war von der Vorhalle durch eine doppelte Tür aus Zedernholz getrennt. Gitterfenster unterhalb der Decke spendeten Licht (1Kön 6,4). Hier befanden sich der Räucheraltar, der Tisch mit den Schaubroten sowie fünf Paar Leuchter zusammen mit den Opfergeräten. Die doppelten Türen aus Zypressenholz, die ins Allerheiligste führten, wurden nur am Versöhnungstag für den Hohenpriester geöffnet.

Das Allerheiligste war ein vollkommener Würfel von 20 Ellen Kantenlänge. Obwohl man annehmen könnte, daß der Boden des Allerheiligsten höher lag als der des Heiligen, gibt es dafür keinerlei Hinweise. Im Allerheiligsten standen zwei 10 Ellen hohe Cherubim-Figuren so nebeneinander, daß zwei ihrer Flü-

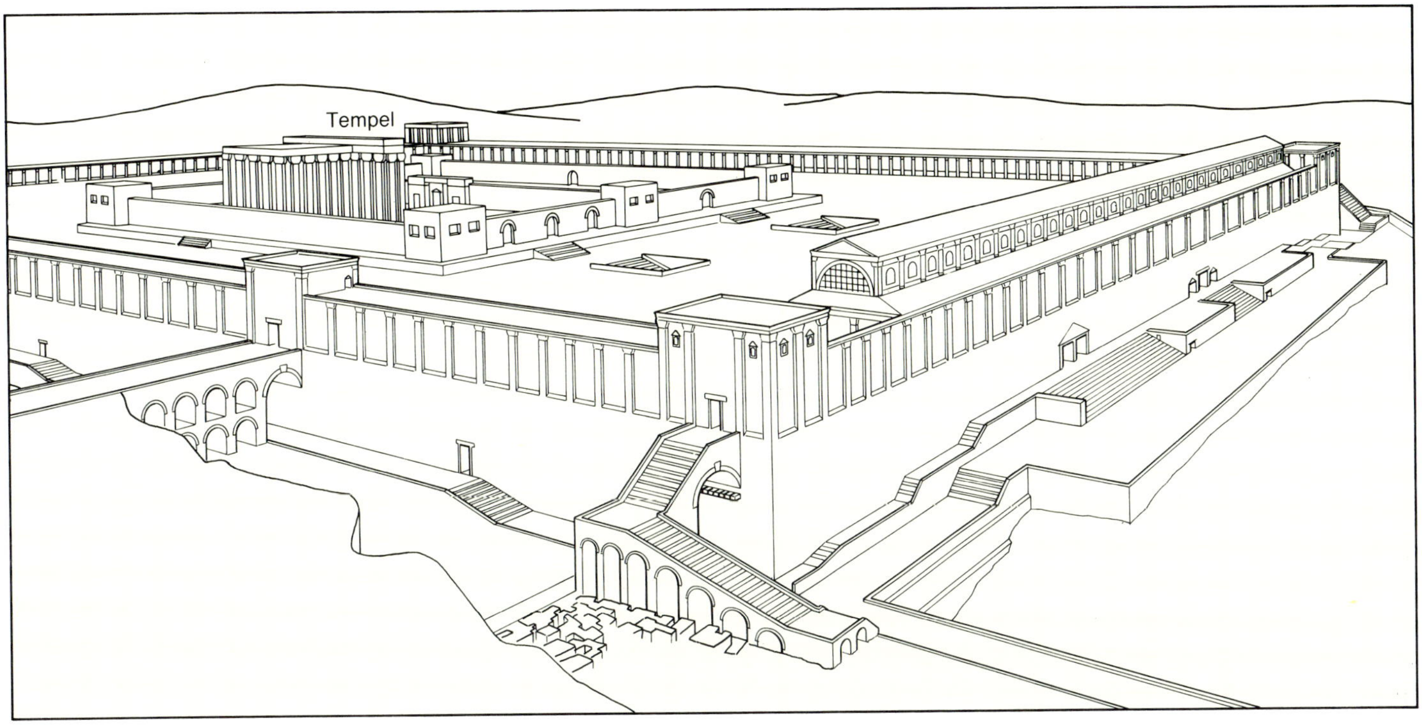

Der herodianische Tempel. Die Zeichnung zeigt die Zugänge zum Tempelberg von SW her. Treppen führten zur »Halle Salomos« (im Vordergrund) herab. Innerhalb dieser weiträumigen, prächtigen Anlage, die auch Nichtjuden frei zugänglich war, lag der dem Volk Gottes vorbehaltene Tempel.

gel sich in der Mitte über der Bundeslade berührten, während der jeweils andere Flügel die Nord- bzw. Südmauer berührte (1Kön 6,23-28). Z.Zt. Salomos zeigte sich Gottes Gegenwart hier in Form einer Wolke (1Kön 8,10f.).

Jeder Raum war mit Zedernholz getäfelt, die Böden mit Zypressen- oder Pinienholz ausgelegt. Die Wände und Türen waren mit Schnitzereien versehen und mit Gold überzogen, wie es auch bei anderen antiken Tempeln üblich war, soweit wir aus Inschriften wissen. Das Mauerwerk war somit nicht sichtbar.

An der Süd-, West- und Nordseite der Mauern, die das Allerheiligste und das Heilige umschlossen, waren drei Stockwerke hoch Kammern angebaut. Da die Außenwand in Geschoßhöhe jeweils um eine Elle zurücksprang, waren die unteren Kammern fünf, die mittleren sechs und die oberen Kammern sieben Ellen breit. In den Kammern wurden u.a. Holz- und Salzvorräte aufbewahrt, möglicherweise auch die für den Unterhalt der am Tempel dienenden Priester nötigen Dinge.

Die spätere Geschichte

Tempel dienten in der Antike auch als Schatzhäuser des Staates, die geleert wurden, wenn Tribut zu entrichten war, oder mit Kriegsbeute angefüllt wurden. Salomos Tempel bildete da keine Ausnahme. Die Schätze, die unter seiner Regierung im Tempel angehäuft worden waren, raubte Pharao Schischak/Schoschenk I. von Ägypten, der gegen Salomos Sohn Rehabeam in den Krieg gezogen war (1Kön 14,26).

Spätere Könige, auch Hiskia, der den Tempel noch hatte verschönern lassen (2Kön 18,15f.), bedienten sich des Tempelschatzes, um Verbündete zu werben (so Asa, 1Kön 15,18) oder drohenden Angriffen durch materielle Leistungen zuvorzukommen (so Ahas, 2Kön 16,8). Könige, die Götzendienst und heidnische Kulte duldeten oder einführten, nahmen Teile eines kanaanitischen Schreines und Symbole heidnischer Gottheiten zum Tempelschatz hinzu (2Kön 21; 23,1-12), während Ahas, nachdem er sich Tiglat-Pileser III. unterworfen hatte (2Kön 16,10-17), einen fremden Altar aufstellen und das Wasserbecken (»Meer«, 1Kön 7,23ff.) von seinem Sockel heben ließ.

Dreihundert Jahre nach seinem Bau mußte der Tempel zur Zeit Josias (ca. 640 v.Chr.) umfassend restauriert werden. Bei der Bereitstellung der finanziellen Mittel (Kollektengelder), die offensichtlich im Tempel aufbewahrt worden waren, fand man auch ein Gesetzbuch, das von der Prophetin Hulda begutachtet wurde (2Kön 22).

Im Jahre 587 v.Chr. ließ Nebukadnezar den Tempel plündern und zusammen mit den Häusern Jerusalems niederbrennen (2Kön 25,9.13- 17). Aber auch nach der Zerstörung kamen noch Menschen, um dort zu opfern (Jer 41,5).

Der Herodianische Tempel

Der Bau des Tempels, der 19 v.Chr. begonnen wurde, sollte die Juden gegen ihren idumäischen König versöhnlich stimmen. Sorgfältig wurde darauf geachtet, während der Bauarbeiten den heiligen Bezirk nicht zu entweihen. 1000 eigens ausgebildete Priester errichteten das Allerheiligste. Trotz dieser Maßnahmen, die einem schnellen Fortgang der Bauarbeiten entgegenstanden, waren die groben Arbeiten bereits nach einer Bauzeit von zehn Jahren abgeschlossen (ca. 9 v.Chr.). Die weiteren Arbeiten dauerten allerdings noch bis 64 n.Chr.

Für die gesamte Tempelanlage wurde eine rechteckige Plattform von ca. 450m Länge in N-S-Richtung und ca. 300m Breite in O-W- Richtung angelegt. An einigen Stellen wurde die felsige Oberfläche abgetragen, Lücken wurden mit Schutt aufgefüllt. Eine Mauer aus massiven Steinquadern, die bis zu einem Meter hoch und bis zu fünf Metern lang waren (vgl. Mk 13,1), umschloß die Plattform. Am Südostende, das Kidrontal überblickend, ragte der innere Hof ca. 45m hoch auf. Wahrscheinlich bildeten die Zinnen an dieser Ecke den höchsten Punkt der Tempelanlage (Mt 4,5). Teile dieser Umfassungsmauer sind noch erhalten. Ein Torweg durchbricht die nördl. Mauer (Tadi-Tor), wurde aber offensichtlich nie benutzt. Ein weiterer Torweg führte durch die Mauer nach O (unter dem jetzigen Goldenen Tor). Spuren der beiden herodianischen Tore auf der Südseite sind unterhalb der Al-Aksa-Moschee noch sichtbar. Von hier führten Rampen auf die Höhe des Tempelhofes. Auf der Westseite befanden sich vier Tore, eins davon war vom Tyropöontal her über eine Brücke erreichbar. Die Nordwestecke wurde von der Burg Antonia dominiert; die dort stationierten Truppen waren schnell zur Stelle, um Unruhen im Tempelbezirk zu unterdrücken (vgl. Lk 13,1; Apg 21,31-35). Auf der Burg wurden die Gewänder des Hohenpriesters als ein Zeichen der Unterwerfung aufbewahrt.

Oben links: Blick auf die Südostecke des herodianischen Tempels vom Ölberg aus. Das Foto zeigt rechts die südl. Mauer im Schatten. Die von der Mitte der südl. Mauer nach S verlaufende Mauer stammt aus späterer Zeit.

Mitte links: Die »große Mauerfuge« am südl. Ende der östl. Mauer des Tempelberges. Bemerkenswert ist der Unterschied zwischen den fein behauenen Steinen aus herodianischer Zeit und den gröberen Buckelquadern. Das ältere Mauerwerk vergleicht K. Kenyon mit dem der persischen Architektur in Phönizien, z.B.in Eschmun nahe Sidon oder in Byblus, und schreibt es Serubbabel zu (ca. 516 v.Chr.).

Unten links: Herodianisches Mauerwerk am Tempelberg. Die exakt behauenen Quader (zwischen 90 und 130cm hoch) sind in regelmäßigen horizontalen Reihen ohne Mörtel aneinandergefügt. Die »Nase« zur Befestigung des Hebezeugs wurde am Stein belassen.

Den äußeren Hof des Tempels säumten langgestreckte Säulenhallen. Nach Josephus (ant. 15.410-416) wies die südl. Halle - die königliche Halle genannt - vier Säulenreihen auf, die der anderen Seiten hatten jeweils zwei Säulenreihen. Die Halle Salomos erstreckte sich über die Ostseite (Joh 10,23; Apg 3,11; 5,12). In diesen Hallen befanden sich die Schulen der Schriftgelehrten (vgl. Mk 11,27); Lk 2,46; 19,47). Kaufleute und Geldwechsler hatten hier ihre Stände (Lk 19,45-46; Joh 2,14-16). Der innere Bezirk lag etwas höher als der Vorhof der Heiden und war von einer Balustrade umgeben. Inschriften in griechischer und lateinischer Sprache verboten Heiden bei Todesstrafe, den inneren Bezirk zu betreten. Zwei Tafeln mit entsprechendem Text sind gefunden worden. Der Bezirk war durch vier Tore von N, vier von S und ein Tor von O her zugänglich. Das Tor von O her, eine korinthische Bronzearbeit, könnte als das »Schöne Tor« bezeichnet worden sein.

Im Vorhof der Frauen befanden sich die Opferkästen (Mk 12,41-44). Nur Männer hatten Zugang zum Hof Israels, der erhöht über dem Vorhof der Frauen lag. Anläßlich des Tempelweihfestes durften die Männer den Vorhof der Priester betreten und an der Prozession um den Altar teilnehmen. Dieser war aus unbehauenen Steinen und stand ca. 22 Ellen von der Säulenhalle entfernt (vgl. Mt 23,35). Der Plan für das Heiligtum orientierte sich am Vorbild des salomonischen Tempels. Der Säulengang war 100 Ellen breit und 100 Ellen hoch. Durch einen Torweg von 20 Ellen Breite und 40 Ellen Höhe gelangte man vor das Heilige, ein weiterer, halb so großer Torweg führte hinein. Ein Vorhang trennte das Allerheiligste vom Heiligen (Mt 27,51; Mk 15,38; vgl. 2Chr 3,14). Das Allerheiligste maß 20 Ellen im Quadrat und war, wie das Heilige, 40 Ellen hoch. Ein leerer Raum oberhalb des Heiligen und des Allerheiligsten reichte bis zur Dachhöhe des Säulengangs (100 Ellen). Kammern in drei Stockwerken reichten an der Nord-, Süd- und Westseite bis zu 40 Ellen hoch. Damit Vögel sich nicht auf dem Dach niederlassen konnten, waren goldene Dornen angebracht.

Der prächtige Bau aus weißem Stein und Gold war kaum vollendet (64 n.Chr.), als er 70 n.Chr. von römischen Soldaten wieder zerstört wurde. Der goldene Leuchter, der Tisch mit den Schaubroten und andere Dinge wurden nach Rom gebracht.

Oben rechts: Diese 70 n.Chr. von den römischen Truppen unter Titus zerstörten Gewölbe hatten eine an die Außenseite der südl. Tempelmauer angebaute Straße oder Terrasse getragen.

Unten rechts: Abgeplatztes Mauerwerk, an das ein Gewölbe anschloß. Höhe und Form der Beschädigung lassen auf Treppengewölbe schließen.

Das Heilige Land heute

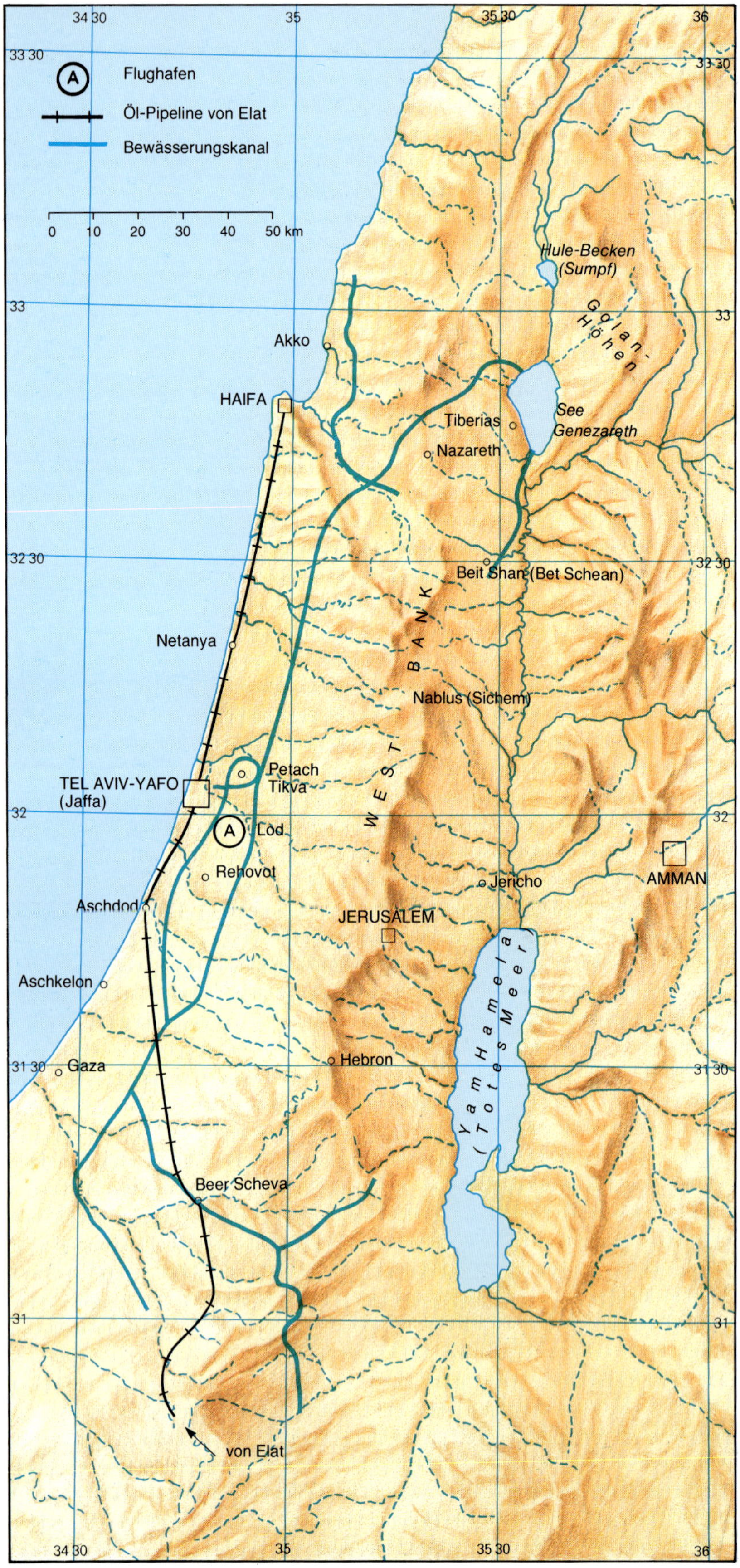

Nur wenige Gebiete auf der Welt haben so sehr unter Krieg und Zerstörung gelitten wie das Heilige Land. Ein Grund dafür ist sicherlich die geographische Lage im Küstenbereich des Fruchtbaren Halbmondes, wo das Heilige Land eine Brücke bildet zwischen den Kontinenten Afrika und Asien. Aber auch die Tatsache,daß drei Weltreligionen ihr Interesse auf dieses Land konzentrieren, hat zu seiner wechselvollen Geschichte beigetragen. Politisches und ökonomisches Desinteresse am Mittelmeerraum führte dazu, daß das Land bis Mitte des 19. Jh.s. keine ausgebaute Straße besaß und seine Weidewirtschaft sich nur wenig von der zu den Zeiten Abrahams unterschied. Folgende Faktoren kündigten eine neue Zeit an:

1. Ein Wiedererwachen des Interesses am Heiligen Land in Europa seit etwa 1860, wobei der Palestine Exploration Fund eine führende Rolle spielte.
2. Die ersten jüdischen Besiedlungen der Küste in moderner Zeit seit 1870.
3. Der Bau der ersten Eisenbahnlinie von Gaza nach Jerusalem, die 1892 eröffnet wurde.
4. Städtegründungen im zentralen Küstengebiet. In Tel Aviv lebten 1922 15.000 Menschen, 1983 aber bereits ca. 1 Mio. Einwohner, wenn man das Einzugsgebiet mitrechnet.
5. Die Eröffnung des Hafens von Haifa 1933.
6. Die Proklamation des Staates Israel im Jahre 1948. Obwohl gerade diese Entwicklung eine Folge des Krieges war und Konflikte mit sich brachte, waren die Auswirkungen auf das Land von großer Bedeutung.

Die wirtschaftliche Entwicklung des Staates Israel hat u.a. folgende Ursachen:

– Die Ausweitung der Bewässerungsprojekte
Die entscheidende Veränderung war hier die Umstellung von kleinräumiger Bewässerung durch Brunnen oder Rinnen auf großräumige Anlagen wie Aqädukte oder Rohrsysteme. Ähnlich wie Kalifornien steht Israel vor dem Problem, die meisten Wasservorräte im N des Landes zu haben, während das bewässerungswürdige Land hauptsächlich im S liegt. Die Wasservorräte Galiläas sind das entscheidende Kriterium – nicht nur für Israel, sondern auch für Jordanien, das eigene Bewässerungsprojekte unterhält. Beide Länder sind darauf angewiesen, die vorhandenen Ressourcen zu teilen. In Israel, wo alle Wasserrechte dem Staat gehören, findet der Wassertransport über die ganze Länge des Landes statt, von Galiläa bis in den Negeb.

– Die Kommerzialisierung der Landwirtschaft
Intensive Bewässerung ermöglicht den Anbau von Früchten und Gemüse. Diese Exportprodukte können auf dem internationalen Markt konkurrieren.

Das Heilige Land heute

- Bodenerhaltung und Wiederaufforstung
Um den zerstörerischen Prozeß der Bodenerosion zu stoppen, wurden sowohl neue Methoden zur Erhaltung wertvoller Bodenkrume eingeführt als auch auf die von alters her bekannte Terrassierung von Berghängen zurückgegriffen. Durch das Anpflanzen von Bäumen konnten freistehende Berghänge befestigt werden; gleichzeitig dienen die Wälder als Windschutz. Zwar lassen sich die in Jahrhunderten entstandenen Bodenverluste nicht wieder gutmachen, doch können künftige Verluste weitgehend verhindert werden.
- Industrielles Wachstum
So schwierig sich industrielles Wachstum in einem Gebiet gestaltet, das praktisch über keine Erdölvorkommen und auch sonst kaum Bodenschätze verfügt, so bedeutsam wurde es für das wirtschaftliche Leben Israels. Das Fehlen von Rohstoffen konnte zum Teil durch das technische Know-how kompensiert werden, das Einwanderer mitbrachten.
- Die Kolonisation unbewohnter Gebiete
Am Gründungstag des Staates Israel im Jahre 1948 betrug der jüdische Bevölkerungsanteil ca. 650.000 Menschen. Seitdem hat er sich mehr als vervierfacht. Um diese Steigerung auszugleichen, wurden in Israel hunderte von ländlichen Siedlungen angelegt (Kibbuz oder Moschav genannt), verlassene Dörfer wurden wieder besiedelt. Zur selben Zeit floh eine große Anzahl von Arabern oder wurde aus bestehenden Siedlungen verdrängt. Sie wurden entweder in anderen Gebieten wieder angesiedelt oder blieben Flüchtlinge. Seit 1948 hat sich im Heiligen Land die Verteilung der Bevölkerung über das Land zwischen den verschiedenen Bevölkerungsgruppen aus vielerlei Gründen tiefgreifend verändert.

Bewässerungsanlage im Kibbuz Quetara

Das Heilige Land heute

Rechts: Das moderne Tel Aviv

Seite 115: Das antike und moderne Jerusalem: Löwentor, Altstadt und dahinter moderne Gebäude

Unten: Pfefferernte im Kibbuz

Zeittafeln

1. MESOPOTAMIEN

Drittes bis Zweites Jahrtausend v. Chr.
3100-2700 Frühdynastische Zeit
2600-2370 dritte frühdynastische Zeit
2370-2228 Altakkadische Zeit
2306-2292 Manischtusu
2254-2230 Scharkalischarri
2113-1991 dritte Dynastie von Ur
2113-2096 Ur-Nammu
2037-2029 Schu-Sin
2028-2004 Ibbi-Sin
1991-1786 Isin-Larsa-Dynastien
2017-1985 Ischbi-Erra
1934-1924 Lipit-Ischtar
1894-1595 Altbabylonische Zeit (erste babylonische Dynastie)
1792-1750 Hammurabi
1646-1626 Ammisaduka
1605-1150 Kassitische Zeit

Erstes vorchristliches Jahrtausend
Assyrisches Reich
883-859 Assurnasirpal II.
858-824 Salmanassar III.
(853 Schlacht bei Karkar)
823-811 Schamschi-Adad V.
810-783 Adad-Nirari III.
782-773 Salmanassar IV.
772-756 Assur-Dan III.
755-745 Assur-Nirari V.
745-727 Tiglat-Pileser III.
726-722 Salmanassar V.
721-705 Sargon II.
704-681 Sanherib
680-669 Asarhaddon
668-631 Assurbanipal
629-627 Assur-Etel-Ilani
629-612 Sin-Scharra-Ischkun (Fall Ninives)
612-609 Assur-Uballit II. (Fall Harans)

Babylonisches Reich
626-605 Nabopolassar
605-562 Nebukadnezar II.
562-560 Awil-Marduk
(Ewil-Merodach; begnadigt 562 Jojachin von Juda)
560-556 Nergal-Schar-Usur
556 Labaschi-Marduk
556-539 Nabonid, seit 548 ist Bel-Schar-Usur (Belsazer) Mitregent in Babylon; 539 marschiert Kyrus ungehindert in Babylon ein.

Das Persische Reich
559-529 Kyrus II.
529-522 Kambyses II.
521-485 Darius I.
485-465 Xerxes
464-424 Artaxerxes I. Longimanus
424-404 Darius II. Nothos
404-358 Artaxerxes II. Mnemon
358-338 Artaxerxes III. Ochos
337-336 Arses
336-331 Darius III. Codomanus
331-323 Alexander von Mazedonien

2. ÄGYPTEN

Drittes vorchristliches Jahrtausend
ca. 3000-2640 Vor- und Frühdynastische Zeit: 1. und 2. Dynastie
ca. 2640-2155 Altes Reich: Dynastien 3-8 (erste Hochblüte der ägyptischen Kultur)
ca. 2134-1991 erste Zwischenzeit: Dynastien 9-11

Zweites vorchristliches Jahrtausend
ca. 1991-1650 Mittleres Reich: Dynastien 12-14 (zweite Hochblüte der ägyptischen Kultur)
ca. 1650-1554 zweite Zwischenzeit: Dynastien 15-17 (Zeit der Hyksos)
ca. 1552-1070 Neues Reich: Dynastien 18-20 (dritte Hochblüte der ägyptischen Kultur)
ca. 1552-1306 18. Dynastie (Auswahl):
ca. 1490-1437 Thutmosis III.
ca. 1390-1353 Amenophis III.
ca. 1361-1345 Amenophis IV./Echnaton
ca. 1305-1186 19. Dynastie (Auswahl):
ca. 1305-1304 Ramses I.
ca. 1304-1290 Sethos I.
ca. 1290-1224 Ramses II.
ca. 1224-1214 Merneptah
ca. 1186-1070 20. Dynastie (von Sethnacht bis Ramses XI.)

Erstes vorchristliches Jahrtausend
ca. 1070-332 Späte Periode: Dynastien 21-31 (Periode des Niederganges; nur gelegentliches Wiedererlangen alten Glanzes)
945-722 22. Dynastie
945-924 Schischak/Schoschenk I.
712-664 25. Dynastie
716-702 Schabaka
702-690 Schebitku
690-664 Taharka
664-525 26. Dynastie
664-610 Psammetich I.
609-594 Necho II.
594-588 Psammetich II.
588-570 Apries (Hofra)

525-404 Persische Herrschaft

ca. 332-30 Hellenistische Periode
336-323 Alexander der Große
323-283 Ptolemäus I. (Satrap, ab 305 König)
285-246 Ptolemäus II. Philadelphos
246-221 Ptolemäus III. Euergetes
221-205 Ptolemäus IV. Philopator
205-181 Ptolemäus V. Epiphanes
181-145 Ptolemäus VI. Philometor
145 Ptolemäus VII. Neos Philopator
145-116 Ptolemäus VIII. Euergetes II

....
51-30 Cleopatra
30 Ägypten wird römische Provinz

ca. 30 v.Chr. - 641 n.Chr. römische und byzantinische Epoche. Ägypten wird teilweise christlich (koptisch), später - bis heute islamisch; Reste der koptischen Kirche bestehen bis heute.

3. SYRIEN

Hellenistische Periode
312- 64 v.Chr. Seleukidenherrschaft

312-280 Seleukus I. Nikator
280-261 Antiochus I. Soter
261-246 Antiochus II. Theos
246-226 Seleukos II. Kallinikos
226-223 Seleukos III. Soter
223-187 Antiochus III. der Große
187-175 Seleukos IV. Philopator
175-164 Antiochus IV. Epiphanes
164-162 Antiochus V. Eupator
162-150 Demetrius I. Soter
150-145 Alexander Balas
145-139 Demetrius II. Nikator
145-142 Antiochus VI. Epiphanes
142-139 Tryphon
139-128 Antiochus VII. Sidetes
128-125 Demetrius II. Nikator
128-123 Alexander II. Zebinas
....
64 Syrien wird römische Provinz

4. BIBLISCHE GESCHICHTE

Von Abraham bis Saul
(in der Frühzeit sind zwei Datierungsvarianten möglich)

frühere Datierung	spätere Datierung	
ca. 2165-1990	ca. 2000-1825	Abraham
ca. 2065-1885	ca. 1900-1720	Isaak
ca. 2000-1860	ca. 1840-1700	Jakob
ca. 1910-1800	ca. 1750-1640	Josef
ca. 1875	ca. 1700	Auswanderung nach Ägypten
ca. 1450	ca. 1260	Exodus
ca. 1380-1012	ca. 1200-1012	Richterzeit

Die Königszeit
1012-926 Zeit vor der Reichsteilung
1012-1004 Saul
1004-965 David
965-926 Salomo

926-587 Zeit nach der Reichsteilung

Israel		**Juda**	
926-907	Jerobeam I.	926-910	Rehabeam
		910-908	Abia
907/906	Nadab	908-868	Asa
906-883	Baesa		
883/882	Ela		
882	Simri		
(882-878)	Tibni		
(882) 878-871	Omri		
871-852	Ahab	868-847	Joschafat

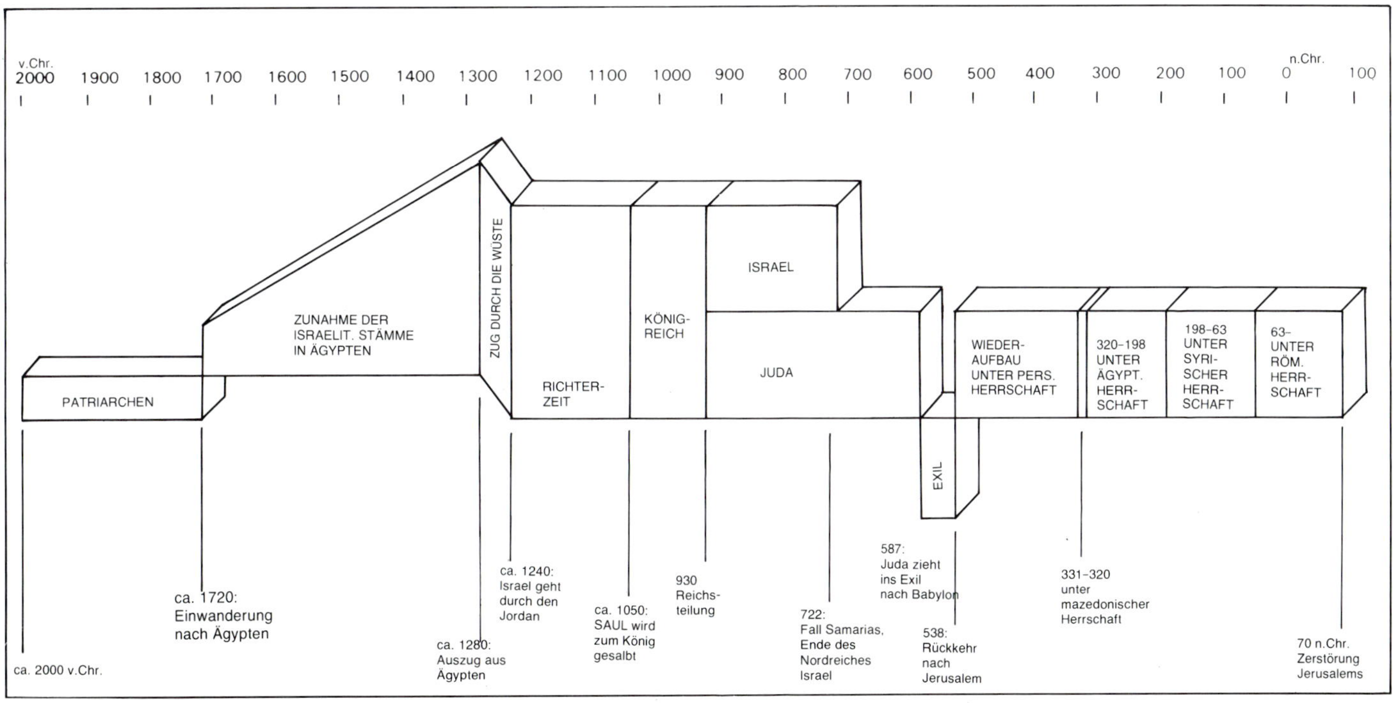

Graphische Darstellung der Geschichte Israels von der Patriarchenzeit bis zur Zerstörung Jerusalems 70 n.Chr.

Zeittafeln

852/851	Ahasja		
851-845	Joram	(852) 847-845	Joram
		845	Ahasja
845-818	Jehu	(845-840)	Athalja
818-802	Joahas	840-801	Joasch
802-787	Joasch	801-773	Amasja
787-747	Jerobeam II.	(787) 773-736	Ssarja (Ussia)
747	Sacharja	(759-744)	Jotham
747	Schallum		
747-738	Menachem	(744) 736-729	Ahas
737-736	Pekachja		
736-731	Pekach		
731-723	Hosea	728-700	Hiskia
		696-642	Manasse
		641/640	Amon
		639-609	Josia
		609	Joahas
		608-598	Jojakim
		598/597	Jojachin
		597-587	Zedekia

Wichtige Ereignisse im Heiligen Land nach dem Exil bis zum Ende des 1. Jh.s n.Chr.

538 Serubbabel und andere kehren nach Jerusalem zurück
538 Beginn des Wiederaufbaus des Tempels
515 Vollendung des Tempels - Tempelweihe am 1. April 515
458 Esra kommt nach Jerusalem
445-433 Nehemia in Jerusalem
332 Alexander der Große in Jerusalem
323 Tod Alexanders des Großen
312-198 Palästina unter ägyptischer Herrschaft
218-217 Palästina vorübergehend unter syrischer Herrschaft
170/69 Antiochus IV. Epiphanes unternimmt seinen ersten Ägyptenfeldzug
168 zweiter Ägyptenfeldzug Antiochus‹ IV. Epiphanes
168 Judenverfolgung unter Antiochus IV. Epiphanes; heidnische Opfer im Jerusalemer Tempel
166-40 Jüdischer Widerstand gegen die syrische Religionspolitik
165 Reinigung und Wiederweihe des Tempels
143/2-135 Simon, der letzte Makkabäer
135-104 Johannes I. Hyrkan, der erste Hasmonäer
103-76 Alexander Jannäus weitet das jüdische Königreich aus
63 Pompejus stürmt den Tempel; Palästina unter römischer Herrschaft
40 Herodes der Große wird König von Juda
ca. 7 Geburt Johannes des Täufers und Geburt Jesu
ca. 29 Taufe Jesu; Hinrichtung Johannes des Täufers
30 Passafest; Jesus in Jerusalem (Joh 2,13)
30/31 (Dez./Jan.) Jesus in Samaria (Joh 4,1-42)
31 Laubhüttenfest; Jesus in Jerusalem (Joh 5,1)
32 Passafest; Speisung der 5000 (Joh 6,4) Laubhüttenfest; Jesus in Jerusalem (Joh 7,1ff) Tempelweihfest; Jesus in Jerusalem (Joh 10,22f)
33 Passafest; Kreuzigung und Auferstehung Jesu, Pfingsten
34/35 Bekehrung des Paulus
37/38 erster Besuch des Paulus in Jerusalem
46/47 erste Missionsreise des Paulus
48 Apostelkonzil in Jerusalem
48-51 zweite Missionsreise des Paulus
50 Paulus erreicht Korinth
53 Beginn der dritten Missionsreise des Paulus
54-57 Paulus in Ephesus
57 Abreise des Paulus nach Troas
58 Paulus trifft Titus in Europa
58-59 Paulus in Mazedonien und Achaja (und Illyrien?)
59 Paulus kehrt nach Jerusalem zurück
59-61 Paulus im Gefängnis von Cäsarea
61 Paulus appelliert an den Kaiser und wird nach Rom gebracht
62 Ankunft in Rom
62-64 Paulus im Gefängnis in Rom
ca. 62 Martyrium des Herrenbruders Jakobus
66 Beginn des jüdischen Krieges
70 Eroberung Jerusalems durch Titus
74 Ende der jüdischen Zeloten auf Massada
81-96 Christenverfolgung unter Domitian
ca. 100 Tod des Johannes

Hasmonäische Herrscher 142 v. - 37 n.Chr.

143/2-135 Simon Makkabäus («der Hammer«)
135-104 Johannes I. Hyrkan
104-103 Aristobul I.
103-76 Alexander Jannäus
76-67 Salome Alexandra
67-63 Aristobul II.
(63 Errichtung des römischen Protektorates)
63-40 Hyrkan II.
40 Herodes wird vom römischen Senat zum »König von Judäa« ernannt
40-37 Antigonus
37 Herodes der Große tritt die Herrschaft an

Herodianische Herrscher

(wo Daten fehlen kehrte die Provinz unter direkte römische Herrschaft zurück)

JUDÄA	GALLILÄA	ITURÄA
37-4 v.Chr.	37-4 v.Chr.	22-4 v.Chr.
Herodes d.Gr.	Herodes d.Gr.	Herodes d.Gr.
4 v.-6 n.Chr.	4 v.-39 n.Chr.	4 v.-34 n.Chr.
Herodes Archelaus	Herodes Antipas	Herodes Philippus
Ethnarch	Tetrarch	Tetrarch
41-44	39-44	37-44
Herodes Agrippa I.	Herodes Agrippa I.	Herodes Agrippa I.
	56/61-93* (?)	50-93(?)
	Herodes Agrippa II.	Herodes Agr. II.

* von 56 oder 61 regiert Agrippa II. (gest. 93) noch über das östl. Untergaliläa und südl. Peräa. Ob er diese Gebiete nach 70 wieder bekam, ist nicht bekannt.

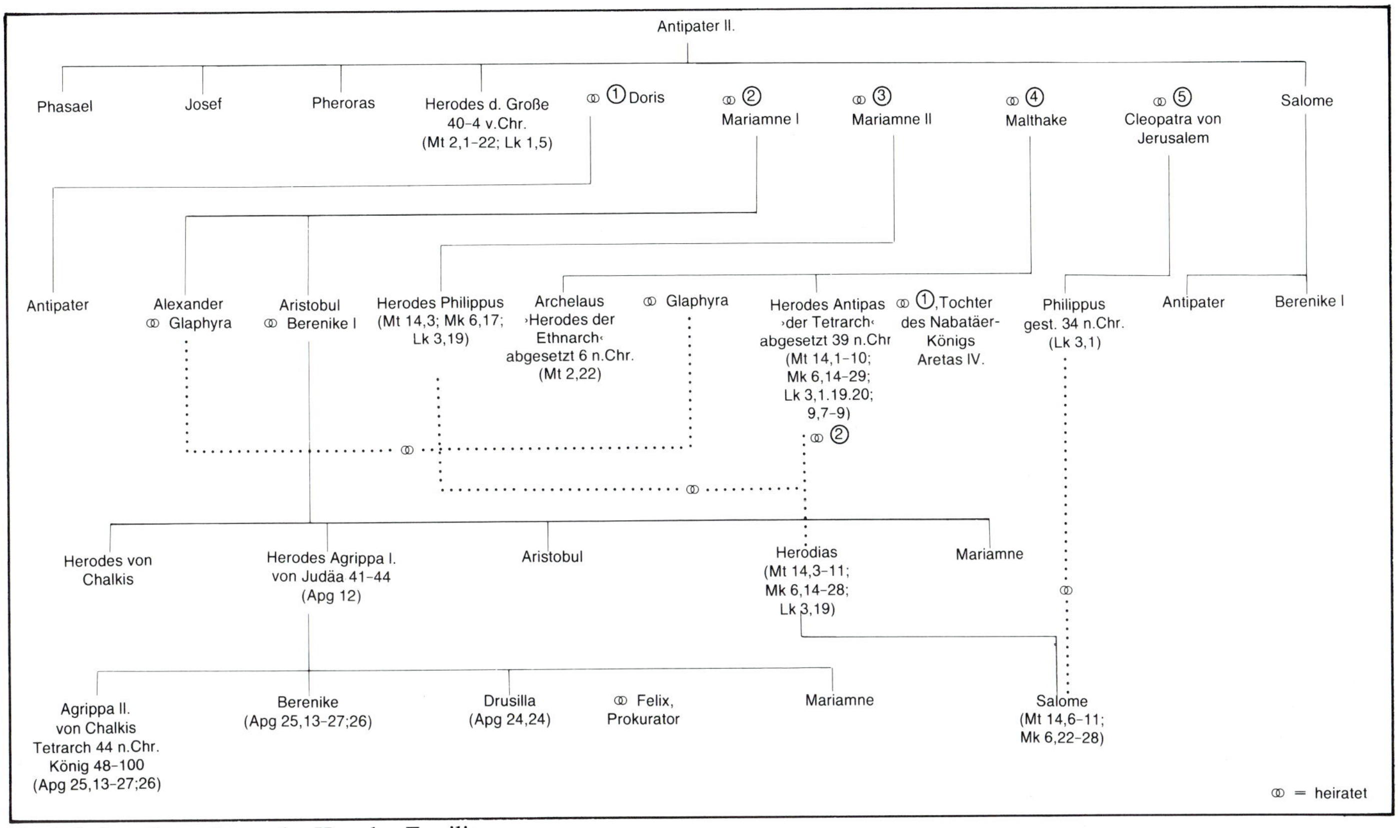

Vereinfachter Stammbaum der Herodes-Familie

Römische Gouverneure
von Archälaus bis Herodes Agrippa I.:

6-9	Coponius
9-12	Marcus Ambibulus
12-15	Annius Rufus
15-26	Valerius Gratus
26-36	Pontius Pilatus
36-37	Marullus
37-41	Herennius Capito

von Herodes Agrippa I. bis zum jüdischen Krieg:

44-46	Cuspius Fadus
46-48	Tiberius Alexander
48-52	Ventidius Cumanus
52-50	M. Antonius Felix
60-62	Porcius Festus
62-64	Clodius Albinus
64-66	Gessius Florus

5. DAS RÖMISCHE REICH
römische Kaiser (Auswahl)

27 v.-14 n.Chr.	Augustus
14-37	Tiberius
37-41	Caligula
41-54	Claudius
54-68	Nero
69	Vierkaiserjahr (Galba, Otho, Vitellius und Vespasian)
69-79	Vespasian
79-81	Titus
81-96	Domitian
96-98	Nerva
98-117	Trajan
117-138	Hadrian
138-161	Antonius Pius
161-181	Marcus Aurelius

Literaturhinweise

Biblisches Reallexikon, hg. von K. Galling, 2., neugestaltete Auflage, 1977 (BRL)

Biblisch-Historisches Handwörterbuch. Landeskunde - Geschichte Religion - Kultur - Literatur, hg. von B. Reicke und L. Rost, Bde. 1-3, 1962-1966, Bd. 4, 1979 (Register und Historisch- archäologische Faltkarte Palästinas) (BHH)

O. Keel, M. Küchler: Orte und Landschaften der Bibel. Ein Handbuch und Studienreiseführer zum Heiligen Land. Bd. 1: Geographisch-geschichtliche Landeskunde, 1984; Bd. 2: Der Süden, 1982

Das Große Bibellexikon, hg. von H. Burkhardt, F. Grünzweig, F. Laubach, G. Meier, 3 Bde. [2]1989

Neues Bibellexikon, hg. von M. Görg und B. Lang, Bd. 1 (A-G), 1991

V. Fritz: Einführung in die biblische Archäologie, 1985

G. Kroll: Auf den Spuren Jesu, [10]1988

Y. Aharoni: Das Land der Bibel, 1984

B. Pixner: Wege des Messias und Stätten der Urkirche. Jesus und das Judenchristentum im Licht neuer archäologischer Erkenntnisse, hg. von R. Riesner, 1991

U. Worschech: Das Land jenseits des Jordan. Biblische Archäologie in Jordanien, 1991

H. Donner: Geschichte des Volkes Israel und seiner Nachbarn in Grundzügen. Teil 1: Von den Anfängen bis zur Staatenbildungszeit, 1983; Teil 2: Von der Königszeit bis zu Alexander dem Großen. Mit einem Ausblick auf die Geschichte des Judentums bis Bar Kochba, 1986

Textbuch zur Geschichte Israels, hg. von K. Galling, [3]1979 (TGI)

Handbuch der Archäologie Vorderasien I, von B. Hrouda, 1971; Vorderasien II/1, von H. Weippert, 1988; Vorderasien II/2, von H.-P. Kuhnen, 1990

Herders Großer Bibelatlas, 1989

Bildnachweis

John J. Bimson, S. 37
British Museum, S. 30
Maurice Chuzeville/Louvre Paris, S. 48
Ken Garfield, S. 8
Sonia Halliday/Laura Lushinton, S. 20, 32, 34, 61, 69 (unten), 105, 113, 114 (2), 115
Michael Holford, S. 96
John P. Kane, S. 110 (3), 111 (2)
Middle East Photographic Archive (MEPhA), S. 22, 106
Alan R. Millard, S. 97
Nigel Press Associates Ltd., S. 12-13
Robert Pitt, S. 74
Popperfoto Photographic Agency, S. 18
Tel Aviv University, S. 27
John C. Trever, S. 63
Donald J. Wiseman, S. 93 (2)
Y. Yadin, S. 69 (oben)

Register

Die Seitenangaben in Normalschrift bezeichnen das Vorkommen eines Ortsnamens in der entsprechenden Karte, Seitenangaben in Kursivschrift das Vorkommen des entsprechenden Stichworts im Text, z.B.:
Ajalon 33, 35, . . .; *10.*

Wenn für einen Ort mehrere Namen (aus verschiedenen Epochen) belegt sind, werden diese aufgeführt, z.B.:
Bethel/Lus/Bet-Awen, 28, 29, 30, 33, . . .;

vom weniger geläufigen Ortsnamen wird auf den geläufigen verwiesen, z.B.:
Lus, 36 *Bethel; Bet-Awen, 40 *Bethel.

Angaben, die sich auf Stadtpläne von Jerusalem beziehen, sind entsprechend gekennzeichnet, z.B.:
Palast des Herodes (Jerusalem), 107.